AF273579

TRES LIBROS DE JINETA
DE LOS SIGLOS XVI Y XVII

SOCIEDAD DE BIBLIÓFILOS ESPAÑOLES

SEGUNDA ÉPOCA

XXVI

TRES
LIBROS DE JINETA
DE LOS SIGLOS XVI Y XVII

LOS PUBLICA
LA SOCIEDAD DE BIBLIÓFILOS ESPAÑOLES

MADRID

MCMLI

© de la presente edición
   del 2024:

Editorial MAXTOR
   Fray Luis de León, 20
   47002 Valladolid (España)
   +34 983 090 110
   pedidos@maxtor.es
   www.maxtor.es

I.S.B.N. 978-84-1171-030-5
depósito legal: DL VA 95-2024

INTRODUCCIÓN

En repetidas ocasiones, la jineta, el arte de montar a la jineta, ha conseguido atraer la curiosidad de los historiadores, de los literatos, de los eruditos, y a nadie extrañará que, siendo el caballo elemento activo e importante en este deporte o ejercicio, el que ahora un veterinario investigue y escriba sobre este mismo tema. Enfocado el estudio desde mi especialidad profesional, necesariamente han de destacarse con preferencia las condiciones naturales y de adiestramiento del caballo en relación con la adecuada cabalgadura para el arte de la jineta. Dentro de mi especialización, cabe también investigar las influencias mecánicas, tan decisivas, de los arreos y jaeces en el buen éxito de los ejercicios ecuestres.

La jineta representa un método o práctica especial de montar a caballo que fué empleado por los españoles y portugueses durante varios siglos, tanto en las actividades de la guerra como en las diversiones durante la paz; de la jineta quedan todavía en España manifestaciones activas, supervivencias documentales, que nos permiten, con la lectura de muchos textos, de sabios preceptistas, formar cabal concepto respecto a esta modalidad del arte de montar a caballo, que constituye un importante capítulo en la historia de la equitación y del aprovechamiento del noble bruto.

La actividad literaria, quizá con más propiedad, la metodización o reglamentación preceptista en defensa de las reglas y ejercicios de la jineta, culmina en los siglos XVI y XVII; esto quiere indicar dos cosas: primero, que el arte de montar a caballo a la jineta es mucho más antiguo, y segundo, que por estas centurias se iban perdiendo las normas clásicas, bastardeadas o sustituídas por otras nuevas; ante semejante peligro, salen los tratadistas con sus libros y reglas en defensa y conservación de las antiguas costumbres.

Como antecedentes a los tres textos de nuestros clásicos tratadistas de la jineta, he creído oportuno escribir un breve resumen histórico de esta práctica de equitación destacadamente hispánica.

LA JINETA ESPAÑOLA

I

En cuanto al origen y etimología de la palabra jineta, se inclinan los más autorizados autores a señalar una procedencia árabe [1].

Ignorante en estas cuestiones, acepto como buena

---

[1] «Las armas y el modo de montar y pelear a la jineta se introdujeron en nuestra península a fines del siglo XIII por los *zenetes*, caballería de la tribu berberisca de Benú-Marin, al servicio de Muhámmad I de Granada, según refiere la Crónica de Alfonso X. (VALENCIA DE DON JUAN (Conde de): *Catálogo históricodescriptivo de la Real Armería de Madrid*, Madrid, 1898.) pág. 423.

la definición que trae el Diccionario de la Real Academia de la palabra jineta, derivada de jinete, y éste del griego γυμνητης, soldado armado a la ligera.

El mismo Diccionario define la jineta en estos términos: «Arte de montar a caballo que, según la escuela de su nombre, consiste en llevar los estribos cortos y las piernas dobladas, pero en posición vertical desde las rodillas abajo.»

Un tratadista moderno, F. Huesca [2], con referencia a la jineta, escribe: «El rasgo fundamental, distintivo de esta escuela era el uso de caballos de pocos años, de poca alzada, rehechos y ligeros, y llevar los estribos cortos.» Son muy acertadas las observaciones que señala Huesca; para montar a la jineta, independientemente de la posición de las piernas del jinete, influyen mucho las condiciones de la conformación y la doma del caballo. Únicamente—detalle olvidado por cuantos autores he leído referentes a la jineta—tomando en consideración el factor caballo es como podían hacerse y pueden hacerse los ejercicios propios, característicos de la jineta. Contando o disponiendo del tipo y cualidades del caballo, y conociendo las características de los arreos, las posturas del jinete, se puede explicar la gran aceptación que tuvo y tiene la jineta entre los caballeros hispanos.

Es sabido que el caballo fué domesticado en una época muy posterior, comparativamente a las demás especies domésticas y útiles. En los pueblos del Occidente europeo, al final del segundo milenio, antes de Jesucristo, al iniciarse la edad del hierro, se admite que el hombre domesticó el caballo, animal considerado anteriormente como pieza de caza. También se

---

[2] Huesca (F.): *Diccionario hípico y del sport.* Madrid, 1881, página 395.

admite que el arte de la equitación es todavía mucho más posterior a su domesticación [3].

Para aprovechar el caballo como animal de montura, el hombre ha tenido que inventar diferentes arreos y medios de contención, que durante el transcurso de los años han sufrido cambios y modificaciones buscando una mejor adaptación a las costumbres y prácticas ecuestres exigidas por el caballero.

En el método de la jineta, los arreos ofrecían formas y jaeces peculiares y característicos, porque, como afirma Aguilar, eran cosas importantes y necesarias «para poder parecer bien y traer buena figura» el jinete [4].

Para un mejor conocimiento histórico de la jineta, se requiere trazar una descripción, lo más breve posible, referente a los factores que directamente han intervenido en su desarrollo; con los documentos reunidos podemos formar dos grupos: caballo y arreos.

El orden natural aconseja estudiar primero las condiciones del caballo, empleando el lenguaje de la época, «la naturaleza del caballo». Factor éste muy olvidado o despreciado por quienes han escrito modernamente sobre la historia y evolución de la jineta; queden para segundo término factores más variables, como es la influencia de los arreos y jaeces.

I.—EL CABALLO.

En la citada definición de F. Huesca se señala como una característica propia del sistema de montar a la jineta «el uso de caballos de pocos años, de poca alza-

---

[3] Sanz Egaña (C.): *La domesticación de los animales.* («Anales de la Escuela Superior de Veterinaria», 1935. I. 105.)
[4] Aguilar (Pedro): *Tratado de la cavallería de la gineta...* Sevilla, 1572.

da, rehechos y ligeros»; admitidas estas condiciones, el arte de la jineta depende esencialmente del tipo y conformidad del caballo que montaban nuestros antepasados; para demostrar esta opinión, aportaré datos y citaciones de la época que confirman cómo en la jineta el caballo tiene personalidad y comparte con el hombre la responsabilidad del arte.

Cualquiera que sea el origen de la jineta, la palabra podrá ser o no árabe, pero la práctica es española; hay un hecho demostrado, y es que los españoles montaron y montan a la jineta antes y después de la invasión árabeberberisca. Todos los pueblos antiguos del Oriente próximo: persas, asirios, beduínos, montaban, como los iberos, caballos pequeños, de escasa alzada. En la edad media, las continuas guerras de la reconquista, la formación de grandes ejércitos, el empleo constante de la caballería y otras causas para mí desconocidas, elevaron el sistema de la jineta, antes del dominio público, a la categoría de un método con reglas fijas y ejercicios reglamentados.

Merece ser tomada en consideración la opinión defendida por el conde Moriana, marqués de Camarasa [5], de que las palabras «jineta» y «brida» representaron cada una un sistema, modo o manera especial de equitación, cuando esta palabra era desconocida.

La jineta, aceptada esta interpretación, es un arte de montar a caballo, y los españoles, obligatoriamente, fueron jinetes, cabalgaron a la jineta por razón de nuestro caballo típico, el caballo andaluz.

De la lectura de los textos escritos por los preceptistas de la jineta, resulta que la mayoría de las pruebas y ejercicios de este arte tienen una aplicación directa al deporte, juegos y otras manifestaciones hípicas.

---

[5] TORRECILLA (Marqués de la): *Bibliografía hípica española y portuguesa*. Madrid, 1921. Prólogo, pág. 26.

En el fondo de todas estas prácticas hay una finalidad: la aplicación militar; acertadamente ha escrito Aguilar *(loc. cit.);* la jineta «es ejercicio de tanta utilidad para los encuentros, escaramuzas y batallas»; sin embargo, el propio capitán Aguilar no explica ni describe en su libro ninguna práctica militar, aunque haga referencia a combates y defensas a caballo. Todos los ejercicios descritos en su obra corresponden a intervenciones individuales, nada de agrupaciones, escuadrones, etc., propios de formaciones militares. El arte de montar a la jineta, en su aspecto deportivo, nos afianza en buscar la raíz del método en la natural constitución de nuestro caballo andaluz, mucho más antiguo en España que la invasión árabe.

Antes y ahora, corresponde al caballo andaluz una alzada pequeña, comparada con los caballos normandos, frisones, etc.; es caballo corto, recogido, y en sus marchas acusa una gran elevación de las extremidades, muy manifiesta y airosa en las anteriores. El paso castellano, que no se confunde con el tranco natural y espontáneo que tiene todo caballo al andar, se caracteriza en el caballo andaluz por un tranco corto acompañado de un destacado braceo, peculiarmente típico de este equido. No es oportuno señalar las condiciones mecánicas que imponen este paso, muy diferente del tranco largo del caballo inglés; sólo indicaremos que las articulaciones de las rodillas (carpo) y corvejón (tarso) en el caballo andaluz permiten una flexibilidad extremada, que no alcanzan caballos de otras razas. También se dobla mucho la articulación del menudillo (metacarpo-falangiana), que llega en los caballos largos de cuartillas casi a tocar con el casco el antebrazo. El caballo andaluz, al paso, camina con parsimonia, ceremonioso, levantando y flexionando mucho las extremidades, avanza poco, pero eleva mucho; en cambio, los caballos norteños son de extremidades apropiadas para conseguir grandes avances; estos caballos caminan sin levantar, galopan y no bracean.

El tratadista Suárez de Peralta [6] señala las condiciones de un buen caballo para la jineta, y son: «mediano de cuerpo, corto de brazos, correr menudo, sobre los pies levantados, no gacho, que no se detenga corriendo la carrera y vuelva sobre los pies»; caracteres morfológicos y dinámicos que encajan perfectamente en el caballo andaluz.

El poeta Góngora, cordobés, ensalzando la ligereza y gallardía del caballo andaluz, ha escrito estos versos:

> Tan gallardo iba el caballo,
> que en grave y airoso huello,
> con ambas manos medía
> lo que hay de la cincha al suelo.

Salvando la licencia poética, la observación está bien recogida.

Un ilustre ganadero y escritor moderno, don Miguel López Martínez [7], ha escrito estas palabras: «Es forzoso confesar, hablando con razón, que tienen gracia los caballos andaluces», y conviene ya decir que en tiempos pasados eran caballos andaluces todos los criados en las dehesas y lugares situados al sur del Tajo.

Es regla principal en equitación que la bondad ecuestre consiste en una íntima relación entre la voluntad del caballo y el servicio a que se destina; la intervención del factor psíquico, de reciente incorporación a la doma de los equidos, tiene una gran preponderan-

---

[6] SUÁREZ DE PERALTA (Juan): *Tractado de la cavallería de la gineta y brida.* Sevilla, 1580.
[7] LÓPEZ MARTÍNEZ (M.): Introducción, pág. XVIII. En S. de la Villa. *Exterior de los principales animales domésticos.* Madrid, 1885.

cia en la utilización del caballo. Hay animales que se resisten a prestar ningún servicio impuesto por el hombre: son los caballos «repropios», y son los menos; hay muchos, los más, que prestan mucha utilidad, pero necesitan aprender los ejercicios adecuados. Mediante la doma se restringe simplemente el campo de la voluntad posible del animal, y aprende movimientos nuevos, que, repetidos muchas veces, adquieren la categoría de automáticos; en el fondo de esta enseñanza juega un papel predominante el mecanismo constitucional del caballo, ya que el resultado del ejercicio bien dirigido es la creación de nuevas aptitudes definitivamente adaptadas mediante movimientos apropiados; con un organismo adecuado: esqueleto, desarrollo muscular, etc., estas nuevas aptitudes se consiguen fácilmente con el mínimo de esfuerzo y la máxima perfección. En cuanto a la doma que exige la jineta, dos autores portugueses, Ruy d'Andrade y Tiago Ferreira [8], han escrito esta observación: «En España, donde la equitación fué siempre a la jineta, nunca se necesitó una escuela de arte ecuestre, porque el caballo español—entiéndase andaluz—nace, por decirlo así, enseñado»; dicho de otra manera, el caballo andaluz nace para ser domado a la jineta. La afirmación es exacta y la interpretación es fácil, porque la constitución del esqueleto y la conformación del sistema muscular son adecuados mecanismos para los ejercicios de la jineta; podemos afirmar, contemplando esta organización animal, que los movimientos espontáneos, naturales del caballo español, son los que llamamos de la jineta. La vocación del animal precede al método de enseñanza del hombre. No ha sido el domador quien enseña el arte de la jineta, son

---

[8] ANDRADE (Ruy d') e TIAGO FERREIRA (J.): *Elementos para a Historia da coudelaria de Alter.* («Bol. Pecuario», 1949. Año XVII, pág. 295.)

las cualidades del caballo las que imponen semejante andadura. A nadie extrañará que el vaquero andaluz, montando en una jaca del país nueva, marque desde los primeros movimientos pasos y ejercicios de la jineta; con esta observación no pretendo negar los resultados que se consiguen con un adecuado adiestramiento, hasta conseguir que un caballo adquiera determinados aires y huellos en sus movimientos. Confirmando la espontaneidad con que el caballo andaluz se doma a la jineta, podemos oponer esta otra observación: un profesor de equitación conseguiría difícilmente, derrochando paciencia y tiempo, sacar pasos de jineta a un caballo inglés *thoroughbred*—un pura sangre—de carreras, por falta de aptitud física del animal; la conformación morfológica de este tipo de caballo dificulta, se opone, al mecanismo de los ejercicios jinetiles. Lo que en el caballo andaluz es lo natural, espontáneo y, por lo tanto, perfecto, en el caballo inglés resultaría obra de doma, artificioso y defectuoso.

En el cuadro de las aptitudes, el caballo andaluz figura como tipo de silla, y por añadidura, por su resistencia, sobriedad, dureza, etc., era y es un excelente caballo militar; también un apropiado animal de deporte en los más variados juegos de agilidad y gallardía.

Siglos pasados, el caballo y los ejercicios ecuestres eran valiosos elementos en los juegos y diversiones de la nobleza y del pueblo; así se explica que los tratadistas de jineta dediquen varios capítulos a describir las reglas y modos de realizar los juegos hípicos donde el jinete y el caballo daban pruebas de agilidad y destreza, de fantasía y de emoción. Los ejercicios y juegos de la jineta no ofrecían los peligros de los torneos y justas de la edad media, y servían también para demostrar en los caballeros serenidad y valentía, muy especialmente en los ejercicios de caza y sobre todo en las suertes de correr y alancear toros bravos.

El deporte ecuestre más típicamente español de los siglos XVI y XVII era el toreo a caballo. La jineta y el toreo a caballo son ejercicios inseparables; también es cierto que el uno sostiene al otro, sin poder afirmar cuál fué el primero, en el bien entendido que el toreo a caballo lleva como antecedente, por una parte, las prácticas pastoriles de los vaqueros en el cuidado y conducción de las reses vacunas bravas, y, por otra parte, las prácticas cinegéticas de la caza de toros salvajes, como tengo demostrado en una de mis publicaciones sobre la historia del toro de lidia.

Los tratadistas, autores de advertencias, reglas, etc., para torear a caballo señalan las condiciones del caballo para este deporte con muy detallada precisión. Los siguientes autores [9], don Juan Gaspar Enríquez de Cabrera, almirante de Castilla, en *Reglas para torear*, aconseja: «El caballo..., ha ser pequeño, sin demasía, los grandes no son mañosos; los que llamamos de gineta —como tengan hondura—resisten, son útiles, obran aprisa, que es lo que ha menester el que torea despacio» (pág. 127). Don Jerónimo de Villasante y Laso de la Vega recomienda: «El caballo ha de ser mediano, atravesado, porque obra mejor y tiene más resistencia para los choques que son precisos para los que han de torear bien...; ha de llevar aderezo de campo, rico y de poco peso» (pág. 194). Don Nicolás Rodrigo Noveli (1726) señala entre las circunstancias que han de tener los caballos para torear: «Bastará que sea mediano, bien plantado, que llamamos de la jineta o entre dos

---

[9] Todas las citas de este párrafo están tomadas del tomo publicado por la Sociedad de Bibliófilos Españoles, *Advertencias y reglas para torear a caballo*. Madrid, 1947.

sillas» (pág. 226). Y, por último, don Miguel Marcelo Tamariz (1771) recomienda, en *Arte de rejonear a caballo*, que se «ha de entrar toda suerte a la jineta, no a la brida» (pág. 338).

Llegando a la actualidad, nuestra jaca andaluza, caballo de la misma casta que los montados a la jineta en épocas pasadas, es ideal para el rejoneo de toros bravos, como dice modernamente Castro Zafra en *El caballo andaluz*, debido a su majestuoso y buen andar, al hacerlo con agilidad y destreza para el quite, que aureola la figura ecuestre del rejoneador [10].

Así se explica que el vaquero de reses bravas y el rejoneador moderno, que practican con toda su pureza el arte de montar a la jineta, utilicen caballos andaluces, jacas camperas, que se adaptan muy bien a esta doma.

La jineta, a título de resumen, era el método de equitación a que mejor se adaptaba el caballo andaluz, con una finalidad principalmente deportiva. Del caballo andaluz no han salido tipos trotadores ni galopadores de marca; en cambio, son ejemplares apropiados para los ejercicios de la alta escuela.

El prestigio y esplendor alcanzado por *Die Spanische Hofreitschule* de Viena es debido a que trabajaron exclusivamente con caballos de raza lipizzana, de origen andaluz. En 1562, el emperador Fernando I importa caballos españoles—andaluces—y funda la yeguada de Kladonb; años después, su hermano el duque Carlos, soberano de Estiria, funda la yeguada de Lipizza, en 1580, con veinticuatro yeguas, tres sementales y seis potros también de casta andaluza. En estas dos yeguadas, fundadas en Lipizza, se ha conservado el tipo andaluz de capa blanca, que impusieron los

---

[10] Cámara Agrícola: *El caballo andaluz*. Córdoba, 1944, pág. 250.

sementales Maestroso, de raza andaluza, y Siglavy, de raza árabe [11].

En *Die Spanische Hofreitschule*, desde su fundación, se ha trabajado con caballos de esta yeguada, muy semejantes en conformación y temperamento a nuestros caballos andaluces, un poco más corpulentos que las «jacas camperas», pero de idéntica nervosidad y movilidad.

2.—ARREOS.

De los arreos empleados en pasadas épocas para sujetar y facilitar la práctica de la equitación, hay tres utilizadas en la jineta, y que han perdurado hasta nuestros días, y se siguen utilizando actualmente con la misma finalidad hípica, y son: la silla, los estribos y el freno.

A) *La silla*.—En la antigüedad histórica, el caballo era montado sin silla y sin estribos, a pelo, como decimos ahora. Las primitivas sillas debieron de ser, como supone Fernández de Andrada [12], una simple cubierta, mantilla, diríamos ahora, «bien hinchadas y muy galanas, hechas a la manera de enjalmas, sobre las cuales subían sin estribos».

Durante la civilización asiria (siglos IX, VIII y VII a. de J.) la equitación hizo grandes progresos; el famoso relieve *El arquero a caballo*, del Museo del Louvre, (París), correspondiente a la época de Asurbanábal, aparece montando un hermoso caballo ricamente enjaezado y con bocado, y por montura una piel curtida.

---

[11] CORONA (Manuel F.): *El caballo español en Austria*. Madrid, 1903. PODHAJSKI (Alois): *Die Spanische Hofreitschule*. Wien, 1948.
[12] HERNÁNDEZ DE ANDRADA (Pedro): *De la naturaleza del caballo*. Sevilla, 1580, pág. 47.

En los siglos V-III antes de Jesucristo los jinetes iberos sólo conocían la mantilla para montar a caballo; una documentación valiosa nos la proporciona la colección de bronces ibéricos, procedentes del santuario de Santa Elena, y que se conservan en el Museo Arqueológico de Madrid [13]. Todos los bronces son motivos ecuestres, y así vemos en el ejemplar número 29325 que aparece el jinete montando esta clase de silla primitiva.

El descubrimiento de la verdadera silla de montar, según la conocemos en la actualidad, se atribuye a los chinos, concretamente a la época de la dinastía Han (206 a. de J.-200 d. de J.), que corresponde a la era clásica y brillante de la civilización china. Lefèbvre des Noëttes [14] reproduce una fotografía de un caballo ensillado de esta época, es una estatuita funeraria de la colección de Vignier; también es curiosa en varios aspectos el relieve de la sepultura del emperador T'ai-Tsung (murió en 650, en Hsian-Fu, provincia de Shen-Si), que representa un caballo ensillado con una montura muy semejante a la silla de la jineta española [15].

Con relación a la edad media, se encuentran en España numerosas reproducciones de caballos ensillados en las miniaturas de códices, tales como el Beato de Valcavado (Universidad de Valladolid), año 970; el Beato de San Miguel (Colección de P. Morgan, de Nueva York), de 926; mayor número de pesquisas darían seguramente otros documentos más antiguos y mayor caudal de pruebas [16].

[13] ALVAREZ OSORIO (F.): *Bronces ibéricos o hispánicos del Museo Arqueológico Nacional*, lám. XI. Madrid, 1935.

[14] LEFEBVRE DES NOËTTES: *L'attelage. Le cheval de selle à travers les âges*. Illustrations, fig. 272. París, 1931.

[15] KRAUSE (F. E. A.): *Historia del Asia Oriental*, en W. Goetz, «Historia Universal», tomo I. Madrid, 1945, pág. 249.

[16] En el año 1924, la Sociedad Española de Amigos del Arte organizó en Madrid una lucida exposición de códices miniados que nos permitió ver reunidos hermosos ejemplares utilísimos para los

En los siglos en que los tratadistas de jineta escriben sus obras, la silla de montar había sufrido muchas modificaciones desde su primitivo origen, y había logrado una forma estable, que ha llegado, con escasas variantes, hasta nuestros días con el nombre de «silla vaquera».

La silla para montar a la jineta está descrita por Fernando Chacón [17] en términos muy confusos: «A mi parecer, la silla de la jineta no ha de ser muy baxa de arzones, sino de razonable altura, para que el cavallero los halle delante y detrás quando los buscare, y se afirme en ellos.» Tampoco es más explícito Aguilar cuando escribe que las sillas «no han de ser grandes ni pequeñas, ni anchas ni tejuelas, ni han de tener los arzones muy abiertos ni muy cerrados, ni muy vivos ni derramados». Un poco más detallada es la descripción del conde de Puñonrostro: «El fuste de la silla ha de ser más alto de delante que de detrás, en tal modo que, puesto de lado, se conozca auer ventaja a delante sin mirar mucho en ello...; el arzón delantero ha de ser alto que levantado el cavallero sobre los estribos, no pueda salir por encima del arzón... El arzón trasero ha de ser más baxo que el delantero y poco caído de atrás, por que dé gracia y no hiera.»

El tratadista que más detalles suministra referente a la silla de la jineta es Tapia Salcedo [18], en estos términos: «Dos diferencias de sillas hay en la jineta, que son silla entera y media silla.» Sin explicar en qué consiste la diferencia, después recoge las indicaciones de Puñonrostro, también sin citarlo, referente a las dife-

estudiosos. Para nuestro tema puede consultarse: DOMÍNGUEZ BORDONA (J.): *Catálogo de la Exposición de Códices miniados españoles.* Madrid, 1929.

[17] CHACÓN (Fernando): *Tratado de la gineta.* Sevilla, 1551. Folio a. v. vuelto, citado por la edición de Bibliófilos Madrileños. Madrid, 1950.

[18] TAPIA Y SALCEDO (Gregorio): *Exercicios de la gineta.* Madrid, 1643.

rencias de altura de los arzones, y añade estos datos nuevos: «He detener la silla de un arzón a otro cuanto fuere (de largo) el codo del caballero tendida la mano, tres dedos, menos» [19]. Siguen otras medidas de menor interés a nuestro estudio.

En los ejercicios de la jineta, las reacciones del caballo son rápidas y violentas; por lo tanto, el jinete debía montar sillas con arzones altos, de forma que quede entre ellos bien encajado y firme; según frase de Fernández de Andrada, el jinete «se ajustará en la silla de suerte que parezca que está en ella pegado». Siglos después, en el XVII, Contreras Pamo [20] escribía: «Las sillas de jineta han de ser muy hondas y de muchos arzones.» En términos parecidos la describe Rodrigo Noveli [20]: «La silla... ha de ser casco entero de jineta, honda, recogida y ligera... de los fustes, de suerte que quede más alto de delante que de atrás, por que no esté hocicada.»

Sólo una silla de altos arzones puede fijar al jinete formando un cuerpo el tronco del hombre y el caballo, quedando libres las manos para manejar las armas y las piernas para los estímulos. La silla de la jineta la vemos empleada actualmente en los caballos que montan los vaqueros durante las faenas propias de las ganaderías bravas, donde al caballo se le exige movimientos cortos y veloces, esfuerzos intensos y rápidos.

La silla de la jineta fué modificada por los maestros de la Escuela de Equitación de Nápoles, suprimiendo el arzón delantero, hasta llegar a la silla de picadero

---

[19] La explicación de silla entera y media de la jineta, a que alude Tapia Salcedo, se encuentra en la obra de VARGAS MACHUCA, en el fol. 31 vuelto de la edición de Madrid, 1619. Este autor escribe: «...porque si echarse silla entera, que se entiende con ropa doblada..., y, por el contrario, si a cavallo ancho de costado le echassen media (silla), que es la ropa sencilla».

[20] Las citas de Contreras Pamo y Rodrigo Noveli en loc. cit., n. 9, págs. 179 y 227.

del siglo XIX. En la Real Armería existen dos sillas a la jineta (F. 67 y 68), del siglo XVI, del tipo divulgado por Fiaschi, algo diferentes de la clásica silla de la jineta española.

B) *Los estribos.*—Admiten los arqueólogos que los estribos hicieron su aparición entre los chinos, también durante la época Han; los persas copiaron del Turquestán chino la innovación y la transmitieron a los árabes; la difusión fué rápida; por el siglo IX el empleo de los estribos se había generalizado en todo el Occidente europeo, probablemente por los musulmanes hispanos.

Carezco de documentación para poder afirmar si los árabes del siglo VIII traían estribos al invadir a España. Los historiadores de la equitación admiten que las primeras representaciones en el Occidente cristiano de arneses con estribos se encuentran en documentos españoles de mediados del siglo IX. La primera representación gráfica de estribos corresponde a una miniatura del *Apocalipsis* de Valenciennes, un manuscrito español fechado hacia el 840. En una de las ilustraciones aparecen los jinetes montados con estribos, espuelas y bocado de bridón; sigue cronológicamente un códice de la *Vida de San Wandrille,* manuscrito que se conserva en la Biblioteca de Berna; el *Psalterium aureum*, de Saint Gall, en cuyas ilustraciones hay dibujos de caballeros que montan con estribos y sin estribos (todos estos documentos y reproducciones de dibujos se citan en Lefèbvre des Noëttes *(loc. cit.)*. Estas miniaturas corresponden a la segunda mitad del siglo IX.

Volviendo a España, además del documento citado, podemos encontrar mayor número de representaciones de arreos con estribos en la época medieval; en las miniaturas del citado códice del Beato de Valcavado (año 970) y del Beato de Nueva York (año 926) los jinetes aparecen dibujados montando sin estribos; en las ilustraciones de la Biblia de Roda (año 1000) y del Beato de Osma (1056) los jinetes cabalgan con estribos. Atribuyo estas diferencias a los conocimientos de los ilustradores; así y todo, podemos admitir que en el siglo X los estribos entran de lleno en la categoría de arreos del caballo de silla.

Los estribos, por la gran comodidad que suponen para el jinete, se generalizaron por todos los países, y, como es natural, se fueron creando, dentro de la sencillez del objeto, formas variadas, en consonancia con la manera de cabalgar y la clase de ejercicios ecuestres.

En el sistema de la jineta, los estribos de mayor aceptación fueron los de la forma berberisca. Aguilar alaba los procedentes de Tremecén; en cambio, años después, Vargas Machuca defiende los estribos cordobeses, más ligeros, de idéntica forma a los berberiscos; en cambio, Tapia Salcedo dice que en Ávila se hacían excelentes estribos.

Para montar a la jineta, durante los siglos XVI y XVII se utilizaban estribos de varias formas, unos llamados de «medio celemín» o de «media luna» y los marinos. Tapia Salcedo, años después, admitía tres tipos: los de medio celemín, que usaban los vaqueros, eran para «la guerra los mejores, porque guardan más el pie de cualquier herida». Los de palo, «de la misma hechura, todos cerrados», y los marinos, de hierro, «son la forma más galana, propios para paseo y fiestas».

Los tratadistas de jineta describen con gran profusión los detalles de los arneses y jaeces del caballo. Respecto a la longitud de las aciones, de cuya medida depende que los estribos resulten cortos o largos, y, por lo tanto, las piernas flexionadas por la rodilla o estiradas en toda su extensión, hay muy variadas opiniones, y ningún autor asienta precepto general que se admita por los demás. Los autores modernos, al historiar la jineta, se han fijado en este detalle, y han aceptado como regla general que para montar a la jineta era preciso llevar las piernas encogidas; la postura se defiende con la cita de muchos autores que así lo aconsejan.

Por mi parte, no pretendo imponer ninguna postura, y menos aceptar como característica de la jineta este detalle de las piernas; el consejo de Aguilar es muy prudente: «Las sillas y los estribos deuerían de andar siempre conforme a la proporción y disposición de cada uno.» Más adelante recomienda que «para andar con mayor policía y primor, convemá caualgar algún tanto más corto»; y en otro folio aconseja al caballero «traer las piernas muy iguales y bien puestas conforme a los pies, teniendo los muslos muy fixos y firmes con la silla, y lo de las rodillas abaxo muy allegado y abrigado con el caballo, de tal forma y manera que aunque sea mirando por detrás o por delante, no se pueda ver clara alguna». La autorizada opinión de Vargas Machuca tampoco es muy concreta, pues escribe: «El punto de los estribos ha de ser más corto que largo, y tengo por buena medida para la gala, tendido el coto de la mano del ojo del estribo al arrizes, y en las veras, dos dedos menos.»

Otro tratadista, también de la época, ya citado, Suárez de Peralta, referente a la longitud de los estribos, ha escrito: «Los estribos, soy de opinión vayan más cortos que largos...; si dos hombres de a caballo fuessen parejos, y el uno fuesse largo y el otro corto, daría la ventaja al que fuesse corto, como no sea demasiado, que es muy más feo que largo.»

Las opiniones y consejos de estos y de otros autores es favorable a que los caballeros que han de montar a la jineta lleven las piernas encogidas, muy de acuerdo con el resumen que ha hecho Balenchana: el hombre en la jineta «iba completamente ceñido a la silla con los estribos cortos»[21]. Sin embargo, el consejo o la recomendación no era una regla obligada; Tapia Salcedo escribía en 1643 las siguientes palabras: «Comenzando por la postura que los caballeros deben tener a la jineta, se ha de topar con el batallón de los que han escrito de esta cavallería, [quiere decir arte de la equitación] cuyas opiniones son diferentes en punto a lo largo y corto de los estribos.» Después de esta arremetida ,aconseja, para la buena postura del caballero, que «la pierna ha de ir fija y que la pantorrilla salga afuera y haga ángulo obtuso con el muslo, y el muslo con el cuerpo, que ha de estar derecho».

Buscando una documentación anterior a los tratadistas, he consultado varias ilustraciones de códices de los siglos XI y XIV, ya citados. Son varias las ilustraciones que contienen jinetes a caballo con diferentes tipos de monturas. En general, los iluminadores ponen aciones largas a los caballeros revestidos de brillante y complicada armadura; en cambio, dibujan con estribos cortos a los tipos carentes de atuendo guerrero, en fantásticos juegos de agilidad.

C) *El freno.*—El caballero que montaba a la jineta necesitaba enfrenar previamente el caballo; el acto de enfrenar es uno de los temas más discutidos en equitación. Con razón, ha escrito F. Huesca: «En pocas materias se habrá trabajado más que en ésta de los bocados o enfrenamiento, como en los siglos XVI-XVII se llamaba al tratado que se ocupa de encontrar una teoría general y cada caso particular, la ley del equilibrio que debe existir entre la potencia de la mano del caballero y la resistencia del caballo.»

---

[21]   BALENCHANA (Juan Antonio de): *Introducción al «Libro de la jineta».* Sociedad de Bibliófilos Españoles. Madrid, 1877, pág. XV.

El freno es conocido desde la más remota antigüedad como arreo del caballo; con referencia a los pueblos del Próximo Oriente, está comprobado que el freno se conocía treinta siglos antes de Jesucristo. El tipo más antiguo está representado por un bocado de bridón muy semejante a los tipos modernos; el ejemplar del Museo de El Cairo es un tipo de bocado de bridón, de cañón partido, del antiguo Egipto; existe otro ejemplar semejante, de origen asirio, en el Museo de Louvre (París). Los hallazgos del marqués de Cerralbo en la necrópolis de Aguilar de Anguita (Soria) contienen muchos «bocados y filetes con que los celtíberos gobernaban sus caballos, y son muy semejantes a los citados bocados del Oriente» [22]. En la Real Armería de Madrid existe un freno o bocado de remota antigüedad. En el Catálogo de 1849 se atribuía que perteneció al caballo de Witiza; en el Catálogo de 1898 se atribuye al caballo de Alfonso VI de Castilla; es un ejemplar extraordinariamente grueso, con un peso de 1.400 gramos, asemeja en la forma de la embocadura al freno romano, y es parecido al filete moderno [23].

Los grandes bocados, los frenos complicados con que los españoles enfrenaban los caballos durante los siglos XVI y siguientes, son imitaciones de los jinetes árabes. Muchos jinetes, larga supervivencia de dominar por la fuerza a los animales, creían que el freno era efectivamente «un freno» para sujetar y gobernar el caballo. El hierro, metal duro, accionado por la mano del hombre, se oponía a la fuerza bruta del caballo; mediante un mecanismo férreo, el jinete pretendía guiar al noble bruto.

Todavía en nuestros días, entre las tribus árabes y

[22] AGUILERA Y GAMBOA, F. de (Marqués de Cerralbo): *Las necrópolis ibéricas*. Madrid, 1916, pág. 42.
[23] VALENCIA DE DON JUAN (Conde de): *Loc. cit.*, n. 1. F. 123.

berberiscas, siguen utilizándose grandes frenos, cual se conocían en la edad media, dando significación material de fuerza al hierro; así, cuanto mayor cantidad de metal, la fuerza que engendra es también mayor. El naturalista A. Cabrera escribía en 1921, con referencia a las costumbres hípicas del Marruecos español, estas palabras: «El bocado *(leyan)* es un verdadero instrumento de martirio, que sólo se comprende cuando se tiene presente que el moro únicamente monta caballos enteros» [24].

Volviendo al arte de la jineta, diré que, según el capitán Pedro Aguilar, en 1572 había cinco clases de frenos: 1, los corrientes o naturales; 2, los de portalejo; 3, los de espejuelo; 4, los gascones o medio gascones, y 5, los de cuerno de cabra. Dentro de cada grupo existía un gran número de variedades. Años después, Tapia Salcedo admite las mismas clases; pero hace la siguiente división en los frenos: 1.º Corrientes son: natural, espejuelo, cuerno de cabra y portalete; y 2.º Irregulares son: los frenos zatos y gascones.

En los libros de Aguilar, de Manzanas y otros varios, hasta el siglo XVIII, hay profusión de dibujos que representan las diferentes formas de los frenos empleados en los caballos para la jineta. En la Real Armería de Madrid existen varios ejemplares de frenos, puestos en los caballos maniquíes, que aparecen cubiertos de diferentes tipos de arneses, y aunque no son ensillados a la jineta, los demás métodos de equitación de la época utilizaban los mismos modelos de frenos. En la misma Armería hay un ejemplar suelto de freno (F. 134) catalogado en estos términos: «Freno español del siglo XVII para montar a la brida, de extraordinario tamaño, recortado y calado tanto en su complicada embocadura

---

[24] CABRERA (A.): *El caballo moruno.* «Memorias de la Sociedad de Historia Natural», tomo XII, n. 1. Madrid, 1921.

como en sus extensas camas.» La identidad de frenos en la caballería de la jineta y de la brida se comprueba en la obra del italiano Grissone, que recomienda el sistema de la brida; la traducción española contiene cuarenta y ocho figuras de frenos, cuyas formas y complicaciones son parecidas a los frenos empleados para la jineta española [25].

Es sin duda Eugenio Manzanas, como he demostrado anteriormente [26], el autor del siglo XVI que ha escrito con más conocimiento en lo relativo al arte de enfrenar caballos tomando como base, y ésta es la novedad, el conocimiento anatómico de la boca del caballo, principalmente la región que en Esterior llamamos barras, y poniendo a contribución su habilidad manual para hacer frenos [27].

Los tratadistas de hípica de los siglos XVI, XVII y XVIII atribuían una decisiva importancia a la forma del freno, que debía estar en perfecta armonía con «las bocas de los caballos»; y como admitían una gran variedad de bocas, era preciso buscar la forma del freno más adecuada en cada caso, confiando siempre en que el dominio del caballo está en un buen enfrenamiento.

Admitido en los tiempos modernos que el caballo tiene un sistema nervioso muy desarrollado y una sensibilidad acusada, el aprovechamiento del animal es más ventajoso mediante una doma adecuada y un freno sencillo, que sirva únicamente de señal de mando, distante de un instrumento de sujeción o de castigo [28].

---

[25] FLORES DE BENAVIDES (Antonio): *Reglas de la cavallería de la brida... Compuestas por el señor Federico Grisón.* Traducidas por... Baeza, 1578.

[26] SANZ EGAÑA (C.): *El «Libro de enfrenamientos», de Eugenio Manzanas.* Madrid, 1950.

[27] MANZANAS (Eugenio): *Libro de enfrenamiento de la gineta.* Toledo, 1570.

[28] ROMASZKAN (Gregor v.): *Pferde zureiten.* Zúrich, 1943.

A estos propósitos presta muy buenos servicios un pequeño trozo de hierro, suficiente para avisar y transmitir al caballo la voluntad del jinete.

II

Los tratados sobre la jineta aparecen cuando este arte de montar a caballo inicia su decadencia, o, como juzga Aguilar, está «tan resfriado y casi perdido», y con la amenaza de ser sustituído por otro método más práctico, pues, al decir del conde de Grafal, en el siglo XVI, «en España era ley la jineta; pero no se ignoraban las leyes de la brida» [29]. En este siglo XVI se entabla en las prácticas ecuestres la lucha entre nuestra clásica jineta y la nueva escuela de la brida, de importación italiana. Obedecen estos hechos a una evolución progresiva en los métodos de equitación. Como hecho histórico, en el momento en que el caballo era indispensable como elemento de guerra, como factor deportivo y suntuario, merece explicar sus causas, trayectoria y conclusiones.

Durante toda la edad media, la equitación caballeresca de los nobles, de los caballeros, tanto en los encuentros de las batallas como en los ejercicios deportivos, exigía caballos corpulentos, para sostener el peso del caballero con sus armaduras y los complicados arneses que lo protegían. Un caballero del medievo, armado con todas las armas, cabe compararlo con una fortaleza móvil, ya que las planchas de metal cubrían al jinete y al caballo. En la guerra, las armas ofensivas de la época se embotaban en las corazas, capacetes, guardabrazos, etc., del jinete, y en las bardas, gruperas, etc., que indispensablemente protegían al caballo;

---

[29] ÁLVAREZ OSORIO (Manuel), Marqués del Grafal: *Manejo real.* Madrid, 1733.

así recubierto de hierro acerado, el guerrero era invulnerable. Ahora bien: encajado el jinete, tan bien armado, entre los altos borrenes de una silla estradiota o de guisa, las piernas estiradas, carecía de amplia movilidad. Juan Quixada de Reayo [30] aconsejaba que el caballero debe «caer derechamente en la silla, como si estuviese delante del rey de pie». Con tan complicadas armaduras y arneses, el jinete necesitaba la ayuda y asistencia constante de los escuderos y peones.

En la táctica militar, al iniciarse la edad moderna, la jineta desterró el arte estradiota del caballero armado, y logró este triunfo por la mayor ligereza de las armas y de los arneses, que permitían, tanto al jinete como al caballo, evoluciones rápidas y arrancadas fogosas. El encuentro fué en tierras napolitanas, y si bien la victoria fué de la jineta, arte de montar de las tropas españolas, el mismo triunfo fué letal, porque dió origen a una escuela ecuestre que mató a la jineta. La historia puede resumirse en pocas líneas.

La jineta era escuela tradicional en España, como he dicho anteriormente; el nombre y su divulgación puede ser labor de los moros o de la época musulmana, pero la práctica, como lo acusan las monedas y figuras ibéricas, indican una muy antigua costumbre. Admitamos, como escribe J. Ramón Mélida, que el arte ibérico de cabalgar, «si no en la forma, en el espíritu, fué lo que luego, en la sociedad hispanoarábiga, se denominó el *arte de la jineta* [31].

Seguramente, con los godos entraron otras costumbres y prácticas caballerescas propias de los pueblos nórdicos, que reclamaban caballos corpulentos, pesados y

---

[30] QUIXADA DE REAYO (Juan): *Doctrina del arte de la cauallería.* Medina del Campo, 1545.
[31] RAMÓN MÉLIDA (J.): *El jinete ibérico.* Separata del «Boletín de la Sociedad Española de Excursiones». Madrid, 1900.

de movimientos tardos, de arrancadas rectilíneas, incapaces de alzadas y revueltas, como describe el *Poema de mío Cid*.

Caballo para en diestro, grueso e corredor,

muy distante de caballo español, de pequeña alzada, pero muy ágil.

Nuestros reyes y nuestra nobleza, influídos por las costumbres extranjeras, aceptaron la nueva moda de montar a caballo, divulgándose al crearse las órdenes de caballería, que tanta influencia social alcanzaron en la edad media; también influyeron en esta aceptación los deportes hípicos de la época: justas, torneos, pasos, etc., que obligaban a montar a caballo con muy complicadas y pesadas armaduras.

El arte ecuestre estradiota o caballeresco era oficial, si se admite la palabra, entre los caballeros del medievo; el códice escurialense de las *Cantigas*, de Alfonso X, contiene gran número de miniaturas que representan jinetes guerreros y paisanos cabalgando en estilo caballeresco; en la ilustración de la cantiga XIX aparece un caballo ensillado, sin jinete, con silla estradiota, cuyo arzón posterior está curvado para mayor sujeción del caballero; silla que siglos después ha de dar origen a la de jineta. Como contraste, hay también en el mismo códice miniaturas que representan musulmanes montando a la jineta [32].

Durante las primeras batallas contra los moros, los caballeros cristianos acudían con brillantes armaduras; en el relato de la batalla de Zalaca, en 18 de julio de 1195, José Conde describe el ejército cristiano en

---

[32] Cito por Guerrero Loville (J.): *Las cantigas. Estudio arqueológico de sus miniaturas.* Madrid, 1949. Véase: *Estradiota*, cant. XV, lám. 7; cant. XIX, lám. 23; cant. LXIII, lám. 70; cant. CXXXIX, lám. 143; *Jineta:* can. XCIX, lám. 110; *Estradiota y jineta:* cant. CLXXXI, lám. 198.

estos términos: «Como el rey Alfonso (VIII) hubiese allegado sus gentes, que era chusma innumerable, y más de ochenta mil caballos, de ellos los cuarenta mil eran de grave armadura, cubiertos de hierro, y los otros, que parte de ellos eran árabes, que les servían, como treinta mil eran de caballería ligera, pues venían en su campo muchos muzlimes.» La batalla, como se sabe, fué fatal para el ejército cristiano.

Poco a poco los caballeros cristianos fueron perdiendo armaduras, aligerando las defensas y adoptando el arte de montar a la jineta, muy adecuado a la naturaleza del caballo español y necesario para vencer a los invasores. Las exigencias de la lucha constante impuso la jineta como método obligado en la guerra, tanto en los constantes combates de fronteras como en las devastadoras algaras.

Un tan prolongado aprendizaje en la ruda lucha, logró que el caballero español consiguiera un dominio seguro a caballo; por otra parte, el ganadero seleccionaba los ejemplares más adecuados para el arte de la jineta; así, la cría caballar, espontáneamente, se orientaba, siguiendo la mayor demanda, a la producción de ejemplares de tamaño mediano, vigoroso, cualidades apropiadas, como he dicho anteriormente, para el arte de la jineta. Hubo de establecerse necesaria armonía entre las exigencias del caballero y las cualidades del caballo para lograr un efecto práctico. En estas condiciones, el caballo español llegó a ser el perfecto caballo de guerra en la edad media, y la caballería española poseía una superioridad destacada como caballería ligera dentro de la organización de la época; pero había cumplido su misión histórica, que fué vencer y expulsar la morisma del suelo hispano.

Restaurada la unidad nacional, acabada la guerra de reconquista, la jineta había de conseguir triunfos resonantes en el extranjero. En las batallas y encuentros a que dieron lugar las guerras sostenidas en el sur de Italia entre los ejércitos del rey Fernando el Católico y Carlos VIII de Francia, los caballeros españoles, montando a la jineta, aniquilaron a los franceses, que seguían la escuela estradiota medieval. Para mayor imparcialidad en mis juicios, quiero copiar las opiniones de dos autores portugueses que relatan detalladamente estos trances bélicos en tierras de Nápoles.

Los ya citados autores Ruy d'Andrade y Tiago Ferreira nos dan el siguiente relato: «Encontráronse frente a frente dos sistemas de guerrear y dos formas de cabalgar: de un lado, la caballería pesada francesa: grandes caballos cubiertos y hombres pesadamente armados; de otra parte, tropas españolas montadas en caballos ligeros, bien adiestrados en la larga y prolongada lucha de los siglos anteriores.

»Es sabido que el encuentro de estos métodos de luchar en campo abierto fué ventajoso para los españoles, cuyos arcabuceros taladraron con sus balas las corazas más fuertes de los franceses, según escribe L. Picard, y obligaron a cambiar sus métodos de guerra, porque la táctica de la caballería ligera de los jinetes españoles frustraba con sus ardides todas las tentativas militares de la caballería francesa.»

Anteriormente, Ruy d'Andrade había escrito, con referencia a estas luchas: «Esta pugna de casi un siglo (1422-1520), en que el cuartel general de los españoles fué casi siempre en Nápoles, introdujo grandes modificaciones en los sistemas de guerra de aquella época, durante la cual habían de desaparecer los pesados armamentos de la caballería, se amplió el uso de los arcabuceros y de la artillería ligera, al mismo tiempo que la infantería y caballería ligeras asumían mayor importancia.»

Con todos estos triunfos, el arte de la jineta, de gloriosa tradición ibérica, entró en el siglo XVI en rápida decadencia. Expulsados los moros, faltó estímulo patriótico para sostener la combatividad de la caballería en tono vibrante, y quedó reducida a la tranquila práctica de ejercicios deportivos o espectaculares. Cierto que entre los nobles y los caballeros se conservaron muchos ejercicios hípicos que reclamaban destreza y sangre fría en los jinetes y dominio sobre el caballo; este tono de alta distinción, donde se refugiaron las prácticas de la caballería a la jineta sólo fué suficiente para conseguir una larga supervivencia, pero no pudieron crear una permanencia.

El arte de la jineta, como método de guerra, obtiene un triunfo definitivo en tierras napolitanas en el siglo XV, logra deshacer una táctica militar muy calificada en la Europa Central, pero no consigue alcanzar dominio e imponer sus normas en el arte de montar a caballo; destruye sin crear. Al instalarse oficialmente en Nápoles, sufre modificaciones y cambios que desfiguran sus características prístinas, y pierde incluso el nombre. Tremenda paradoja: la jineta, triunfante en Nápoles, ve nacer en el propio terreno un nuevo arte que le arranca la victoria y, derrotada, es lanzada al olvido.

Las cosas sucedieron así: con motivo de las guerras de Nápoles, ya citadas, esta población se convirtió en un centro importante de cultura hípica y militar, cuya influencia irradió a todos los países. Las enseñanzas de los jinetes españoles montados en caballos andaluces causaron admiración a los napolitanos, y quisieron adaptar estas prácticas a los caballos del país. Como los caballos napolitanos, cruzados posiblemente con razas nórdicas—caballos flamencos, germánicos—, carecían de las cualidades de agilidad y nervosismo, flexibilidad y arranque, exigían un intenso trabajo de doma para conseguir un adecuado equilibrio dinámico; para facilitar esta enseñanza se idearon métodos y recursos de fuerza, en cabezadas, pilares, etc., única manera de llegar, después de muchos esfuerzos, a un deficiente parangón con los caballos españoles, de innatas cualidades.

El conjunto de reglas y de instrumental empleado en la doma del caballo napolitano llegó rápidamente a constituir escuela, lo que se llama «escuela de equitación de Nápoles».

El nuevo arte de domar y montar a caballo que crearon los napolitanos se llamó, en castellano, «de la brida»; presentaba diferencias sensibles en la posición del jinete, en los arreos, etc., arte que se generalizó muy pronto y conquistó carácter universal. Método que ha durado hasta el siglo XIX, fecha de la aparición de la nueva equitación con base científica sobre conocimientos de anatomía, fisiología, mecánica, psicología, etc., del caballo.

Ahora se repite otra tremenda paradoja, que se desarrolla a nuestra vista: cuando se ha logrado alcanzar un dominio tan perfecto en el aprovechamiento del caballo, el caballo desaparece como factor militar, y a título de motor industrial, es sustituido ventajosamente por ingenios modernos de invención humana.

En el siglo XVI, frente a la tradicional práctica de la jineta, surge vigorosa la escuela de la brida, y los nombres de los maestros italianos Grissone, Fiaschi, Ferraro, Caracciolo, etc., se han hecho famosos en la historia de la equitación mundial.

Dos discípulos de la escuela de Nápoles, La Broue y La Noue, llevaron a Francia los métodos y las enseñanzas de la brida; métodos perfeccionados por Pluvinel, y años después, destacadamente, por Robichon de la Guérinière. El gran prestigio de la *Académie Hip-*

pique, fundada por Pluvinel (¿1624?), impone en toda Europa los nuevos métodos de montar a caballo durante los siglos XVII y XVIII, porque permitía utilizar caballos pesados domados a aires ligeros, montar el jinete libre del impedimento de las armaduras del antiguo caballero y utilizar las ayudas de las piernas.

En España fueron conocidos muy pronto los nuevos métodos de la doma de caballos de la escuela de Nápoles; la obra fundamental de Grissone se traduce por Antonio Flores de Benavides en 1568; por otra parte, la Corte de los Borbones importa de la famosa escuela de Versalles las novedades de la equitación. Pluvinel, en el siglo XVII, y La Guérnière, en el XVIII, son los autores que siguen en las prácticas de equitación en los picaderos de la Casa real, la nobleza y la milicia.

Es inútil que prestigiosas y muy documentadas personas se preocupasen de reunir opiniones, recoger observaciones, acumular hechos... para defender el arte de la jineta, la costumbre española, frente a los incesantes progresos de la brida. Este torneo literario ha durado tres siglos, y si bien la brida contaba con muy escasos defensores entre nosotros (quizá el primero y más entusiasta fuese el citado don Manuel Álvarez Osorio, conde de Grajal, educado en los picaderos de Flandes), ha terminado conquistando la enseñanza de nuestros picaderos y las prácticas de la equitación que podíamos llamar oficial, ya que el pueblo, y en especial el pueblo andaluz, siguió fiel montando a la jineta.

La razón de este cambio aparece comprensible cuando se ha repasado con serena objetividad la bibliografía hípica española y la traducida. Esta lectura demuestra que en tanto los españoles de los siglos pasados se contentaban con escribir y aconsejar el método de la jineta, describiendo los ejercicios más atrayentes y emocionantes, no se preocupaban de crear escuelas o

picaderos para su enseñanza y difusión, e incluso para
imponer evoluciones convenientes. Frente a esta conducta pasiva, confianza en la fuerza mítica de la letra
impresa, en Italia, Francia, Flandes... crean escuelas,
instauran nuevos métodos de enseñanza, tanto teóricos
como de aplicación práctica. Algunas de estas escuelas
son verdaderas academias, como las francesas, donde,
conjuntamente con las lecciones acerca de lo conocido,
ensayan novedades, se descubren hechos y discuten
temas relacionados con conocimientos sobre caballos,
sistemas de doma, condiciones mecánicas de los arreos,
etcétera, etc.; al amparo de tales métodos progresa la
equitación, tanto civil como militar.

En España—ya lo he dicho—, desde los siglos XVII
y XVIII hemos sido en equitación fieles imitadores de
los métodos preconizados y empleados por los franceses;
semejante copia ha impedido que el arte de la jineta
evolucionase en sentido progresivo.

Ahora bien: consultando los textos de nuestros autores clásicos de equitación, con grandes dificultades se
logra señalar las diferencias existentes entre la jineta y
la brida. Nacen estas dificultades, unas veces, por con-
fusión de las explicaciones: los escritores de hípica, en
su mayoría, fueron hombres prácticos, muy conocedo-
res del arte, pero medianos escritores y siempre malos
expositores; de este defecto se salva Tapia Salcedo.
Otras causas de incomprensión radican en el diferente
valor que a las palabras y expresiones concedemos nosotros, o desconocemos actualmente las más de las veces;
porque los autores, al dirigirse a un público de aficionados o entendidos, dan por sabidos detalles y hechos
que ahora es imposible observarlos. Con razón se puede
aplicar a estos autores el concepto que Gustavo Le Bon
adjudica a los antiguos caballerizos franceses, de que
«trabajaban a caballo con el sistema nervioso incons-

ciente y escribían en su bufete con el sistema nervioso consciente. Es muy excepcional—afirma—, y con excesivas dificultades, que lo consciente penetre en lo inconsciente» [33].

A pesar de tantas dificultades, siguiendo atentamente la lectura de los textos clásicos, se pueden rastrear los rasgos peculiares de la jineta y de la brida. He de advertir en primer término que la posición de la pierna del jinete y la longitud del estribo son detalles que no permiten establecer ninguna diferencia entre estos dos métodos de montar a caballo; el ya citado Suárez de Peralta, en su tratado de la brida aconseja que «los estribos no han de ir largos, sino cortos, y de los dos extremos, parésceme mejor ir corto que largo». Para buscar las diferencias hay que ahondar más y buscar detalles de mayor significación, unos aparentes: sillas, bocados, etc., y otros profundos, como son las reglas para domar el caballo.

En la brida, el caballo llevaba una silla de borrenes bajos, y llegó en sucesivas evoluciones a desaparecer el arzón delantero, sustituído por un *pomo*, según el léxico italiano, cabezuela o perilla en español. Los bocados terroríficos de la jineta fueron también aligerados en la cantidad de hierro y simplificados en su forma. Pignatelli, ya en el siglo XVI, admitía la posibilidad de evitar los tormentos del freno de la jineta para dominar el caballo; proponía como medios más provechosos los ejercicios adecuados, pacientemente aplicados, utilizando en este adiestramiento un freno relativamente pequeño y suave, para señal de mando.

En el arte de la brida había algo más que cambios de frenos y modificaciones de sillas: había una doma racional del caballo.

---

[33] LE BON (Gustave): *L'Équitation actuelle*. París, 1913, pág. 126.

He afirmado que el jinete español montaba a la jineta porque el caballo andaluz mostraba espontáneamente estos movimientos. Por otra parte, el caballero sólo exigía a su caballo movimientos precisos para el combate y para esquivar las arrancadas de los toros bravos. Estos movimientos, según un hipólogo moderno, Carlos Kirkpatrick [34], se reducen a tres: arrancada al galope lo más rápidamente posible, parada pronta y volver a las dos manos. Actividad que desarrolla el caballo andaluz con muy poca doma, espontáneamente; le ayuda, le facilita los movimientos, como he dicho antes, su conformación anatómica, «su nativa inclinación», según decía don Francisco Pascual Bernard [35].

El arte de la brida era, sencillamente, un conjunto de reglas de enseñanzas aplicadas a los caballos de tipo norteño, para conseguir la agilidad, la destreza propia de los caballos andaluces, ligeros, revoltosos, ágiles naturalmente. Los jinetes de Nápoles, admirados de los ejercicios que realizaron los españoles montando a la jineta, pretendieron imitar estos resultados con caballos grandes, fuertes, de constitución recia, de reacciones torpes y lentas, y para adiestrar estos animales exigían medios auxiliares violentos: si el caballo español era conducido y educado con el cabezón y las ayudas de las piernas, los otros caballos requerían bridones, pilares, cuerdas, etc., etc.; verdaderos métodos gimnásticos, nuevos y extraños en nuestras costumbres hípicas.

Los maestros de los picaderos napolitanos, y después los franceses, modificaron los arreos e idearon una larga serie de ejercicios y medios de sujeción para domar el caballo, ejercicios metodizados y repetidos hasta que el alumno, torpe y tardo, adquiría aires en variadas

---

[34] Kirkpatrick (Carlos): *Arte ecuestre.* Madrid, 1950.
[35] Bernard (Francisco Pascual): *Arte de andar a cavallo.* Madrid, 1757.

marchas diferentes de sus huellos naturales; se pretendía formar, mejor dicho, reformar el caballo, para conseguir una cabalgadura útil y agradable en el picadero y en la guerra. Para conseguir éxitos, este adiestramiento demandaba al jinete trabajar y conocer la naturaleza o cualidades del caballo.

En cambio, nuestros antiguos jinetes, que montaban a la jineta, arreglaban el caballo español con facilidad y distribuían bien sus esfuerzos para buscar la armonía del conjunto, como se dice en los picaderos, desde la cabeza a los pies. Se lograban estos resultados mediante una prudente aplicación instintiva de tres cualidades precisas del jinete: firmeza y quietud en la silla, tiento en las manos y ayuda oportuna de las piernas. Todo esto se lograba fácilmente con nuestros caballos andaluces, repitámoslo una vez más, con palabras del gran maestro ecuestre Caracciolo, que considera el caballo español como la mejor montura, y aun parado «mueve continuamente los brazos, masca el freno y está siempre presto a las órdenes del caballero»...

Para lograr idénticos resultados con otros tipos de caballos, se crearon las escuelas de equitación, donde se aplicaban métodos más violentos, para obligar por fuerza a que el caballo perfeccionara sus movimientos instintivos y adquiriese otros nuevos, fruto de una doma dirigida; así conseguían aprender una gran variedad de ejercicios y aires artificiales más o menos complicados. El jinete también debía aprender a montar, hasta conseguir la unidad de las operaciones, en que caballero y caballo marchen de acuerdo en todos los movimientos.

El método de la brida, en manos de buenos maestros, fué sufriendo importantes modificaciones, hasta hacer olvidar las antiguas prácticas de la jineta, donde tomó su origen, y dando nacimiento, en el siglo XIX, a la equitación académica que nosotros hemos conocido.

El arte de la jineta, huérfano de enseñanzas y modificaciones, quedó detenido y siempre mirando atrás; todavía Maestre de San Joán, en 1735 [36], escribía: «El que intente resucitar la jineta, sea en mi voluntariedad, sino muy justa pretensión.» Se trata de resucitar, no de modificar, porque asegura que «bautizándola por nueva, pueda passar entre todos plaza de moda». Lentamente, el arte de la jineta fué cayendo en olvido: no se cita en publicaciones, tampoco es aceptado en los picaderos, donde impera la escuela francesa; el ejército adopta otra táctica más en consonancia con las armas modernas; la jineta muere oficialmente, se recuerda como una antigualla: ha contribuído mucho a este olvido el abandono de torear a caballo; todas estas múltiples causas borran de la actual equitación académica el arte de la jineta.

El olvido no es absoluto: cierto que el caballo ha perdido categoría en el deporte y en la guerra; pero la jineta, en la actualidad, se conserva invariable en sus esencias en el campo andaluz, en la charrería salmantina, etc., donde es indispensable el caballo para los servicios que reclaman las ganaderías bravas y las operaciones del agro. Para el caballo español, conviene recordarlo, la mejor doma, como animal de montura, es la jineta; este arte sobrevivirá tanto cuanto subsista nuestro caballo nacional.

LOS TEXTOS

En la primera época de la Sociedad de Bibliófilos, en el año 1877, se publicó el ya citado tomo *Libro de la Jineta*, con una brillante introducción de don José A. de Balenchana.

---

[36] MAESTRE DE SAN JOÁN (Lucas): *Deleyte de cavalleros y placer de los cavallos*. Prólogo. Madrid, 1736.

Contiene esta introducción, juntamente con acertadas indicaciones sobre el arte de la jineta, una reseña bibliográfica muy completa de libros y manuscritos españoles y portugueses sobre jineta correspondientes a los siglos XVI, XVII y principios del XVIII; este estudio representa todavía el trabajo bibliográfico más exacto y completo de todos los publicados en España.

En la reseña de Balenchana se recogen indicaciones exactas y muy detalladas con referencia a los tratados que ahora reproducimos, sin que nos sea permitido añadir nada nuevo por nuestra parte, conducta disculpable por ser temas muy alejados de mis actividades profesionales.

Ya que nada nuevo puedo decir de los autores y de los libros, quiero justificar las razones que han guiado el propósito de juntar en un volumen estos tres textos escogidos de la gran producción sobre jineta.

Los textos que ahora reproducimos son contemporáneos entre sí; cronológicamente, pertenecen a fechas muy próximas, pudieron ser escritos hasta por los mismos años del final del XVI; afirmación admisible mediante la compulsa de las fechas de publicación. El primero en aparecer de los tres textos es el *Discurso*, del Conde de Puñonrostro, que lleva fecha de 1590; diez años después, en 1600, Vargas Machuca publica la edición príncipe de su libro de la jineta, y, por último, el tratado de Villalobos se publica en 1605, años después de la muerte del autor; no hay, por tanto, dificultad en atribuirle una fecha del siglo XVI; la aprobación de este tratado está firmada por el Conde de Puñonrostro. Coincidencia en el tiempo, también hay identidad en la apreciación de los temas, ya que los tres autores recogen y explican las buenas reglas del arte de montar a la jineta y los tres libros divulgan sus prácticas en los diferentes ejercicios que permite este deporte hípico.

1.º El primer tratado de esta colección, el *Discurso* de Juan Arias Dávila Puertocarrero, es un ejemplar en 8.º de 71 hojas foliadas más ocho preliminares y otra al fin, sin numerar, con una octava real pidiendo benevolencia al lector. La octava hoja preliminar es un grabado, antigua alegoría del amor, caballo alado y jinete con palmas. La única edición conocida es la de Madrid, 1590; no existen noticias de ninguna otra edición; tampoco se sabe que el autor haya escrito más obras.

El conde de Puñonrostro, al escribir su libro, pretende aleccionar a sus hijos y a los aficionados en el buen arte de montar a caballo; el autor quiere que sean jinetes con gracia y donaire; presumir a caballo, según la expresión andaluza, durante el paseo y en el desarrollo de los ejercicios ecuestres de lucimiento y agilidad.

En los dictados, breves y concisos, aparece severo y rígido; detallista minucioso, porque el bien parecer a caballo es fruto tanto de la postura como de la compostura; y esto precisamente enseñan los consejos del Conde: a adquirir buenos hábitos en la actitud y aliño en la vestimenta para estar *a la jineta con gracia y hermosura.*

El citado Balenchana, en su día, señalaba este libro como «rarísimo y ameno».

2.º El libro de Simón Villalobos y Benavides es también un pequeño librito, tamaño octavo, ocho páginas preliminares y 70 foliadas, y dos hojas más sin foliar para terminar la tabla. En Valladolid, 1605.

Según indica la portada, el libro fué publicado por un hermano del autor, prestigioso capitán en Flandes. El propósito perseguido al escribir este texto lo indica muy bien el título: pelear a la jineta, se busca el adiestramiento militar, formar jinetes soldados; ya quedó indicación en páginas pasadas que durante muchos años los españoles, moros y cristianos, pelearon a la jineta.

La tradición se perdía, y Villalobos escribe su libro con la finalidad de enseñar y estimular a los militares en las prácticas mejores para deshacerse de los enemigos. Sus consejos, tajantes y decisivos, buscan la victoria en los combates guerreros. Se muestra muy detallista en señalar botes, heridas, defensas y adargamientos durante la lucha; el texto es de lectura áspera; contiene preceptos concisos escritos en prosa desaliñada, a veces confusa, como corresponde a un hombre que ha manejado las armas con más frecuencia que la pluma. Buen conocedor de los ejercicios militares, se muestra muy rigorista en sus consejos, conducta que encaja bien que cumpla el ejercitante, y mucho más cuando corre riesgo de su vida.

También Balenchana señala esta obrita como una de las más raras y apreciadas; me atrevo a señalar como «la más rara» de la bibliografía hípica española.

3.º El texto que reproducimos de Vargas Machuca es la edición definitiva de los *Exercicios de la jineta*. El libro en 8.º, 16 hojas sin foliar, 200 hojas foliadas, más ocho hojas con grabados de frenos; al fin se repiten las señas del impresor. En Madrid, 1619.

El libro de Vargas Machuca tiene un gran interés histórico, porque, escrito en Indias, nos informa de la gran aceptación y extensión que adquirió el arte de la jineta en América cuando la producción caballar consiguió pujanza numérica.

En una de sus obras, en 1600, explica detalladamente esta difusión con las siguientes palabras: Son frecuentes «los ejercicios de la jineta; y en particular la teórica de la lanza y adarga, que en las Indias Occidentales en largo tiempo cursé y aprehendí; que aunque es verdad que Berbería dió a España principio della y España a las Indias, en esta parte se ha perficionado más que en otras».

Hombre de armas, habiendo pasado gran parte de su vida en Indias, siendo capitán escribió: *Milicia y descripción de las Indias*. Madrid, 1599, aunque el texto era mucho más antiguo. El *capitán indiano*, como él se titula, sentía una marcada afición al arte de la jineta; en este libro de la *Milicia* escribe: «Después de veintiocho años que tengo empleados en pacificaciones de Indias», es decir, de soldado y de andar con caballos, le dieron, sin duda, gran práctica de jinete, que quiso recoger para enseñanza de los demás en un libro repleto de provechosos consejos.

En 1600 se publica *Libro de exercicios de la gineta*, compuesto por el capitán don Bernardo de Vargas Machuca, indiano, natural de Simancas, en Castilla la Vieja. Dirigido al conde Alberto Fúcar. En Madrid. Por Pedro Madrigal. Año MDC. Un libro en 8.º, 120 hojas foliadas y 16 preliminares sin numerar. Es la primera edición.

Esta obra se describe de muy diferente manera en las bibliografías; la más correcta es la de Pérez Pastor. La explicación de estas diferencias es la siguiente: en la Biblioteca Nacional existe un ejemplar (Sig. R: 3818) que contiene una hoja suelta con la Aprobación de Sancho Dosma, hoja que falta en todos los demás ejemplares consultados.

Años después, en 1619, también en Madrid, se publica otra edición de este libro, la que reproducimos; no tengo noticias que se haya publicado ninguna otra en los años posteriores.

El texto de esta segunda edición, más cuidado y bien impreso, difiere muy poco de la publicada en 1600; las principales ampliaciones se refieren a los capítulos primero y segundo, que tratan del conocimiento del caballo, del Exterior, diríamos ahora, y de su enfrenamiento. En cambio, ha sido muy ampliada la última parte, que trata de albeitería o medicina equina; sin duda, el autor, luchando en Indias no disponía en muchas ocasiones de albéitares para atender a las dolencias de los caballos.

Recordando que las *Partidas* del Rey Sabio obligaban a todos los caballeros en relación con sus caballos de «guarescerlos de las dolencias que oviesen», Vargas Machuca escribió con gran amplitud el capítulo de la Albeitería, donde reúne consejos y avisos provechosos, libres de supersticiones y tratamientos absurdos.

Es cierto que actualmente, en nuestra clínica, no hacemos caso de tales consejos y advertencias; sin embargo, contienen fundamentos científicos que, perfeccionados, se han incorporado a la Veterinaria moderna; por lo tanto, representan una fase de su evolución histórica.

El título del libro explica muy adecuadamente el propósito del autor: recoger las reglas y preceptos para el deporte hípico; este texto es una ampliación del libro de Puñonrostro; el lector moderno, leyendo a Vargas Machuca, comprende los ejercicios y deportes ecuestres, a que tan aficionados fueron los españoles en siglos pasados.

En esta ocasión hemos faltado a la costumbre de nuestra Sociedad, al no seguir en la reproducción el texto de la edición príncipe; la justificación es fácil de razonar: el tratado de Vargas Machuca es un libro técnico; empleando el lenguaje moderno, es un libro didáctico propio para instruir a quienes pretendan montar y ejercitarse en el arte de la jineta; por lo tanto, conviene elegir la edición más completa, más amplia y de mejor documentación; para conocer la teoría y la práctica de la jineta conviene consultar un texto de perfección y no de iniciación; que su lectura permita, como dice el autor, «obrar científicamente para el mejor acierto».

Este librito, según un comentarista moderno, en la edición reproducida es rarísimo y extraordinario en su clase, que pocos bibliógrafos lograron ver.

La reproducción de los textos se ha hecho copiando los ejemplares que se conservan en la Biblioteca Nacional y en mi colección. Respecto a la gráfica, he guardado las normas dictadas por nuestra Sociedad.

C. SANZ EGAÑA.

CORRECCIONES

En la publicación de estos tratados de jineta he conservado fielmente la redacción del texto en la impresión original; al hacer la transcripción he podido observar varias erratas y faltas que intento corregir. Siempre que he notado en el texto falta indiscutible de palabras o de letras, se han añadido unas y otras incluyéndolas entre corchetes, [ ], para que el lector note la adición; esto ha ocurrido pocas veces, y siempre en casos muy justificados.

En el grupo de las adiciones figuran varias referentes a titulaciones de párrafos; las importantes son las que se citan más adelante.

Mi atrevimiento es disculpable porque se trata de libros técnicos, donde la claridad de expresión y facilidad de comprensión son indispensables para el mejor conocimiento del tema.

1. En el *Discurso*... del Conde de Puñonrostro he podido comprobar varias omisiones de palabras, y corrijo las faltas de acuerdo con la lectura del propio texto. Las palabras añadidas son las siguientes: página 39, «posturas»; página 44, «primera postura del brazo»; página 46, «del brazo»; página 48, «postura de lanza»; página 56, «primer tocado». En la página 58 añado este título: «Capítulo XX. Del juego de cañas». Adición justificada, porque el numeral XX no se cita ni en el texto ni en la tabla. El título que corresponde al capítulo he creído como más adecuado el propuesto. La necesidad de hacer un capítulo, el lector lo puede comprobar leyendo atentamente el texto.

En esta obra se imprime la palabra «darga» por «adarga», y así se reproduce en nuestra edición.

2. En la obra *Modos de pelear a la jineta*, de Villalobos, son muy pocas las faltas que he notado, y no merecen la atención de señalarlas; las palabras añadidas se han marcado con un corchete, según indicación anterior.

Indudablemente, para evitar el hiato se ha impreso en masculino «el adarga»; sólo en muy pocos casos «la adarga»; uno y otro son respetados en esta nueva impresión.

3. En la obra *Teoría y exercicios de la jineta*, de Vargas Machuca, he comprobado varias faltas y erratas; las principales están corregidas en el texto, pero quiero llamar la atención del lector sobre un caso extraño, y por eso mismo no me he atrevido a corregir.

En la página 146 hay un capítulo titulado «Regla quinta para criar un potro». Realmente resulta extraña esta denominación, máxime cuando antes no hay otras cuatro reglas; sólo anteceden dos capítulos. La equivocación es más manifiesta leyendo la tabla en donde tiene esta otra titulación: «Para imponer un potro».

He querido llamar la atención sobre esta dualidad de títulos, creyendo que la titulación del capítulo está equivocada, sin poder explicar la falta ni atreverme a corregirla.

La edición de la obra de Vargas Machuca de 1600 no contiene este capítulo, que nos podía servir de aclaración.

En la página 260 he añadido, porque así lo requiere el texto, el título «De las sangrías».

La palabra «adarga» se imprime en esta obra indistintamente en masculino o en femenino, y respetando la primitiva impresión, se reproduce en idénticos términos.

En la quinta parte me he permitido señalar en notas las equivalencias modernas de algunas palabras o términos de la antigua albeitería.

Madrid y mayo de 1951.

DISCVRSO

DE DON IVAN ARIAS
Dauila Puertocarrero, segundo
Conde de Puñonrostro.

Para estar a la Gineta con gracia
y hermosura.

DIRIGIDO AL PRINCIPE
don Felipe nuestro señor.

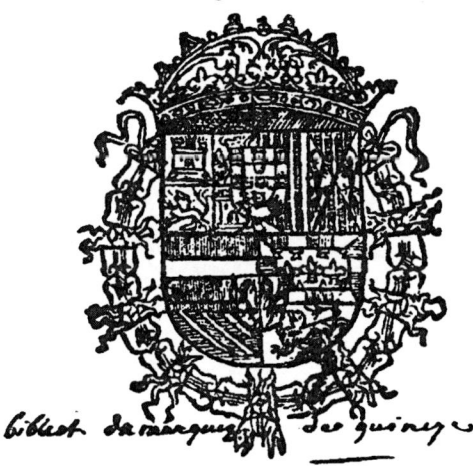

bibliot. da marquez de quinez

En Madrid, por Pedro Madrigal.

Año M. D. XC.

TASSA

Yo, Miguel de Ondarza Zavala, Escribano de cámara del Rey nuestro señor, de los que residen en su Consejo, doy fe que los señores dél, en tres días del mes de Octubre deste presente año, habiendo visto un libro que con licencia del Consejo fué impreso, y compuso don Juan Arias Dávila Puertocarrero, Conde de Puñonrostro, acerca de lo necesario para cabalgar a la jineta con gracia y hermosura, tasaron en dos reales cada un cuerpo del dicho libro, y mandaron que no se pueda vender a más, y que esta tasa se ponga al principio de cada un volumen, para que se entienda el precio en que está tasado. Y para que dello coste, de pedimiento del dicho don Juan Arias Dávila Puertocarrero, Conde de Puñonrostro; y mandado de los dichos señores del Consejo, di la presente, que es fecha en Madrid, a cinco días del mes de Octubre de mil y quinientos y noventa años. Y en fe dello lo firmé de mi nombre.

MIGUEL DE ONDARZA ZAVALA.

APROBACIÓN

Habiendo visto este libro escrito por don Juan Arias Dávila Puertocarrero, segundo Conde de Puñonrostro, intitulado DISCURSO DE CÓMO SE HA DE PONER CUALQUIER CABALLERO CON BUENA GRACIA A LA JINETA, que me fué cometido por los señores del Consejo, digo que todo lo que en él se contiene es muy bueno para todos los que holgaren y quisieren valerse dél; y que por el provecho que cada uno podrá sacar, se debe imprimir; y por parecerme esto así, lo firmé en Madrid a veinte y nueve de Junio de mil y quinientos y noventa años.

DON DIEGO FERNÁNDEZ DE CÓRDOBA.

EL REY

Por cuanto por parte de vos don Juan Arias Dávila, Conde de Puñonrostro, nos ha sido fecha relación, que vos habíades compuesto un libro intitulado DISCURSO PARA PONERSE A LA JINETA AGRACIADAMENTE, que era libro necesario para el arte militar, suplicándonos le mandásemos ver, y siendo cosa tal, os mandásemos dar licencia para que se imprimiese, o como la nuestra merced fuese; lo cual visto por los del nuestro Consejo, y como por su mandado se hicieron las diligencias que la pramática, por nos hecha sobre la impresión de los libros dispone, fué acordado que debíamos dar ésta nuestra cédula para vos en la dicha razón, y nos tuvímoslo por bien, y por la presente vos damos licencia y facultad para que por tiempo de diez años primeros siguientes, que corren y se cuentan desde el día de la fecha desta nuestra cédula, vos o la persona que vuestro poder hubiere, y no otra alguna, podáis hacer imprimir y vender el dicho libro, de que de suso se hace mención, en estos nuestros Reinos. Con que después de impreso, antes que se venda, cada vez que se impri-

miere le traigáis al nuestro Consejo juntamente con el
original que en él se vió, que va rubricado y firmado
al cabo de Miguel Ondarza Zavala, nuestro escribano
de Cámara, de los que en el nuestro Consejo residen,
para que se vea si la dicha impresion está conforme al
original, y traigáis fe en pública forma de cómo por el
corrector nombrado por nuestro mandado se vió y
corrigió la dicha impresion con el original, y se impri-
mió conforme a él, y que quedaban así mismo impresas
las erratas por él apuntadas, para cada un libro de los
que así fueren impresos, y se os tase el precio que por
cada volumen hubiéredes de haber, y con que primero
que se venda se imprima la tasa que del dicho libro
se hiciere en la primera hoja de cada volumen que se
imprimiere, so pena de caer e incurrir en las penas
contenidas en las leyes de nuestros Reinos. Y mandamos que durante el dicho tiempo persona alguna sin
vuestra licencia no lo pueda imprimir ni vender, so
pena que el que lo imprimiere haya perdido y pierda
todos y cualesquier libros, moldes y aparejos, que de
los dichos libros tuviere, y más incurra en pena de
cincuenta mil maravedís por cada vez, que lo contrario
hiciere; la cual dicha pena sea la tercia parte para la
persona que lo denunciare, y la otra tercia parte para
el juez que lo sentenciare, y la otra tercia parte para
la nuestra Cámara. Y mandamos a los del nuestro
Consejo, Presidente y Oidores de las nuestras Audiencias, Alcaldes, Alguaciles de la nuestra casa Corte y
Chancillerías, y a todos los Corregidores, Asistentes,
Gobernadores, Alcaldes mayores y ordinarios, y otros
jueces y justicias cualesquier de todas las ciudades,
villas y lugares de los nuestros Reinos y señoríos, así
a los que agora son como a los que serán de aquí adelante, guarden y cumplan ésta nuestra cédula y merced
que así vos hacemos. Y contra el tenor y forma della

ni de lo en ella contenido no vayan ni pasen ni consientan ir ni pasar en manera alguna, so pena de la nuestra
merced y de diez mil maravedís para la nuestra Cámara. Fecha en San Lorenzo, a veinte y un días del
mes de Julio de mil y quinientos noventa años.

YO EL REY.

Por mandado del Rey nuestro señor,
JUAN VÁZQUEZ.

TABLA DE LOS CAPÍTULOS DESTE LIBRO

FIN DE LA TABLA

FERDINANDI DE SOTO, REGIS PHILIPPI PERCONTATORIS IN AUTORIS LAUDEM, DISTICHA

Si datur Austrinis, primos imponere Mauris,
Et fraeno dociles ducere semper equos,
Si lybicis ipsos agitat Massylia campis.
Aspernens stragulum, fraenaque, calcaria:
Tu vincis Mauros, tu Massylosque feroces,
Aeternum meritis nomen ad astra volans.
Litus utrumque tuum caput immortale coronet,
Siquidem equum, atque equites instruis arte simul.

Ire viam quam monstrat Eques.

AL PRÍNCIPE DON FELIPE, NUESTRO SEÑOR SUMA FELICIDAD

DON JUAN ARIAS DÁVILA PUERTOCARRERO, CONDE DE PUÑONROSTRO: ACERCA DE LO NECESARIO PARA CABALGAR A LA JINETA CON GRACIA Y HERMOSURA

Presupuesto que en todas las cosas que el hombre hace es tan necesaria la atención, que sin ella nada puede hacerse, el litigar es (a mi parecer) lo que más requiere todo el hombre entero. Como yo haya tenido desde las entrañas de mi madre una lite tan grande, como todo el mundo sabe, notoria es la necesidad que de mi persona he tenido y tengo, con la cual no es de maravillar si en las cosas de mi profesión no he aprendido tanto como a ella pertenece.

Por otra parte, considerando la obligación que el caballero tiene a saber tratar las armas y el caballo, el cual, no haciendo acepción de personas, si no es bien ministrado, castiga al que va en él; no he querido consentir en que los pleitos totalmente me inhabilitasen de lo que es propio oficio del caballero, como lo dixo el sabio Rey don Alonso, en la segunda Partida, en la ley décima del título veintiuno. Y cosa tan ilustre y que tanta consumación quiere, como el exercicio del caballo, deseando (con lo poco que entre tantas miserias he aprendido) aprovechar mis hijos, no porque en mí haya tanta arrogancia que pensase pudiese yo enseñarlos mejor que ninguno; pues claro es que no se encerró en mí todo lo que en esta arte se puede hallar, sino por darles (siquiera) algún pequeño exemplo de virtud, como a verdadero retrato, y que les sea notorio que si algún rato ocioso he tenido en el tiempo de la florida edad, le he gastado trabajando en estos ejercicios; porque teniendo en su casa esta materia como cosa heredada, se persuadan a poseerla. Y cuánto sea por razón natural obligado el padre a enseñar sus hijos (así como el criarlos por un cierto tiempo parece más conveniente a la madre), no solamente los filósofos y legisladores lo han comúnmente enseñado y ordenado; pero los mismos brutos animales nos dan cada día clarísimos exemplos, enseñando sus hijos a volar, nadar, correr, cómo buscar la vida, cómo guardarse de las insidias y asechanzas; exercitándolos, finalmente, en todas las acciones a sus especies necesarias. Y si muchas veces se ve muchos hombres poner gran diligencia en cultivar y criar un árbol que de su propia mano han puesto, deseándole ver adornado y lleno de suave fruto; cuánto mayor deleite (naturalmente) sentirá el padre en procurar que una criatura de tanta excelencia como es el mismo hombre formado de su sangre, sea tal que se gloríe y se honre con infinito contento de renovar en ella su propia persona, y cuánta tristeza sentiría viéndola degenerar de sus predecesores; porque debiéndose aborrecer el ocio malo, capital enemigo de la virtud, de la honra, de la prosperidad y de la salud, y entre los hombres, siendo más obligados a obrar mejor aquellos que en mayor grado son colocados, habiéndose de pretender más del que más ha recibido;

clara cosa es que, siendo introducido y estatuído el grado de nobleza, no por otra cosa que por defender y sustentar en buen gobierno la república. Y por esta opinión, y por memoria de los nobles y de sus predecesores, que por el público beneficio trabajaron, ya son tenidos en reverencia. Y casi de todos los reyes, a los nobles solamente era concedido el uso de armas, y porque la milicia fué instituída para la conservación de la justicia y sosiego de la república, de la cual no solamente las grandes dignidades, pero los reyes, tienen origen y principio. El más honrado oficio es el que se exercita a caballo, y con mucha consideración se atribuye, tantos años ha, este nombre de caballero a todos los que son de noble estirpe.

Pues siendo bien nacidos mis hijos, y hacer en esta parte el oficio que estoy obligado, quise escribir este pedacillo de la jineta, para que la sepan usar, juntamente a lo tocante a la silla de la brida, de la cual otros han tratado largamente, como al fin del capítulo catorce diré. Así, que sólo he tenido lugar desocupado para decir la postura de la jineta solamente, y no he tratado del enfrenar, por ser diferente materia. Presupuesto que no menos pertenece este artículo al caballero, que el estar a caballo agraciado y hermoso, por ser materia más larga y para tratarse como conviene, es necesaria más atención de la que pueda tener a ella un hombre cargado de pleitos. Si Dios fuere servido que yo me vea fuera dellos a tiempo que me quede alguna vida para descansar en mi pobre y trabajada casa, no dexaré de hacer lo que pudiere, que no sé otro juego con que pasar las fiestas y largas noches de la vejez; por lo cual, antes creo mereceré ser alabado que vituperado.

Presupuesto que no faltará quien me tache, me he atrevido a escribir, considerando, por otra parte, habrá también quien me defienda, estando debaxo del Real amparo de V. A., pues de los actos virtuosos siempre se ha de preciar el hombre, siendo la virtud el mejor caballo en que se puede poner; la cual, los antiguos significaron en el caballo alado, que levantado de la tierra, volando por lo alto, vence el vicio, menospreciando las cosas terrenas, estimando la virtud, que es del cielo, mediante la cual se ocupará el que no desechare este pequeño trabajo, sirviéndose del sudor ajeno.

Y por que mejor se pueda entender, he procurado decir no solamente lo que se ha de hacer, pero el modo cómo ha de ser hecho, y lo más claro que he podido. Podrá ser que alguno lo tenga por superfluo, pareciéndole no ser necesario hablar tan en particular en cosas tan sabidas; mas como yo no haya hablado con los que a mí me podían enseñar, sino con aquellos a quien yo (como he dicho) estoy obligado a doctrinar, seré disculpado. V. A. reciba la voluntad de su fiel vasallo y criado; pues está V. A. obligado a favorecer las cosas del arte y hábito militar; así por ser V. A. quien es, como por la significación de su felicísimo nombre, que es compuesto de dos nombres griegos, Philos y Hippos, que en lengua latina quieren decir *Amator equorum* y en la nuestra amigo de caballos. Y con ella supla las faltas de tan pequeño servicio, pues el que le hace desea hacerle muy grande.

DISCURSO PARA ESTAR A LA JINETA CON GRACIA Y HERMOSURA

CAPÍTULO I

DE LA JINETA, A LOS LECTORES

Visto he tener por común opinión que la jineta no tiene fin, y cierto mal se podría entender si no le tuviese; pues las cosas necesariamente han de tener principio, medio y fin. Porque como dice Aristóteles, en el primero de la *Ética*, que el fin de la Arquitectura es hacer una casa, y el fin de la Medicina es sanar un enfermo; y del arte Militar, el fin es la victoria; y los retóricos, que el fin de la Retórica es ordenar un razonamiento, y hacer y decir en él todas las cosas necesarias para persuadir a otro, y esto basta para ser orador y retórico, sin estar obligado a que el oyente se persuada: porque basta que el orador haga de su parte las diligencias que se requieren; y aun los gramáticos dicen que el fin de la Gramática es hablar latín y escribirlo rectamente; y así, de la jineta será el fin cabalgar tan bien y gracioso, que contente a quien lo entendiere.

Y si bien es verdad lo que dicen que el buen aire y gracia no se puede aprender, por ser don de naturaleza, no se puede negar que el arte no supla los defectos della; pues con arte se imita a la natura, así como se imita con la escultura y con la pintura; pues siendo la escultura cosa muerta, viene a estar una figura tan bien fabricada, que parece viva, por la semejanza que tiene a lo vivo; y la pintura, no teniendo ser, parece que le tiene mediante el arte e invención de los colores. Y si tomamos por exemplo un árbol, mediante el arte de la Agricultura, viene a tener mejor gracia y mejor fruto que si no fuese cultivado. Pues si miramos un hombre que no tiene gracia en el andar (que es lo que el vulgo llama desairado), con los preceptos del danzar toma buen aire, o por lo menos no parece mal, o no tan mal. Si tiene mala voz desgraciada, con el arte de la música puesta en sus preceptos y reglas se entona y viene a términos que si no aplace, tanto no desaplace. De manera que el que no tuviere gracia, no parecerá desgraciado, sabiendo arte, y si tuviere alguna, parecerá mejor; y si tuviere mucha, proporcionarse ha de manera que no habrá que desear. Y para cumplir con esto, me parece necesario lo que escribo: agradézcanmelo los lectores, pues les doy en poco papel lo que en tantos años he aprendido, y reciban mi deseo, supliendo las faltas, que no dexará de haberlas, y emiéndenlas con el celo que la virtud obliga.

CAPÍTULO II

POR QUÉ RAZONES HA DE SER BUENO Y HERMOSO EL
CABALLO PARA CABALGAR GRACIOSAMENTE A LA JINETA

El caballo ha de tener dos cosas para que el que
fuere en él parezca bien, así andando como corriendo.
La una es ser bueno, porque si no lo es, aunque el caballero sea diestro, en cabalgar agraciado, no dexará una
vez, o otra, de hacer una fealdad en la silla. Porque el
caballo no querrá hacer la voluntad del caballero; y
el caballero porfiará contra la del caballo, repugnán-
dose las voluntades de tal manera, que por hacerse el
caballero obedecer del caballo, perderá la gracia hasta
sujetar el caballo, y si no la perdiese, sería imposible
corregir el caballo; porque mediante el enojo que entonces se recibe por castigarle con las piernas fuera de la
orden que se ha de tener, piérdese la gracia, lo cual
no se puede excusar; y si es bueno, no puede el caballero perderla si no fuese por mucho descuido; el cual
no es bien que el hombre tenga, y más estando a
caballo.

Así, que siendo bueno el caballo, y el caballero no
descuidándose, parecerá bien, aunque no sepa muy
bien cabalgar; y esto se entiende cuando ha de correr.
La otra es que sea de buen talle, porque da gracia al
caballero, y el andar alegre, alzando las manos altas;
pues siendo el caballo hermoso, va más proporcionado
con el caballero; y siendo más en proporción, agrada
más; pero si el caballo no se puede hallar lindo y bueno, más vale que sea bueno; y si todo lo tuviere, tanto

mejor será; porque bondad y hermosura juntas perficionan las cosas, y puesta en perfición, tanto más hermosa será. Y si el hombre de pequeño cuerpo cabalgare en caballo pequeño, y el mediano en caballo mediano, y el grande en caballo grande, más proporcionado será; de lo cual nacerá más gracia y hermosura que si fuese el hombre chico en caballo grande, y el hombre grande en caballo chico; pues donde no hay correspondencia y proporción, no puede haber armonía ni consonancia. El hombre mediano es más apto para cualquiera de los estremos, y así es, como medio en que consiste la virtud, y por esto se llamó en nuestra lengua mediano; pero usando de caballo mediano, mejor parecerá que en el chico o en el grande; y cada uno yendo en caballo proporcionado a su estatura puesto en su grado, parecerá tan bien como el otro. Si me preguntase alguno cuál sería de más valor en la guerra (aunque esto no es para la materia que aquí trato), clara cosa es que respondería que el grande; porque (si no es el hombre) entre todos los animales, cada uno en su género, el chico tiene miedo al grande; y así, el caballo pequeño ha miedo al grande.

CAPÍTULO III

DE LA SILLA

El fuste de la silla ha de ser más alto de delante que detrás, en tal modo, que puesto de lado se conozca haber ventaja adelante sin mirar mucho en ello, y no sea más de cuanto llegue a este conocimiento; porque si más alto fuese, no ayudaría al efeto que se pretende, que

es ir de buena gracia; y si fuese más baxa de delante
que detrás, causaría fealdad y sería ocasión para que el
caballero fuese floxo de piernas, porque se iría adelante, y no podría poner fuerza donde se requiere, como
en su lugar se dirá; y aunque la pusiese sería con gran
disgusto y no aprovecharía, porque cargaría el cuerpo
en la delantera, y haría ir los pies atrás todo cuanto
el cuerpo cargase adelante; por la dicha razón, no
podría el caballero executar su fuerza a su contento.
Lo mismo sería si fuese igual, y para andar en ella sería
fastidiosa; y siendo, como debe, más alta de delante
será gustosa y sin ocasión de fealdad y pesadumbre.
El arzón delantero ha de ser tan alto, que levantado
el caballero sobre los estribos, no pueda salir por encima
del arzón; de manera que llegue dos dedos más arriba
de la horcajadura. Siendo el arzón desta grandeza no
podrá el caballero salir por encima dél, aunque, tirando
alguna cosa, arroje tras el brazo el cuerpo: el cual, por
ser baxo, ha muchas veces acontecido en juego de cañas:
por querer tirar mucho, arrojar todo el cuerpo, tanto,
que, sin perder estribo, he visto quedar el caballero en
el pescuezo del caballo; porque al tiempo que el caballero quiere tirar la caña, empieza a repararse el caballo,
tanto que queda corto para lo mucho que arroja el
cuerpo adelante el caballero; y así, sale por encima. Ha
de estar el arzón tan derecho que no tenga la punta
metida hacia dentro ni salida adelante. No sea llano
por delante, sino algo redondo; porque da mucha gracia.
El arzón trasero ha de ser más baxo que el delantero,
y un poco caído atrás, por que dé gracia y no hiera.
Y no ha de ser largo ni corto: porque si es largo, estor-
bará al tiempo del revolverse el caballero, y si es corto,
será feo. Ha de tener la silla de un arzón a otro, cuanto
fuere el codo del caballero tendida la mano, tres dedos
menos; porque si es más corto el trecho del un arzón

al otro, hallarse ha por experiencia que la ación herirá en la espinilla, tres dedos encima del tobillo, y pocos caen cuál sea la causa de sentir dolor allí, y no es otra sino ser corto el trecho de arzón a arzón; y sean las tejuelas largas hacia abaxo, porque son más blandas y sabrosas, y abrazan el lomo del caballo; y se podría trastornar la silla siendo cortas; y sean llanas, de manera que el arzón delantero no ocupe el asiento de la rodilla. Han de ser recogidas, por que vayan las piernas más cerradas, con lo cual irá más fuerte el caballero.

CAPÍTULO IV

DE LOS ESTRIBOS

Hay estribo que se llama de medio celemín, y la hechura es así:

Y por otro nombre se llama media luna. Este estribo no es tan gracioso como provechoso para la guerra, porque cubre y esconde más el pie que otro, y así en escaramuza puede guardar de alguna herida. Hay otro que se llama marino, la figura del cual es así:

Éste es el más gracioso, y con que mejor parece el pie; es mejor en tiempo de paz que de guerra, porque no guarda como el de media luna. Cualquier estribo ha de tener su altura conforme a la del que le llevare; porque si el caballero es pequeño y el estribo es alto, herirle ha con el ojo en la espinilla, por ir la pierna encogida; y si es grande el caballero y el estribo pequeño, parecería mal, por ser desproporción. No sea el estribo tan pequeño que saliéndose del pie no le pueda cobrar fácilmente el caballero, ni tan grande que dé pena y lastime en la espinilla, ni de tal manera que se pueda colar el pie por él, por el peligro que consigo traería.

De la largura del asiento me parece advertir, la cual sea en el medio, porque siendo largo puede dar al caballo en el codillo y hacelle mucho mal; y si es corto, puédese perder del pie corriendo o parando; pues ha de ir puesto como adelante se dirá más largamente en el capítulo octavo y noveno; y si no tuviese medio, sería feo. También ha de ser más angosto de lo alto por donde el ojo le abraza, tomándole de frente, porque el pie parece mejor. Tenga el ojo ancho, por que pueda traer ancha ación, que es más fuerte y seguro, en lo cual va mucho, pues por quebrarse una ación podría suceder una desgracia.

CAPÍTULO V

CÓMO SE HA DE CINCHAR EL CABALLO

Habiendo tratado de la hechura de la silla y estribos, paréceme cosa justa decir cómo se ha de poner la cincha en el caballo, la cual se ha de atar al lado izquierdo; porque el caballero ha de cabalgar por este lado, y así podrá más fácilmente mirar, cuando cabalgare, si la cincha está bien apretada; por que no sea necesario pasar al otro lado a apretarla, si la hallase floxa. Esto se entiende no siendo el caballero izquierdo, porque si lo es, hase de atar al lado derecho; y advertir mucho que el ñudo de la atadura no caiga debaxo de la rodilla, por que no lastime al caballero, que sería causa de no andar a placer; y así es bien se ate de manera que venga la atadura tras la corva; pues no hay cosa que cargue sobre el ñudo. Suelen algunos poner la cincha detrás de los estribos, y algunas veces, por delante del uno y detrás del otro; no sé qué razón tengan para ello. El modo ordinario de cinchar el caballo es poner la cincha por delante de los arriceces. También en los cabos de la cincha se suelen poner dos hierros, en cada cabo dos, y dos correones, uno en el un hierro y otro en el otro, en el mesmo cabo; y así apriétase la cincha con dos correones, y va más fuerte, y entre el uno y el otro abierta la cincha; y por esta abertura sale el arricés y cínchase el caballo, quedando la ación puesta por medio de la cincha. Esto tengo por mejor, porque hace ir la silla más bien puesta y fixa en su propio lugar. Han de ser estos hierros chiquitos, que ambos a dos no ocupen más que el ordinario que se acostumbra traer.

CAPÍTULO VI

DE LOS BORCEGUÍES

Para que tenga más gracia el borceguí, ha de ser ancho y justo de pie, y no más alto de cuanto llegue encima de la choquezuela de la rodilla; pero si fuese más largo, débese doblar un poco, volviendo afuera lo de dentro, de manera que la mitad de la boca por la parte de fuera sea lo que se doblare, y la otra mitad, por la de dentro, esté tirada hacia arriba. Y esto se puede hacer tan mañosamente que no parezca arte; y así parecerá mejor que puesto de otra manera, cuando no fuese según primero he dicho, ni hubiese lugar para aderezalle.

CAPÍTULO VII

DE LAS ESPUELAS

Pues calzado el borceguí se ponen las espuelas, razón será hablar de la manera que deben ser, así para el provecho como para la gracia, que es mi propósito.

Las cuales han de ser tan anchas de calcañar como de ojo a ojo; y esto por que no hieran más de lo que es menester; que si fuesen justas de calcañar, serían angostas, y siendo angostas la asta o púa estaría más cerca de la barriga del caballo; y si el caballero se descuidase, podría herir peligrosamente al caballo; y siendo anchas, desvíase más el asta de la barriga; y así, si no es haciéndolo por voluntad, no puede darse espolada peligrosa; y no siendo peligrosa, no podrá ser fea, pues en tal caso lo peligroso es feo. Y sea tan larga la asta como una octava de vara, y desto se puede alargar o acortar, conforme al cuerpo del caballo; el cual si es grande y la espuela chica (según he dicho), es desproporción y ha de parecer mal; y si el caballo es pequeño, es necesario sea corta, por que haya conformidad.

CAPÍTULO VIII

CÓMO SE HA DE SUBIR A CABALLO

Ahora que he dicho lo que hasta cabalgar es necesario, me parece poner el modo que el caballero ha de tener para subir en el caballo descansadamente, y por qué razón sube por el lado izquierdo; y presupuesto que primero que suba el caballero ha de requerir cabezadas, freno, pretal, cincha y estribos, por que no le suceda alguna desgracia; y la silla ha de estar delantera cuanto caiga el arzón sobre la cruz del caballo, que es su lugar; porque el caballo parece más gracioso y sujétase mejor que si fuese trasera. Y hecho esto, digo que se ponga el caballero al hocico del caballo, de manera que casi arrime las espaldas a la cabeza y alargue el brazo izquierdo, y ponga la mano por la otra parte del arzón y no encima, y entonces alce el pie izquierdo de manera que para alcanzar al estribo sea necesario tender la pierna antes que encogerla; y desta manera alcanzará a placer aunque esté alto, y con la fuerza que hace tirando del arzón, y cargando con el pie en el estribo, y ayudándose de tomar aire con el brazo y pie derecho, a manera de sompesete, subirá en el caballo con toda facilidad cuando pretendiere subir desde el suelo, y no acontecerá lo que a muchos, que no sabiendo el arte, quieren subir derechos; y después de puesto el pie en el estribo, quieren tomar el arzón; lo cual no pueden hacer por el intervalo que hay entre el hombre y el caballo, estando la pierna de por medio; y si hubiere poyo, suba como quisiere.

La razón por qué ordeno el cabalgar por la parte izquierda es por que el brazo derecho esté suelto para lo que se ofreciere, y por que la espada está al lado izquierdo y no impide al tiempo del cabalgar, como impediría subiendo por la parte derecha. Esta mesma razón ha de tener, por el contrario, el que fuere izquierdo. Pero no es malo que el caballero sepa ponerse en el caballo por todas partes, que tal priesa le podrían dar, que le fuese menester cabalgar al revés.

Los estribos han de estar de manera que puesto el caballero ya en la silla, se ponga en pie sobre los estribos y no pueda colar el arzón delantero por entre sus piernas, porque es cosa muy peligrosa ir tan corto que pueda pasar, aunque algunos caballeros, que se tenían por grandes jinetes, lo han usado y aconsejado usar, a mi parecer no tienen fundamento de razón; pues es claro que lo que puede causar no solamente fealdad (saliendo el caballero por encima del arzón), pero mucho peligro, no puede ser hermoso ni provechoso; y puédese decir que solamente se funda en propia opinión, y usurpando la fuerza que la razón tiene, sólo diciendo: yo lo digo, sin dar otra causa, quieren obligar a que los otros los imiten.

Y si quieren decir que yendo cortos abrigan el caballo y no abren tanto las piernas cuando pasan la carrera, y menean los pies (que es lo que llaman herir) como si fuesen más largos: puédese reponer, que mejor es no ir aparejado para perder la silla que ir a punto de perderla por abrigar un poco más el caballo. Mayormente, que yendo el caballero en el punto que yo digo, y siendo tan buen jinete que sepa hacer lo que adelante diré, no tiene necesidad de buscar ayudas para abrigar el caballo. Y sobre estas razones se puede decir que no se puede el caballero, yendo tan corto, revolver en la silla con tanta seguridad como en el punto que yo digo; y si chocase con otro, clara cosa es que no estaría tan firme y fuerte yendo tan corto que le pase el arzón por debajo de la horcajadura. Cierto, es verdad, que no solamente he visto hombres tenidos por jinetes cabalgar tan cortos que les pasaba por la horcajadura, y aun en la Corte; pero pasaba tan holgado, que había una buena mano de ventaja.

Si éstos no quieren argüir y asirse al extremo, diciendo que yo hablo de punto muy largo, prueben lo que yo digo, y verán que es medio en que consiste la recta razón deste artículo, que si lo prueban, queriendo dar su lugar a la razón, confesarán que yo la tengo; pues no es de claros entendimientos sustentar falsas opiniones, y yo con la experiencia probaré mi intención. Para enseñarse a cabalgar en los principios, suelen algunos atar el estribo a la cincha del caballo, diciendo que así se muestran a abrigar el caballo; pero esto no me place, porque no pueden herir como se ha de hacer.

CAPÍTULO IX

DE LO QUE HA DE HACER EL CABALLERO
CUANDO ESTÉ A CABALLO

Porque muchas veces suele estar la silla más a un lado que a otro, y parecer un estribo más baxo que otro, debe el caballero mirar si está a su placer, y ponerse sobre los estribos, cargando una vez sobre el uno y otra sobre el otro, hasta tanto que a su contento quede sentado en la silla. Y esto ha de hacer si hubiere primero concertado las aciones; porque si no, es necesario acortar la que más larga estuviere. Y cuando se meneare sobre los estribos (como dicho es) muestre cierto brío, que dé a entender que se menea, y quedará más brevemente satisfecho; pues para bien parecer en semejantes actos se requiere más presteza que en otros. Y esto ha de ser con buen semblante y sin alteración; por que a los que miraren parezca bien.

Cuando esto haya hecho, si hubiere cabalgado sin espuelas, mándeselas poner de manera que estén justas en el pie, y medio dedo travieso más bajas que el calcañar; mirando bien que las piernas de la espuela vengan ras con ras de la soleta del borceguí, de tal suerte, que puestas así no se afloxen, ni salgan deste compás. Y cuando haya hecho esto, ponga los pies en los estribos, en tal modo que la esquina delantera de la parte de dentro quede vuelta hacia la parte del codillo del caballo, de arte que vaya más adentro que afuera, y baxe el calcañar de manera que no parezca que va de puntillas, que es feísimo y no provechoso; y lo que mejor parece es llevar el pie muy llano y el calcañar en la altura de la punta del pie. Esto ha de ser de tal forma que vaya corregido con la punta delante del estribo, tanto, que parezca que el estribo y pie están sobre una muy llana tabla; y puesto el pie así, desvíe el calcañar de la barriga del caballo un poco, porque si mucho fuese, parecería tan feo cuanto en el medio hermoso.

Esto se ha de hacer metiendo la punta del pie al codillo del caballo, echándole hacia delante, y no se meta el pie en el estribo tanto que salga fuera ni dexe de llegar al rostro.

Esto hecho, arrímese al arzón trasero todo lo más que pudiere ser, y siéntese en la silla muy sentado, y arrime las rodillas cuanto posible fuere a la silla sin quitarlas del lugar que (hechas estas diligencias) cayeren. Y esto se haga de manera que juntamente y a un tiempo se efetúe todo, y uno por otro no se pierda.

Levántese en pie en la silla, y tome la falda de la capa con la mano derecha, y póngala entre sí y la silla, y sin sacar la mano dóblela por cima del arzón, a manera de alforza, de arte que cubra la mitad; lo cual no se puede hacer con las capas cortas que ahora se usan; y, por lo tanto, mirará el caballero si la capa es larga o corta, y usará della según fuere; pero de cualquier arte que sea, ha de venir entre el arzón y el caballero; caiga lo que pudiere si fuere corta, y si fuere larga será más a propósito y parece mejor a la jineta, como no sea en demasía: harto larga será que puesto el caballero en la silla, llegue cuatro dedos encima de la rodilla.

Y según he dicho, torne a sentarse en la silla, poniendo el cuerpo derecho y el rostro sereno, mirando por medio de las orejas del caballo, y vaya tan sobre aviso, que por algún movimiento que el caballo haga, no pierda su postura; y esto en tal modo que vaya muy apercibido y muestre que va descuidado, y no dexe de mirar a todas partes con un descuido cuidoso, por que del todo parezca bien cuando fuere ruando.

En el capítulo séptimo traté cómo han de ser las espuelas; en éste he dicho cómo se han de poner y, por lo tanto, quiero decir aquí dos avisos para el que quisiere usar de ellos en el tiempo que le pareciere, ora sea yendo a pasar la carrera, a jugar las cañas o escaramuzar con lanza en burlas o en veras; porque para ruar no me parecen a propósito, ni yo los tengo por buenos, como luego diré. El uno poner una cinta en la punta del calcañar del borceguí, con la cual atan la espuela por que no se caiga o se afloxe. Ésta se pone lo más secreto que ser puede, de manera que no se ve, y métese por el ojo de la espuela por donde entra la correa. El otro es poner una cinta o cordón en el mesmo ojo, y sube torciéndose hasta encima del calcañar y dar un ñudo, y desde allí salen los cabos, uno por el un lado del pie y el otro por el otro lado, y viénense a atar por delante, si la espuela tiene las correas abiertas, con la cinta o cordón que se ata a la espuela; y si tiene las correas cerradas, en las correas mismas. Pero si, como he dicho, fueren las espuelas bien ajustadas al pie, de manera que no vayan flojas, no habrá necesidad de estos avisos, antes es mejor no servirse de ninguno; porque tal cosa podría suceder que tuviese necesidad de quitarse las espuelas, y yendo atadas no lo podría hacer sin perder mucho tiempo, pues tal pérdida jamás se cobra; porque podría ser a coyuntura, que no hubiese lugar para ello, y en tal caso se le hían[1] de gran estorbo; así como si queriendo dar lanzada, la errase y viniese el caballo a caer, el caballero ha de levantarse lo más presto que pueda, y estar quedo, esperando el toro. Y estando así entre tanto que el toro viene o no,

---

[1] Le serían.

se debe quitar las espuelas, pisando la asta con el otro pie, como quien descalza un zapato, sin quitar los ojos del toro, y con la mayor presteza que pueda y serenidad del rostro y cuerpo. Y en este caso sólo se permite y requiere que las espuelas vayan floxas, para que muy a placer salgan del pie, si por ventura sucediere, pues cada día vemos que sucede. También podrían suceder otros casos en que fuese necesario quitarlas por hallarse el caballero a pie; pero en éstos no han de estar floxas, pues no puede suceder ninguno en que falte tiempo para descalzarlas, aunque se descalcen con la mano. A este propósito me contó Juan Vázquez de Salazar, honradísimo caballero y Secretario del Rey nuestro señor, un caso que aconteció a un moro que se llamaba Cirque, que yo conocí en esta Corte siendo yo muchacho; al cual estando en su tienda en el campo, vinieron otros moros a matarle, y no tuvo otra arma a la sazón de que aprovecharse sino de las espuelas, y era tan valiente, que sirviéndose de puñal dellas hirió o mató con una a uno o dos de los que le fueron a matar. Dicen que era de los Galanes de Meliona.

CAPÍTULO X

CÓMO SE HA DE LLEVAR LA MANO DE LA RIENDA

Todas las cosas dichas en el pasado capítulo ha de hacer el caballero primero que se desvíe del lugar donde cabalgare, procurando que el caballo esté muy quedo; y para que más a su placer, y con mayor apercibimiento le gobierne por si tropezare o se espantare, o si le quisiere correr, o si se le ofreciere poner mano a la espada sin más apercibirse, debe tomar las riendas, que no haya más lugar desde el freno a la mano de cuanto hubiere desde el tornillo del freno hasta encima del cogote del caballo, y cuatro o cinco dedos más; y con esta medida regirá cualquier caballo.

Y presupuesto que todos los caballos no se han de gobernar de una manera, digo, que la diferencia que en esto se hiciere sea alzando o baxando la mano, o alargando o encogiendo el brazo, según la necesidad del caballo, y tómese las riendas ambas a dos entre el dedo meñique y el que llaman del corazón, por que vayan más iguales, y el botón vaya fuera de la mano, tanto que si el caballo se empinare, afloxando la mano quede bien larga la rienda. Y teniéndola así entre estos dos dedos, apriétela entre el pulgar y el otro dedo, y no con el puño; y no vaya la mano asentada en el pescuezo del caballo, ni en el arzón, ni arrimada a él, sino en el aire, como si no traxese cosa alguna en ella. Algunos también toman la rienda metiendo el dedo menique entre ambas riendas. Esto es bueno; pero cuando se juegan cañas o escaramuzas con lanza, no es tan provechoso como tomarlas (según he dicho), porque para tomar la darga y la lanza cuando se ofreciere, no va la mano tan segura, ni la rienda tan firme. Esto se tratará cuando hablemos de la darga.

Pues he dicho el trecho de rienda que ha de haber desde el tornillo del freno donde va puesta hasta la mano, quiero decir los provechos que se sacan de llevarla así, y los inconvenientes que puede traer el no lo hacer. Y, por lo tanto, conviene que el caballero sepa que si lleva más libertad de rienda el caballo, irá, como el vulgo dice, despapado, y de aquí tendrá causas para dar cabezadas, y nunca llevar la cabeza queda, que da mucho que decir, por ser cosa tan fea. Y también sintiéndose el caballo libre va desasosegado, de donde viene a sudar, que es muy feo, cubriéndose de agua y ahajarse; y llevándole la rienda como digo, si estuviese tan mal acostumbrado que diese cabezadas, las perderá, y poco a poco vendrá a tener la cabeza queda; y a ir sosegado no hallándose con tanta libertad.

La mano ha de ir queda y firme, que no se menee; porque hay muchos hombres que les parece acertado menearla apriesa, baxando y alzando; a lo cual llaman jugar la rienda; y cuando ven a otro a caballo, dícenle: juéguele la rienda, y no miran que todos aquellos juegos son sofrenadas, que si bien no son tan grandes que rompan la boca al caballo, bastan a quitarle el rostro de su lugar, y creyendo que le dan más gusto, le dan grandísimo desplacer, porque el caballo quiere lugar para aposarse en el freno, y hallar en él lugar seguro, y con estas sofrenadicas estorban todo el gusto y el descanso que el caballo puede tener.

Hay más, que yendo con esta sujeción afírmase el caballo y lleva el rostro puesto: de lo cual se sigue ver mejor por dónde va, que si le llevase sacado fuera, como algunos, que presumen de jinetes, dicen; y llaman desvergonzado al caballo que va suelto sin obediencia, y dicen es caballo desvergonzado, pareciéndoles que le alaban, y no echan de ver que yendo así, fácilmente se puede empinar; y llevando el rostro puesto y recogido, que antes vaya a herir con la frente que con el hocico, va imposibilitado de empinarse, y si tropezase corriendo, muy mejor se puede levantar, que yendo desvergonzado. Y si chocase con otro yendo así recogido, con mucha seguridad dará el golpe, dándole con la frente, siendo la más dura cosa de su cuerpo, que si le diese con el hocico, que es la más débil. Así que todos estos provechos no son de perder, porque por la seguridad que tienen escusan las fealdades, y lo demás contra ello es peligroso y sin fundamento de razón; y así, donde hay peligro no puede faltar desgracia.

Habrá alguno que me argüirá, queriendo entender que yo quiero que el caballo lleve la cabeza muy baja, tomando mis palabras en estremo (porque esta dotrina es cosa nueva para muchos), y así conviene la entienda de la manera que yo quiero. Y sepan que mi intento no es que el caballo lleve la cabeza tan baja que parezca va mirando su sombra, ni que lleve el hocico entre los brazos, sino que lleve el rostro puesto, tanto que si no fuere a herir con la frente (que es lo mejor, como he dicho), a lo menos lleve el hocico igual con ella; de manera que no le saque de aquel compás, o tan poco, que no sea de consideración. Y deste modo irá conforme a mi intento y al de muchos grandes hombres de caballo.

Puesto en este punto, ha de correr con toda su furia sin darle más rienda de cuatro dedos, cuando más se le diere, y cuanto menos, tanto mejor; porque la mayor perfección que puede ser es correr con el rostro puesto, y si se mira, ello mesmo se lo dice; porque muy feo es correr con el cuello y rostro tendido, que parece va desenfrenado, y se conoce el peligro que lleva, y se ven claros los provechos que he dicho.

CAPÍTULO XI

DE LO QUE HA DE HACER EL CABALLERO CUANDO QUISIERE CORRER

Pues habemos tratado de las cosas que son necesarias, y de lo que el caballero debe hacer hasta estar a caballo y pasearse, justo es avisar de lo que conviene hacer cuando quisiere correr; pues tanto va en que no haya desgracia, así por que en ello no haya fealdad (pues la materia de que tratamos lo requiere), como por la seguridad de la persona; para lo cual es necesario: primero, mirar que esté llana la carrera; porque si fuese barrancosa y áspera, sería peligrosa.

Lo segundo, si está cuesta arriba o cuesta abaxo; si es cuesta arriba, ha de ir el caballero un poco adelante sobre la cruz del caballo, arrimándose al arzón delantero por aliviar los lomos del caballo. Esto ha de hacer el caballero no perdiendo la postura que dicha es, pues se puede hacer sin exceder della, levantándose en la silla, y cargando sobre las tejuelas, con la fuerza de los muslos en tiempo de guerra, o de alguna necesidad.

Y si la cuesta fuere alta, no dé mucha priesa al caballo; lo uno, porque la cuesta de suyo cansa; lo otro, porque cuanto más priesa le dan, tanto más pierda el aliento. Y yo he visto, por no mirar en esto, estar el caballo sin poderse menear hasta tomar aire, que es cosa muy fea; tanto, que aun el famosísimo Petrarca, en sus versos, se aprovechó de esta sentencia, diciendo: *Che per troppo spronar, la fuga è tarda.* El sentido de la cual, en nuestra lengua, quiere decir: Por mucho espolear, corre menos el caballo.

Si corriere cuesta abaxo, téngase el caballero atrás cuanto pudiere, por que el caballo se alivie de los brazos y no lleve tanta soltura de lomo, y tenga cuenta con llevar la rienda más apercibida; pues más presto puede caer cuesta abaxo que cuesta arriba; y el parar sea largo, por evitar **alcanzaduras**, de donde podría suceder desgracia; la cual, si por inadvertencia viniere, será digno el caballero de ser tenido en posesión de no buen hombre de a caballo.

CAPÍTULO XII

DE CÓMO SE HA DE PASAR LA CARRERA

Cuando el caballero quisiere pasar la carrera, y hacer como buen hombre de caballo, es necesario vaya desde el puesto donde se hallare hasta el fin de la carrera, y tener allí su caballo un poco derecho el rostro hacia donde ha de parar, para que entienda el caballo que ha de para allí, y después, si hubiere pared, volver hacia ella, y si no, a la mano que el caballero entendiere que mejor y más sosegadamente vuelve su caballo; y si hubiere algún señor a quien se deba respetar vuelva hacia él; y vaya al principio de la carrera, sin hacer reparo, lo más despacio que pudiere, y vuelva hacia el señor lo más sosegado que pueda, por que el caballo no se salga a otra parte con la voluntad que todos en tal caso tienen de correr, y enderécele con todo el sufrimiento posible, y habrá dado la una vuelta sobre la una mano y otra sobre la otra mano.

Esto se entiende no llevando lanza, porque llevándola ha de volver sobre la mano izquierda; y no la llevando ha de volver como he dicho, aunque algunos quieren que siempre sea la vuelta sobre la mano izquierda, diciendo que el brazo derecho significa la lanza como si la tuviese.

A esto dicen otros que no habiendo lanza se ha de representar la vuelta como si la espada estuviese en la mano, pues para herir o defender con ella, siempre ha de ser la vuelta sobre la mano derecha. Y a mi parecer, no les falta razón, porque no hay causa para representar la lanza estando sin ella, y olvidar la espada, que está en la cinta.

Alguno habrá que diga que son opiniones, y que cada uno haga lo que le pareciere; yo digo que la opinión vale y debe valer cuanto valiere y fuere buena la razón en que se funda; y así, tengo por mejor razón dar la vuelta sobre la mano derecha, representando la espada, que la tengo en la cinta, antes que estando sin lanza volver sobre la mano izquierda con representación della; pues mejor y más natural cosa es representar lo que tengo conmigo que lo que está o no está en la imaginación o fantasía.

Hecho esto así, baxe la mano de la rienda, y no le dé con los pies para que corra, que sería fealdad, y espere a que el caballo derribe las caderas, y así como lo sienta, levántese como tres dedos sobre la silla, según dice Xenofonte en el *Arte de la caballería*, puesta la mano derecha sobre su muslo derecho, que allí es el lugar donde ha de ir; el cuerpo derecho, aunque algunos dicen que es bien echarle adelante un poco, hasta que el caballo haya dado el primer tranco, y esto ha de ser tan poco que no se eche de ver, por que no pueda descomponer al caballero, que aunque él habló de la brida, no por eso deja de ser bueno para la jineta; y dexe ir el caballo, procurando no se tuerza a alguna parte, y cuando hubiere corrido como cuatro o seis trancos, comience a menear los pies desta manera.

CAPÍTULO XIII

DEL MODO DE HERIR CON LOS PIES

Debe el caballero tener gran cuidado de no perder la postura que ruando ha de llevar, según que dicho es, cuando corriendo meneare y batiere los pies; con los cuales ha de hacer así: sin menear la pierna, menee el pie, volviendo la punta afuera y el calcañar adentro, allegándole a la barriga del caballo, y luego le saque afuera, tornando la punta al codillo del caballo; y cuando metiere el calcañar ha de advertir que cargue sobre el estribo, tanto, que parezca el calcañar estar más baxo que la punta, y al tiempo que metiere la punta, saque el calcañar hacia atrás; porque si así no le sacase, sería feo, tanto como sacándole, hermoso.

Y este menear de pie ha de ser sin desviar las piernas de la barriga del caballo, porque es fealdad muy grande abrirlas; y es claro que desde el tobillo hasta la mitad de los muslos ha de ir firme, y sólo el pie se ha de menear. Y hase de notar que aunque yo he dicho aquí que se llegue el calcañar a la barriga del caballo, helo puesto por exemplo, para que se entienda el modo de herir y no para que tan puntualmente se haga; y este herir ha de ser menudo, y a cada tranco que el caballo diere, sin perder alguno; de manera que los pies del caballero se muevan y meneen al compás y tiempo de los del caballo y muy parejos, que no hiera más con un pie que con otro; este herir sea claro, distinto y de manera que se conozca claramente que se hace como he declarado.

Y es de notar que el caballero que más allegare las piernas al caballo, y más a menudo, y más claro, en la forma aquí contenida, meneare los pies, herirá mejor y con más gracia que el que así no lo hiciere.

Débese guardar el caballero de dar espolada, porque es cosa fea, si no fuese habiéndolo menester el caballo, y esto se puede hacer cuando el caballo se va a reparar, por que se excuse la desgracia.

También se ha de advertir en que, hasta que el caballo totalmente acabe de parar, se han de menear los pies más apriesa, según la que el caballo se diere al parar, porque hay muchos que paran más apriesa qué corren; lo cual es gracioso en superlativo grado; de suerte que se vea cesar el herir, cesando el caballo de moverse; y menear los pies el caballero, parando el caballo; hase de hacer siendo el caballo de buen boca, porque siendo de mala no pararía, o tan largo que fuese tan feo como el parar corto; de manera que el medio es lo más hermoso.

Hase de advertir que al parar ha de estar el caballero muy derecho en la silla, sin echar el cuerpo atrás, porque es feo, tanto como hermoso, tener el cuerpo derecho al tiempo que el caballo derriba las caderas, metiendo los pies para parar; y los que se dexan caer atrás a tal tiempo no los tengo yo por jinetes.

CAPÍTULO XIV

DE CUÁNTAS MANERAS PUEDE EL CABALLERO PONERSE
LA CAPA PARA PASEAR LA CARRERA

La diversidad de posturas de capa que yo he notado
para pasar la carrera se contiene en seis diferencias;
no pongo duda en que cada día hay cosas nuevas, y
otro habrá hallado alguna más.

La primera [postura].

Debe el caballero poner la capa de la manera que
se la pone cuando se quiere rebozar con ella, y ha de
quedar el rostro descubierto, y baxe un poquito la
capa junto a la garganta, que no parezca que le aprieta
el cuello, y luego con la mano derecha tome la halda
de la capa por el lado, las uñas hacia arriba, y dóblela
sobre el hombro de manera que se parezca el revés,
no quitándola de la parte que se dobla sobre el arzón
trasero, según que se contiene en el capítulo noveno:
de lo que ha de hacer el caballero estando a caballo.
Con esta postura puede usar de la segunda postura
de brazo.

La segunda [postura].

Tome el caballero la falda de la capa con la mano
izquierda por el lado, las uñas hacia arriba, y dóblela
de modo que el revés se vea; y lo que por delante cayere,

bajando la mesma mano por el pecho, póngalo debaxo del brazo, de manera que la tenga bien asida, y la capilla esté muy derecha y muy igual. Con esta postura puede hacerse la primera del brazo, porque cae la capa de la parte derecha sobre el caballo, y hasta que comience a sacar el brazo (según se dirá), téngala asida con la mano, de manera que no se vea. Y así parecerá bien, no cayéndose antes de tiempo, porque el efeto para que se hace esta postura es para que la capa se caiga de la parte derecha al tiempo del parar, de manera que caiga sobre la ijada derecha del caballo.

Tercera postura.

Ha de poner el caballero la capa doblándola con la mano izquierda, según en la postura antes desta se trata, y puesta en aquellos términos, déxela caer por detrás del brazo derecho, y tómela por debaxo dél, y póngala delante de los pechos, de manera que el cabo de la falda venga a juntarse con el otro debaxo del brazo izquierdo, de modo que la tenga bien apretada y no haga impedimento al sacar la espada. Esta postura se puede hacer con la tercera de brazo.

Cuarta postura.

Dexe el caballero caer la capa del hombro derecho, y tómela por detrás debaxo del mismo brazo, y por delante de los pechos ponga la falda sobre el hombro izquierdo, de suerte que puesta así, no se caiga, y luego tome la otra parte de la capa por delante, por el medio de la capa, con la mano izquierda, las uñas arriba, y échela sobre la otra que está sobre el hombro, de suerte

que el revés se descubra; y con esto estará la capa
bien asida y correrá sin que se le caiga, libres y sueltos
los brazos; y si andando el galope alguna vez se le des-
concertare, tórnela a aderezar.

Quinta postura.

También hay otra postura de capa, y es tomarla
con la mano izquierda por debaxo de la capa, volviendo
afuera un poco del revés, de manera que solamente se
parezca y descubra la guarnición de la espada, y que
se vea descubierta la mitad del codo; y por más claro
desde la mitad del codo adelante, de manera que no
parezca afectación; y llevarla así cuando va paseando
la carrera hasta dos cuerpos de caballo antes que vuelva
para correr; y entonces déxela caer de la parte derecha
y tómela por debaxo del brazo derecho, y la punta della
métala entre el cuerpo y el talabarte, por la parte alta,
junto a la cinta con que va atacado el sayo.

Y esto es buen aviso y curiosidad cuando la capa
fuere más corta de lo que tengo dicho; de manera que
no pueda pasar tan a placer a ponerse debaxo del brazo
izquierdo, según he dicho.

Sexta postura.

Póngase la capa según en la primera postura he
dicho; pero no se ponga la falda sobre el hombro derecho (como allí dixe), y sin tocar más en ella, comience
la carrera, y cuando haya pasado el primer tercio, tome
la falda y váyala poniendo sobre el mesmo hombro,
según que allí digo; y póngala tan despacio, que en
levantarla y ponerla gaste todo lo demás que quedare

de la carrera, hasta que comience a parar, de manera que el ponerla así y el principio del parar sea todo a un tiempo. Y saque el brazo con las riendas, según adelante diré en las posturas del brazo.

Debe el caballero poner su capa así cuando quisiere correr, escogiendo una destas posturas, cual le agradare más, y ponerla cuando fuere cerca del principio de la carrera y no antes, por que no parezca que el caballero antes de tiempo se altera. Esta postura viene bien con la tercera del brazo, y esté el caballo tan bien castigado, que aunque el caballero le aperciba, no se desasosiegue ni altere.

Y porque aquí fuera necesario decir de qué manera se ha de enseñar esta doctrina al caballo; por no ser largo, y porque no es mi propósito hablar en otra materia más de enseñar a ir con gracia el caballero, lo remito al arte de la brida, donde tan largamente está dicho; que aunque es la una profesión tan diversa de la otra, no por eso dexa esa doctrina de ser buena para sosegar los caballos, tanto a la jineta cuanto a la brida. Y ciertamente el buen caballo de la jineta se debe enseñar a la brida hasta afirmarle de rostro, y facilitar en el volver, y andar atrás, y enseñar a parar; de lo cual trataron larguísimamente Federico Grissone, Juan Bautista Ferrero, Claudio Corte de Pavía, César Frasco[1] de Ferrara, tan bien y con tanta elegancia, que admira. Pero sobre todos habló tan altamente Pascual Caracciolo, hermano del Duque de Martina; el cual compuso un libro intitulado *La gloria del caballo*, tan erudito para criar un Príncipe cuanto provechoso para doctrinar un caballo.

En los libros que éstos hicieron se tratan larguísimamente los preceptos y reglas para corregir un caba-

---

[1] En el original, Frasco, por error: es Fiaschi.

llo de cualquier vicio que tenga, y para doctrinarle desde el día que se trae potro por domar a la caballeriza, y poner el freno que le convenga. De manera que juntando el provecho que dellos se puede sacar con lo que yo aquí trato de la jineta, tengo por cierto será el caballero que lo aprendiere tenido por jinete.

Y si quisiere pasar más adelante en lo tocante a la brida, no menos provecho le hará siendo cosa de tanta importancia, y de tanta consumación, y necesaria, saber lo que conviene en ambas sillas; porque el día de hoy, y aun mucho tiempo ha, los caballeros no aprenden a enseñar y corregir el caballo, sino solamente la postura que llevaran en la silla, siendo lo que menos importa; pues es claro que la importancia de todas las cosas pertenecientes al arte militar consiste más en gobierno y doctrina que en la galanía; siendo verdad que del buen gobierno sale el buen parecer; y para que parezca con la gracia necesaria ha de preceder la ciencia del gobierno; y así yo presupongo aquí que el caballero para estar con gracia en la silla ha de saber enseñar, corregir y conservar su caballo en la doctrina de los dichos autores.

CAPÍTULO XV

DE LA IMAGINACIÓN DE LA CARRERA Y DE LAS POSTURAS DE BRAZO

Agora que he dicho las posturas de la capa, quiero decir de cuántas maneras (según lo que yo he alcanzado) se puede poner el brazo.

[Primera postura del brazo.]

La carrera se ha de imaginar en tres partes iguales; lo cual ha de hacer el caballero tan liberalmente, que después de haber llegado al lugar de donde ha de comenzar a correr, y vuelto su caballo, no parezca que se detiene a nivelar la carrera, sino a enderezar el caballo; lo cual es necesario hacer primero que comience a correr, y halo de hacer cuanto más presto pudiere; y advertir que hay muchos caballos que en volviendo el rostro, a la carrera quieren salir, y esto es inconveniente, porque o no se enderezará el caballo con la voluntad que lleva de correr, o ya que se enderece, no podrá el caballero tan fácilmente considerar las tres partes de la carrera; y aun podría ser hallarle tan mal apercibido que hiciere alguna desgracia. Y, por lo tanto, conviene al caballero volver el caballo sosegadamente y tenerle tan amaestrado como para tal caso se requiere, porque le pueda enderezar a su placer; y si el caballo se alterare volviendo, hale de sosegar, y el sosegarle y el considerar las dichas tres partes de la carrera sea todo junto, y tan puntualmente y con tanta presteza lo haga, que, enderezado el caballo, pueda comenzar a correr; porque la gente que mira, con el deseo que tiene, siempre que el caballo tiene el rostro hacia donde ha de parar, viendo que tiene tiempo, de comenzar, desea verle correr, y pasado este tiempo, parece desgracia, porque no satisface a lo que se desea, pareciendo que con pasar aquel punto sin comenzar, se burla la gente. Y, por lo tanto, conviene, cuando el caballero hubiese pasado este punto sin correr, con mucho sosiego, ande dos o tres pasos más, para que se torne la gente a advertir; con lo cual nuevamente se incita su ánimo a desear que corra, y si no tardare más, remediará el sobresalto que con el primer apercibimiento hubiere, dado, y pasar adelante de esto sin correr es cosa fea' por el disgusto que en los circunstantes se causa.

Y así comenzará el caballero a correr su carrera, y cuando hubiere corrido parte y media, como si sacase la espada, levante el codo, teniendo la mano baxa, y la mano también se vaya levantando, volviendo las uñas hacia arriva, de manera que cuando las acabe de volver tenga el brazo y la mano igual con el hombro. Y puesto así, venga recogiendo y allegando la mano hacia la cabeza, tanto que desde la mano a la oreja haya la misma distancia que desde el codo al cabezón del sayo, y quede la mano en derecho de la oreja, y la muñeca doblada un poco hacia adentro, y la mano un poco hueca; y en hacer esto ha de estar todo lo demás que distare por correr. Y así como quiera parar, antes que comience dexe caer el brazo, poniendo la mano sobre el muslo, y de allí torne a sacarle, comenzando a parar de la manera que he dicho, trayéndole por encima del arzón hacia la espada, y desde allí le torne a sacar sin que haga pausa, porque da mucha gracia sacarle por el camino que se saca la espada, que es lo más perfecto. De modo que cuando fuere al medio parar haya puesto la mano en derecho del oído, y no la baxe hasta que el caballo acabe de parar; así, que el brazo, y los pies, y el caballo acaben juntamente.

Y advierta el caballero, cuando sacare el brazo, no vuelva a mirársele, ni quite el rostro de su lugar, porque sería feo, y siempre le saque trayendo la mano por encima del arzón; y de la manera que he dicho, por el camino que se saca la espada, en cualquier postura que sea; y puede sacar las riendas en la mano, porque parece muy bien; y halas de sacar metiendo la mano por debaxo, las uñas hacia arriba, y sean tan largas que sobren dos palmos por de fuera de la mano cuando la tuviere en derecho del oído.

Segunda postura [del brazo].

Puede el caballero llevar el brazo sobre el muslo cuando comenzare la carrera, y cuando comenzare a parar sacar el brazo por la orden que he dicho, hasta ponerle en derecho del oído, de manera que al medio parar le haya levantado, y no le baxe hasta haber acabado de parar. Y ésta es más usada que la primera, pero no mejor. Puédese sacar el brazo con las riendas en la mano o sin ellas.

Tercera postura del brazo.

También por diferenciar las posturas del brazo, cuando el caballero corriere en una misma parte, dos, o tres, o más veces, por que no parezca que siempre va de un arte, puede, en comenzando a correr, a tres o cuatro trancos, sacar el brazo poco a poco y poner la mano en derecho del oído, según tengo dicho, tardando en hacerlo las dos partes de la carrera, y llevarle puesto así hasta que comience a parar, y comenzando, dexarle caer de golpe detrás del muslo, y parar su caballo meneando sus pies. Y esta postura puede usar en la tercera y cuarta postura de capa.

Cuarta postura del brazo.

Puede sacar el brazo a los cuatro trancos, según en la postura antes desta, y irle alzando poco a poco hasta

que acabe de parar, sin dexarle caer desde que comienza
hasta que acaba. Y puédela aplicar con la postura de
capa tercera, o cuarta, según la sobredicha.

CAPÍTULO XVI

DEL REMESÓN O LANCE

Queriendo correr el caballero algún lance, o remesón, puede sacar el brazo, con riendas o sin ellas, según
he dicho, como más agradare al caballero. Pero si no
quisiere dar más de un lance, use de la primera postura
de capa con las riendas en la mano derecha, las uñas
hacia arriba, antes que comience a correr, de manera
que desde la una mano a la otra las tenga estiradas.

Estando la mano derecha sobre el hueso de la cadera derecha, y levantada en el aire, poco más o menos
del anchor de una mano; y puesta así la mano, aperciba
su caballo, estando quedo en un lugar, y póngale derecho por donde ha de correr, y de allí salga. Y como
haya corrido tres o cuatro trancos, comience a sacar
el brazo poco a poco, corriendo la mano por las riendas
adelante, hasta que le ponga en su lugar, y puesto,
comience a parar así, sin dexarle caer hasta que el
caballo haya parado; de manera que al tiempo que el
caballo acabare de parar, juntamente baxe el brazo y
suelte las riendas, y ponga la mano sobre el muslo
según he dicho en los capítulos pasados, y quede muy
sosegado en un lugar.

Y sin mudar el caballo aderece su capa, si no quisiere dar otro lance, y si le quisiere dar, tornando por
donde corrió, vuelva sobre la mano derecha muy sose-

gado, y torne a enderezar el caballo; guiándose por la orden que aquí he dicho.

Y para este lance, o remesón, es buena la primera postura de capa, porque sacando el brazo por esta orden parece bien.

CAPÍTULO XVII

DE LAS POSTURAS DE LANZA

Cuando el caballero corriere con lanza en la carrera, puede usar la postura que más le agradare de las siguientes, y aplicarla con la de la capa.

Primera [*postura de lanza*].

La primera es natural, que no tiene invención, y luego todo hombre se va a ella, y es el hierro adelante, como para dar una lanzada.

Y para que esto se haga graciosamente, hase de hacer desta manera. El caballero ha de tomar la lanza como dicho es, y poner el hierro al hocico del caballo, un poco más baxo, y el puño arrimado el hombro cuanto pudiere, y desviar el codo del cuerpo, y la lanza que asiente en el hombro, y pasar la carrera por la orden que se contiene en los capítulos precedentes. Y cuando haya corrido el primer tercio, comience a levantar el hierro poco a poco, y así como le vaya levantando, que pueda pasar la lanza sin tocar en la cabeza al caballo, comience a atravesarla hacia la parte izquierda, hasta que pase un poco de la oreja izquierda del caballo; y de manera que hecho esto, quede el hierro no más alto que su rostro, y el puño en derecho de su oído. Y en hacer esto ha de tardar el segundo tercio de la carrera, y poco más del otro, y luego tornar a baxar la lanza por donde la subió un poco apriesa, y yéndola baxando ha de alargar el brazo hasta el arzón delantero, y desde allí dexarle caer hacia abaxo, volviendo las uñas hacia afuera; advirtiendo en que a este punto ha de estar la lanza tan igual que no baxe más de un cabo que de otro, y de allí subir el brazo por detrás hasta ponerle en derecho del oído; y que el hierro de la lanza quede al hocico del caballo. Y cuando comenzare a subir el brazo, comience más despacio que cuando le baxó, y de manera que el baxarle y el subirle sea sin hacer pausa; y aunque le baxe más apriesa que le subió, bien lo puede hacer, sin hacer la pausa, templando la presteza al subirle. Y como le comience a subir, comience a parar, de modo que todo junto pare caballo y menear de pies, y el brazo en derecho del oído, y el hierro más baxo del hocico del caballo, todo a un tiempo.

Y no se descuide volviendo a mirar el puño, o el hierro de la lanza, pues sería fealdad torcer el rostro, y así pasará con buena gracia.

Segunda postura de lanza.

La otra postura de lanza es tomarla y ponerla en el hombro, y el cuento o regatón al hocico del caballo un poco más abaxo, y comenzar a correr así.

Y pasado el primer tercio de la carrera, traerla por encima de la cabeza hasta poner el hierro derecho del rostro, poniendo la lanza debaxo del brazo; y en esto ha de gastar el segundo tercio, y la mitad del tercio ha de ir en este lugar; y el brazo floxo y la mano baxa cerca de la cintura, y así puede blandearse, que da

mucha gracia, y es una ferocidad que parece muy bien.
Y cuando haya corrido los dos tercios y medio ha de
comenzar a baxar el hierro, y dexar caer el brazo hasta
abaxo; y para que pueda volver la mano, sin quitar
el hierro de delante, levante desde allí el brazo, y antes
que le ponga en derecho del oído, comience a poner la
lanza sobre el dedo pulgar por la otra parte de fuera,
y cuando haya puesto así el dedo, entonces llegue a
estar la mano en derecho del oído; y entonces seguramente la puede abrir y volver para tomar la lanza al
derecho, y así la cobrará, de manera que sin quitar el
hierro de delante, le quedará en el puño para poder dar
una lanzada; y ha se de tener aviso que al dar esta
vuelta con la mano no se ha de dar sompesete a la lanza,
sino muy sosegado el brazo, y la lanza sobre el dedo,
como está dicho, se ha de sostener siempre entretanto
que se da la vuelta, la cual ha de ser con gran presteza,
y sin hacer acometimiento de herir con el brazo, puesta
la mano (como dicho es) en derecho del oído.

Y ha de estar en hacer esto mientras el caballo va
parando, y ha de comenzar a parar cuando comience
a baxar el brazo; y se ha de baxar al mismo compás
que se alzare, por que se guarde la diversidad entre las
posturas de lanza; guardando el menear de pies y los
demás avisos que para el parar he dicho.

Tercera postura de lanza.

Hay otra postura de lanza desta manera: que al
tiempo del comenzar la carrera, tomando la lanza por
la orden que en el capítulo precedente he dicho, se ha
de poner la mano en la cintura y el brazo hueco, que
parezca asa, como cuando dicen puesto en jarra, y el
hierro al hocico del caballo, y comenzar así la carrera;

y pasando el un tercio, levantar el brazo hasta ponerle sin dar la vuelta con la mano, que en el capítulo pasado dixe, y puesta allí, y el hierro no más alto ni baxo que el rostro, ni atravesado a parte alguna; esto se ha de. hacer mientras se corre el segundo tercio, y llevarla así hasta la mitad del otro, y entonces comenzar a parar y abaxar la lanza, alargando el brazo más adelante, un poco, del arzón.

Y cuando se haya baxado, subirle de la manera que he dicho en la postura antes desta, y dar aquella vuelta para tomar la lanza y quedar a punto para dar lanzada, y acabar de parar todo junto; y el baxar el brazo sea más apriesa que el subirle; porque en esta postura parece muy bien, no olvidando los avisos que para el parar he encargado.

Cuarta postura de lanza.

También se toma la lanza como para dar lanzada, pero pónese la mano de la manera que he dicho en la postura antes desta, de tal manera que viene el hierro atrás, y el cuento adelante; córrese el primer tercio así, y al principio del segundo comiénzase a levantar el brazo hasta ponerle alto, en derecho del oído, y tendido, de manera que en esto se gasta el segundo tercio; y al principio del tercero se vuelve la lanza poniendo el hierro delante, y el cuento atrás, de manera que la parte del cuento que iba adelante viene a pasar por encima de la cabeza del caballero, y queda la lanza como ha de quedar. Y al tiempo que la pasa (como digo) por encima de la cabeza, así como la va pasando ha de ir encogiendo el brazo, que, según dixe, estaba tendido, de tal manera que cuando esté en su ser, quede el brazo en su lugar y la lanza un poco atravesada sobre el oído izquierdo del caballo.

Y así acabará de correr hasta que llegue a parar, y baxará y subirá el brazo por la orden que en la primera postura de lanza se contiene.

CAPÍTULO XVIII

DE LA LANZA Y DARGA

Agora que he puesto la manera que a mi parecer es bien se use para pasar la carrera con lanza y sin ella; y dicho todas las posturas que yo sé de capa y de lanza; en lo que toca a lanza y darga, digo que se debe usar con la darga de la primera postura de lanza, porque es más a propósito para con darga que las demás.

Y así, queriendo jugar las cañas y entrar con lanza y darga, el que quisiere acertar debe usar la dicha postura; y si no entraren con darga, pueden aprovecharse de la postura que más les agradare; pero yo tengo por mejor la primera.

Y venidos a entrar en el juego, hay pareceres: unos que dicen que la entrada ha de ser apriesa, desta manera, que como entren los primeros y lleguen al segundo tercio de la carrera, salgan los segundos; y que esta orden se tenga en los demás sucesivamente como fueren entrando. Otros dicen que cuando lleguen los primeros a tercio y medio, que será la media carrera, salgan los segundos, y por esta orden los demás. Otros dicen que hasta que los primeros han pasado los dos tercios de la carrera no salgan los segundos, y así por este estilo los demás. Otros dicen que cuando los primeros comiencen a parar salgan los segundos, y así por esta regla los demás.

Pero porque en todas las cosas lo que más aplace es evitar los extremos, me parece se debe elegir por medio, que entren los segundos cuando los primeros hayan corrido los dos tercios de la carrera, y como vayan en el tercero comiencen a correr los demás; porque si los unos entran al parar de los otros, parece cosa muy espaciosa, y podrían los que han de salir no estar tan apercibidos, o aunque lo estuviesen, por concertar los caballos para salir juntos, podrían detenerse tanto que los otros hubiesen parado, y hacer pausa, que por pequeña que sea, es fealdad.

Y si se entrase con tanta priesa como en el primer parecer he dicho, también sería extremo, en que hay inconvenientes, porque yendo tan apriesa, no pueden dejar de alcanzarse unos a otros al parar, y ha se visto herirse los caballos, y darse lanzadas en las personas sin quererlo hacer; porque unos paran presto, otros llevan no tan arrendados caballos como conviene; y también si algún caballo cayese en la carrera, los caballos fácilmente tropezarían en él, de manera que se cayesen unos sobre otros.

Y si fuesen por el segundo parecer, también sería priesa y no se podría gozar de la gracia y habilidad de los caballeros.

Y entrando como he dicho por el tercero parecer, excúsanse los peligros y fealdades que entrando tan apriesa y tan despacio podrían suceder.

Y aunque algunos dicen que se entre de tres en tres, y de cuatro en cuatro, cuando hay muchos de juego, y otros dicen de dos en dos; yo digo de uno en uno, como en Salamanca se ha hecho, y hacen siempre, donde hay muy buenos jinetes, porque dura más la entrada, que es lo mejor de la fiesta, y gózase mejor de los buenos hombres de caballo.

Y guardando esta orden, como pasen de media docena los que hubieren corrido, comiencen a hacer carrera por la otra parte de la plaza, de manera que así como vayan llegando los unos, vayan corriendo los otros por la segunda carrera, guardando la regla que he dicho; y si en la plaza hubiere lugar para más carreras, no corran por donde corrieren los otros; y si fuere cuadrada, corran por todas partes. Y si no hubiere para más de dos o tres carreras, tornen a correr al contrario por donde hubieren corrido; y así habrán dado tres o cuatro carreras, que es todo lo que se puede correr para conservarse en buena orden.

CAPÍTULO XIX

DE LA DARGA

La darga, para jugar, ha de ser grande y blanda de la mitad abajo, y la embrazadura puesta en el medio, porque si es alta no cubrirá lo que conviene; por que cuando sea necesario baxar la cabeza quede cubierto, sin que para cubrirse sea necesario alzar la darga, que sería fealdad.

Unos la embrazan metiendo el brazo tanto, que venga el codo casi en medio de ambas embrazaduras; y ponen una cinta a la parte que cae la mano, en el espacio que hay entre el lado y el portillo, un geme baxa del borde alto, y tan larga que meten por ella el dedo demostrador, y ciérranle con alguna dificultad porque se ayudan a traer la darga (a su parecer con buena gracia); y siempre traen el dedo en la cinta, aunque tomen la rienda en la mano.

Otros la embrazan, como si tomasen una rodela; los cuales me parece tienen razón, porque así se allega muy bien al cuerpo, y como tienen la una embrazadura en la mano y la otra les cae en el brazo, hacen juntamente lo que quieren con ella, y juntamente toman la rienda con la misma embrazadura.

Otros hacen poner tres embrazaduras, y caen las dos en el brazo, y la otra en la mano, como he dicho; pero no es cosa que yo lo usaría, y el que lo probare hallará más comodidad con las dos que con las tres embrazaduras; y al fin, no sin causa, los antiguos no usaron más que las dos; los cuales supieron qué cosa es tratar con los enemigos.

De manera que puesta así la darga, ha se de cubrir y adargar desta manera: cuando haya tirado su caña, volverá su caballo sobre la mano derecha, y pondrá la darga sobre las ancas del caballo, que haga un poco de fación doblándose, y los portillos muy en derecho el uno del otro, y guiados al derecho del rostro del caballero y a la cola del caballo, porque así irá bien puesta, por la igualdad que llevara.

El rostro del caballero ha de ir muy vuelto sobre la darga, que parezca vuelto al revés, y descubierto hasta que la caña le obligue a cubrirse, y una vez adargado, no se ha de sacar la cabeza hasta que los de su puesto salgan tras los contrarios, y así cubierto, mirar por dónde corre su caballo.

Yendo adargado, ha de menear los pies, como si no fuese revuelto; ha de advertir en tirar la caña, antes que pare el caballo, y en tirando, parar y sacar el brazo, como si no hubiese tirado; y ayudar al caballo con los pies, según he dicho; de lo cual no se ha de descuidar jamás el caballero, teniendo buena boca el caballo; y tirada así, va con más fuerza, a causa que la furia del caballo le ayuda. Y parece muy bien cuando el un caballero va muy sobre el otro, tirar por alto, pues que se ve que le podría dar; y cuando esto no fuere, ha se de tirar a la darga, porque tirar atravesado el cuerpo a los pies parece mal, y aun se suelen causar enemistades. Y no se ha de tirar a caballero que no esté revuelto y adargado.

La marlota no se ha de ceñir; pues no se hallará moro que la traiga ceñida, y la jineta hase de tratar imitando a los moros, pues que dellos se traxo y se tomó esta silla; y así la espada ha de llevarse con tahalí, para que cuando el caballero se revuelva y adargue, vaya la espada atravesada sobre las ancas del caballo.

El capellar se ha de poner metido en el brazo izquierdo, de manera que entre todo el brazo; porque llevarle por encima del hombro derecho, y que venga a prenderse debaxo del brazo izquierdo, no es estilo morisco, ni es buena jineta, ni parece tan bien como de la manera que yo digo. Y si viniere floxo en el brazo, fácilmente se puede ajustar de manera que ande firme; y tomando la darga como se debe (según he dicho), todo puede ir muy bien en el brazo, porque es de hombre práctico y diestro en la jineta, y da toda buena gracia.

La toca ha de ser grande, que dé hartas vueltas a la cabeza; la cual he yo traído de veinte varas, y entre prácticos no se sufre menos. Y para ponerse bien a la morisca se ha de poner así.

CÓMO SE HA DE PONER LA TOCA

[*Primer tocado.*]

Primeramente se ponga el un cabo de la toca que cuelgue por las espaldas doblado angosto; el cual caiga desde la oreja izquierda tan largo como dos palmos; y vaya la toca por encima de la cabeza, y caiga por encima de la oreja derecha, y vaya por debaxo de la barba; de manera que desde la barba a la toca haya un palmo de hueco y suba por encima de la oreja izquierda a la coronilla de la cabeza; de manera que desde allí vaya rodeando la cabeza por la frente un poquito alta, y desde allí caiga por encima de la oreja izquierda, y venga por detrás del cogote y caiga más baxa del cogote un geme grande; porque esta vuelta no ha de ser tan baxa como la que se da por baxo de la barba; y luego suba por la oreja derecha y vaya a la punta de la frente por donde está la otra vuelta, un poco más baxa, y de allí vaya por encima de la oreja izquierda, rodeando la cabeza toda hasta que venga a parar en la frente; de manera que casi venga por junto a las cejas, y dé tantas vueltas a la cabeza hasta que la toca se acabe; de manera que venga a acabarse sobre la oreja derecha, y allí se dé una lazada con el cabo de la toca, que sea pequeña, y lo doblado de la lazada venga a la parte de arriba.

La vuelta que cae sobre el pecho se llama barbicacho, y se ha de abrir y cruzarse de manera que a los lados venga a hacer dos cornejales; los cuales se prenden con dos alfileres, quedando la toca tendida por el pecho. Éste es el más artificioso tocado y más gracioso que se puede llevar, y que más imita a la buena jineta de los moros.

Segundo tocado.

Otro tocado se suele hacer con solo el barbicacho, revolviendo la toca a la cabeza; los otros tocados que usan algunos, haciendo galanterías, que parecen bocadillos de manga de mujer; otros que parecen revoltillos de sábado, no me parecen buena jineta, ni de hombres prácticos, porque no son tocados que muestran ferocidad. Y como no haya esta demostración en los actos de guerra, y semejantes a ella, juntamente con cordura y buen semblante, me parece que todo vale poco o nada.

[CAPÍTULO XX

DEL JUEGO DE CAÑAS]

Suele jugarse a tres puestos y a cuatro, como lo hacen en Xerez de la Frontera; de lo cual no trato por no ser necesario a mi propósito, el cual, es decir, lo que se ha de hacer para estar graciosamente a caballo.

Y aunque he hablado del juego de cañas, si bien se mira, todo lo que he dicho va enderezado a que se tenga buena gracia, y así, no es necesario tratar de más orden de juego. Y porque para el jugar es bien que las espuelas vayan de manera que no se afloxen, aunque, como en los pasados capítulos he dicho, no se ha de dar espolada sino con gran necesidad, puédese poner la cinta o cordón en el calcañar del borceguí, según en el capítulo noveno de las espuelas dixe, lo cual es bueno para el juego o la escaramuza.

Suelen tener en el juego de cañas tal orden para que las cuadrillas salgan del puesto y tornen a él, que estando todos los caballeros, que son de un puesto, rostro a rostro del otro, sale una cuadrilla de un lado y tira sus varas, y torna al otro lado del mesmo puesto; y los que quedan en el puesto pásanse al lugar que dexó desocupado el lado derecho del puesto para la cuadrilla que viene, que es la que salió del lado izquierdo; porque donde hay buen orden se hace así, que salen siempre del lado izquierdo y van a parar en el derecho, y los del este puesto se van pasando al lado izquierdo; de manera que parece andar a la redonda, o a lo menos hacen un triángulo de la manera que aquí va figurado.

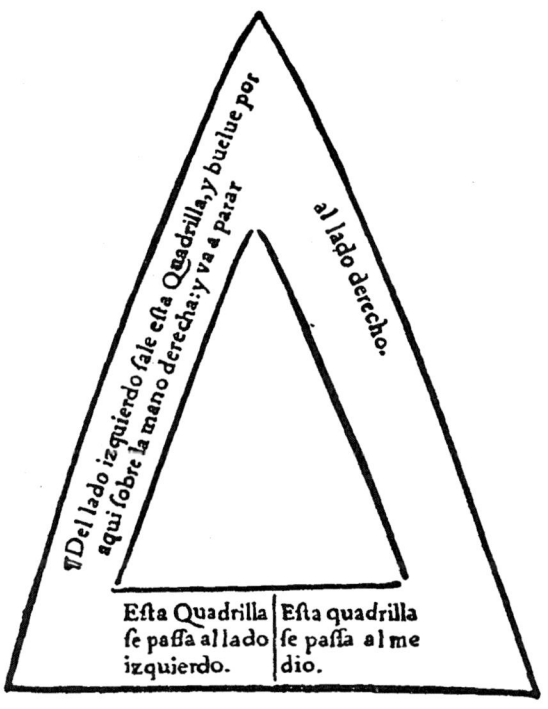

Esto es cuando la plaza es grande y hay lugar para ello, porque cuando es chica (como en muchas partes), estrecha y apretada, necesariamente han de ir y venir por un mesmo camino.

CAPÍTULO XXI

DE LA ESCARAMUZA

Ya que para mi propósito he dicho lo que he alcanzado sobre la buena gracia y hermosura con que se ha de cabalgar a la jineta,· quiero decir lo que me parece cuando el caballero escaramuzare; el cual ha de procurar tomar a su enemigo el lado derecho; por que el enemigo no le pueda herir sino de revés, teniendo la lanza por medio, y si la tuviese por el cabo para herir por aquella parte, sería fácil de desbaratar, y también porque la darga va al otro lado, y porque entrando así, va el caballero cubierto con la suya, puede tomar la lanza por el cuento y echarla sobre el otro brazo, por encima de la darga, y jugar a manera de pica, y por esto la darga de guerra ha de ser pequeña y blanda de la mitad de arriba y altas las embrazaduras, porque la darga no se lleva tanto para guarda de la persona como del caballo; y esto puede hacerse baxando el cuer- y extendiendo el brazo lo que pudiere, de manera que no tire de la rienda por que no repare el caballo, y llevando la lanza como he dicho, puede tirarla atrás, corriendo la mano por ella delante, hasta tomarla por el medio; y porque tomándola así no le puede caer de manera que pueda dar lanzada, tiene necesidad de estar diestro en hacer la vuelta de la mano, que en la segunda postura de lanza he dicho; y cuando la llevare sobre el brazo, a manera de pica, podría ser necesario alguna vez tomarla con ambas manos, puédelo hacer así, tome ambas riendas entre el dedo meñique y el del corazón, páselas por entre el dedo del medio y el demonstrador, y junte los dedos, y podrá abrir y cerrar la mano, y tomar la lanza a su placer sin soltar la rienda. La cual ande apercibida, y la darga embrazada y asida juntamente con la rienda. La cual se puede pasar a socorrer el lado derecho alzando el portillo de la parte baja de la darga, pasándola por encima de la cabeza del caballo.

Con esto puede el caballero tomar la lanza de manera que desde la mano al cuento haya poco más o menos de cuatro palmos, y el cuento ponerle debaxo del brazo izquierdo, bien arrimado al costado, de manera que con la ayuda del brazo podrá tener bien abrigada la lanza, y con la mano sustentarla de la misma manera que llevando el cuento con la mano derecha, y echándola sobre el brazo izquierdo (según he dicho), y puesta así, podrá tirar una lanzada y las que quisiere a su enemigo; y desde allí puede traerla a poner encima del hombro derecho, y ayudándose con el hombro la puede traer por encima de la cabeza, hasta ponerla sobre el brazo izquierdo, tornando a pasar la darga a su lugar. Y puesta la lanza así, puede revolver sobre su enemigo y herirle (según he dicho), como si tuviese una pica, o escurrirla atrás corriendo la mano como he dicho, y dar la vuelta de la mano que ya he significado para tomarlo por el medio.

Mas he de advertir al caballero que siempre que pudiere pelear con el trote, no haga galope, y si pudiere con galope, no corra; porque una de las principales cosas y más importantes que en el exercicio de las armas hay es conservar el aliento.

En lo demás, tocante al pelear, no me quiero meter, siendo natural a los hombres, pues en tal tiempo la necesidad y el furor enseñan lo que conviene.

CAPÍTULO XXII

DE LA ESPADA Y CAPA

Porque muchos suelen en la carrera echar mano a la espada y la capa; por dar fin a mi propósito, quiero decir cómo se ha de hacer. Y es así: que cuando el caballero quisiere hacer esta gentileza, pasando la carrera, ha de poner la capa como si anduviese ruando a pie, sin rebozarse con ella, y ha la de alzar con la mano izquierda, como dicho es en la segunda postura de capa, y no haya cosa que estorbe.

Y habiendo paseado la carrera por la orden que tengo platicada, téngala con la mano derecha; porque el aire y furia que lleva corriendo no se la quite de los hombros, que sería fealdad, y no podría ponerla tan presto en el lugar que ha de estar cuando desenvainare. Y cuando así haya tomado la capa, ponga la mano sobre la cintura sin soltarla, y comience a correr, y cuando quiera parar, levante el brazo y traiga la capa por encima de la cabeza, como si se descobijase, y asiéntela así como la trae encima del brazo izquierdo, y sin llegar más a ella, saque luego la espada, y sin parar tire un tajo; y luego desde donde paró el tajo tire una punta adelante, y desde la punta torne el brazo atrás, quedando de reparo el brazo alto y hacia el lado, y la punta de la espada un poco adelante cuanto haga un conocimiento y no más.

Todo esto se ha de comenzar a hacer cuando quiere comenzar a parar (según he dicho); y toda la carrera ha de venir cubierta la capa, como si no hubiese de echar mano y hase de acabar todo un poco antes que acabe de parar, sin olvidar los pies y los demás avisos que he puesto para conservación del buen parecer.

Otros derruecan[1] la capa y echan mano desde que comienzan a correr y tiran tantos tajos y reveses como trancos da el caballo, creo que desta manera no habrá hombre que parezca bien; y no es habilidad que no habrá quien no sepa hacerla; de manera que donde está la dificultad está el mayor valor, y trae consigo más honra.

Hay algunos que tienen opinión en que la espada se ha de sacar por defuera del brazo; de manera que el brazo quede entre ella y el cuerpo. Esta opinión es falsísima, porque hay tres inconvenientes grandes, los cuales si los considerasen, yo creo que no estarían en tal pertinencia, y el que los considerare y no condecendiere conmigo, yo le tendré por hombre rudo; y si no lo fuere, por hombre de no sanas entrañas; porque los que son de limpio corazón y tienen buen entendimiento, fácilmente se persuaden. Los que no le tienen no me maravillo que tarden; pero el que tiene ingenio y no se persuade es demonio en figura de hombre, y así, no hay para qué tratar con él; el cual, por que no parezca que concede lo que otro dice, se dexará abrasar vivo.

Los inconvenientes que trae echar mano a la espada por encima del brazo son éstos.

El uno es que para sacar la espada, así como cae la capa (como he dicho) y la derriba el caballero debaxo el brazo (porque estando a caballo no puede ser de otra manera que sea buena), si desde allí ha de ir a buscar la espada por defuera del brazo, ha de tardar mucho, porque la capa estorba, y tardanza en cosas que requieren tanta presteza es cosa tan peligrosa, que en aquello

---

[1] Derrocan.

poco que se tarda podría anticiparse el enemigo y no poderse defender.

El otro es que sacándola por defuera, es gran impedimento para el brazo izquierdo; el cual estaría impedido si el caballo tropezase en aquella sazón, y no le podría socorrer el caballero tan presto como conviene; y de tardar en esto, ya se ve claro el inconveniente, sin que yo le extienda más, que no sólo sería tropezar o caer el caballo, pero podría esto ser a tiempo que su enemigo se aprovechase dél, o en parte que fuese más que caída.

El otro que lleva el brazo muy aparejado para cortarse y herirse en él; lo cual es cosa que muchas veces ha acontecido a unos por inhábiles y a otros por no querer aprender, y a otros por haber aprendido de quien no sabe para sí, cuanto más para otro. Y desto tenemos exemplo en lo que sucedió a don Juan Pimentel, Conde de Benavente, hijo del Conde don Antonio Pimentel, que queriendo sacar la espada por la parte defuera, por tener el talabarte con el brazo, se hirió tan peligrosamente que estuvo muchos días malo, y tanto, que ponían en condición su salud. Y yo [a]seguro, que si otros que se deben de haber herido fueran personas tan señaladas que se tuviera noticia; pero como todas las cosas se envejecen con el tiempo, no me maravillo que se haya perdido la memoria. Y este caso, como fué tan poco tiempo ha, y es tan fresco y tan digno de no ser olvidado, tenémosle presente, y con todo eso, hay algunos que porfían en esta ignorancia, de donde se puede considerar qué será cuando haya pasado un largo tiempo.

Si por ventura, por lo que yo aquí escribo, o por haber aprendido más y desengañándose con la experiencia, que hace buenos maestros, no se hubieren persuadido, a lo cual se añade si el caballero tuviere embrazada la darga, y si la tuviese embrazada no podría por defuera sacar la espada, y así la ha de sacar no teniendo la darga como si la tuviese.

Alguno, por sustentar su falsa opinión, dirá que soltara la darga, pues no teniendo lanza no ha menester darga; a esto está la respuesta bien clara, que soltar la darga sería quedar con una parte de defensa menos, y muy importante; y venir el caballero a perder cosa de que se puede aprovechar, no es cordura, ni cosa digna de caballero; porque ya que la necesidad le obligue a sacar la espada, puede ser no por habérsele caído la lanza, sino por haberla quebrado, y queda con su darga muy agraciadamente, y la espada en la mano sin soltar la darga.

Y para más confirmación de mi propósito (porque algunos dicen que sacando la espada por de dentro, como yo digo, cortarán las riendas), respondo que éstos no tienen experiencia, ni han probado para ver si las pueden cortar o no; porque si lo prueban, hallarán que es imposible cortarlas; porque tomando la rienda como en el capítulo décimo he dicho, pues siempre se ha de traer de aquella manera, aunque, a sumo estudio, aposta, adrede las quiera cortar, no se puede hacer; y así, a todos los que desto trataron ruego cuanto puedo hagan la experiencia de todo esto que digo, primero que se cansen en altercaciones y disputas.

De manera que yo concluyo en que la espada se ha de sacar, según razón, por debaxo del brazo; la cual así como el caballero acabe de derribar la capa se la halla en la mano tan aparejada para sacarla, que va seguro de tardanza, seguro de no cortarse el brazo, y libre para socorrer maravillosamente su caballo, si por ventura en tal tiempo tropezase.

Quieren decir algunos que la espada está floxa, y que con el brazo por de dentro y ella por defuera tienen los tiros del talabarte y la sacan mejor; con todo eso, digo que es falsísimo, pues no pueden con ello excusar los inconvenientes que he dicho.

El que quisiere llevar la espada de manera que la saque, como si se ayudase con la otra mano, aprovéchese de una cinta y póngala por el medio de los tiros del talabarte, y átela al muslo; pues antes que cabalgue tiene harto tiempo para ello y llevarla ha muy apercibida, y aunque sea larga, la podrá sacar a placer. Este aviso es bueno cuando el caballero no se ha de andar apeando; del cual no tendrá necesidad si llevare bien puesta su espada, y que no tenga la vaina tan apretada que no le dé lugar a sacarla.

> ¿En qué podrá agradar un desdichado,
> que desde que nació vive en tormento
> de trabajosos pleitos, tan cercado
> que no descansa punto el pensamiento?
> Pero si acaso fueres reprobado,
> jamás lo podrá ser mi buen intento,
> y si alguno entre tantos dieres gusto,
> dense las gracias al Eterno y justo.

MODO DE
PELEAR A LA
GINETA,

Compuesto por Don Simon de Villalobos, y
hecho i mprimir por Don Diego de Villalobos y Benauides su
hermano.

*Dirigido à la muy Noble y muy leal
Ciudad y Caualleros de Xerez de la Frontera.*

Con Priuilegio.

En Valladolid , En casa de Andres
de Merchan , Año de 1605.

TASA

Yo, Alonso de Vallejo, escribano de Cámara del Rey nuestro señor, de los que residen en su Consejo, doy fe que habiéndose visto por los señores dél un libro intitulado MODO DE PELEAR A LA JINETA, compuesto por don Simón de Villalobos, que con licencia fué impreso, le tasaron en cuarenta maravedís cada cuerpo del dicho libro; el cual tiene diez pliegos, que a cuatro maravedís cada pliego montan los dichos cuarenta maravedís en papel; y mandaron que al dicho precio se venda, y no a más, y que esta tasa se ponga al principio de cada volumen, para que se sepa y entienda lo que se ha de vender. Y para que dello conste de mandamiento de dichos señores del Consejo, y pedimiento de don Diego de Villalobos y Benavides su hermano, di esta fe en Valladolid, a cuatro de Agosto de 1605 años.

ALONSO DE VALLEJO.

APROBACIÓN

Digo yo, don Juan Arias de Avila Puertocarrero, Conde de Puñonrostro, que he visto el libro de don Diego de Villalobos, que el Consejo supremo del Rey nuestro señor me ha mandado ver. Y por parecerme tal que se le pueda dar la licencia y privilegio que pide, lo firmo de mi nombre en 2 de Junio de 1604.

EL CONDE DE PUÑONROSTRO.

EL REY

Por cuanto por parte de vos don Diego de Villalobos y Benavides, nuestro capitán de caballos y lanzas
españolas en los Estados de Flandes, Nos fué hecha
relación que don Simón de Villalobos, vuestro hermano
ya difunto, había dexado escripto un libro de mano
que trataba cómo se habían de aprovechar los caballeros y jinetes fronterizos, del uso de la lanza y adarga
en los recuentros y escaramuzas que hacían con los
moros, enemigos de nuestra sancta Fe Católica, el cual
por ser tan útil y provechoso al bien universal y particular de la Nobleza española, por los documentos que
en él se daban, y por no haber escripto ninguno hasta
agora en este propósito, deseando vos el aumento y enseñanza de los caballeros y soldados, que por exaltación
de nuestra Sancta Fe y servicio nuestro salían en desafíos y combates con los moros, que era el particular
principal de que el dicho libro trataba, y el mismo
que el dicho vuestro hermano había tenido para hacerlo, y nos suplicaste os mandásemos dar licencia para
le poder imprimir, y privilegio por diez años, o como
la nuestra merced fuese. Lo cual visto por los del nuestro Consejo, por cuanto en el dicho libro se hizo la diligencia que la pragmática sobre ello fecha dispone, fué

acordado que debíamos mandar dar esta nuestra cédula, en la dicha razón, y Nos tuvímoslo por bien. Por la cual vos damos licencia y facultad para que por tiempo y espacio de diez años, cumplidos primeros siguientes, que corran y se cuentan desde el día de la fecha desta nuestra cédula, en adelante vos o la persona que para ello vuestro poder hubiere, y no otra alguna, podáis imprimir y vender el dicho libro, que desuso se hace mención, y por la presente damos licencia a cualquier impresor destos nuestros Reinos, que vos nombráredes, para que durante el dicho tiempo le pueda imprimir por el original que en el nuestro Consejo se vió, que va rubricado y firmado al fin de Alonso de Vallejo, nuestro escribano de Cámara y uno de los que en él residen; con que antes que se venda le traiga ante ellos juntamente con el dicho original, para que se vea si la dicha impresión está conforme a él y traiga fe en pública forma como por corretor por Nos nombrado se vió y corrigió la dicha impresión por el dicho original. Y mandamos al impresor que ansí imprimiere el dicho libro no imprima el principio y primer pliego dél, ni entregue más de un solo libro con el original al autor o persona a cuya costa le imprimiere, para efecto de la dicha corrección y tasa, hasta que antes y primero el dicho libro esté corregido y tasado por los del nuestro Consejo; y estando hecho, y no de otra manera, pueda imprimir el dicho principio y primer pliego, en el cual inmediatamente se ponga esta nuestra licencia y privilegio y la aprobación, tasa y erratas, y no lo podáis vender ni vendáis vos ni otra persona alguna hasta que esté el dicho libro en la forma susodicha, so pena de caer e incurrir en las penas contenidas en la dicha pregmática y leyes de nuestros reinos que sobre ello disponen; y mandamos que durante el dicho tiempo persona alguna sin vuestra licencia no lo

pueda imprimir ni vender, so pena que el que lo imprimiere y vendiere haya perdido y pierda cualesquier
libros, moldes, y aparejos que dél tuviere, y más incurra en pena de cincuenta mil maravedís por cada vez
que lo contrario hiciere, de la cual dicha pena sea la
tercia parte para la nuestra Cámara y la otra tercia
parte para el juez que lo sentenciare, y la otra tercia
parte para el que lo denunciare; y mandamos a los del
nuestro Consejo, Presidente e Oidores de las nuestras
Audiencias, Alcaldes, Alguaciles de la nuestra Casa y
Corte, y Chancillerías y a otras cualesquiera justicias
de todas las Ciudades, Villas y lugares de los nuestros
Reinos y Señoríos, a cada uno de ellos en su jurisdición,
ansí a los que ahora son como a los que serán de aquí
adelante, que vos guarden y cumplan esta nuestra cédula y merced que ansí vos hacemos, y contra ella no
vos vayan ni pasen, ni consientan ir ni pasar en manera alguna, so pena de la nuestra merced, y de diez
mil maravedís para la nuestra Cámara; dada en Lerma
a primero día del mes de Septiembre de mil y seiscientos y cuatro años.

YO EL REY

Por mandado del Rey nuestro señor,
JUAN DE AMEZCUETA.

A LA MUY NOBLE Y MUY LEAL CIUDAD
Y CABALLEROS DE XEREZ DE LA FRONTERA

Habiendo de dar amparo a estos trabajos, a nadie me pareció poderle pedir mejor que a V. S., así por haber hecho experiencia de su gran ánimo como por tratar en ellos del manejo de las armas a la jineta, cosa en que los caballeros de su ciudad de V. S. están exercitados, defendiendo de los cosarios [1] nuestras playas, y no sólo agora lo hacen, más de tiempo inmemorial lo hicieron, ganando el renombre de la Frontera, como amparo de nuestras costas.

Pues aunque sea el rebato lexos de sus muros de V. S., sus caballeros son los que primero se ofrecen al encuentro de sus enemigos; siendo su suelo y cielo tan acomodado a criar ligeros caballos, que por significar su presteza y animosidad fingían los antiguos concebir sus yeguas del aire; y ser sus campos aquellos Elíseos del río Leteo, en cuyo terreno parece haber hecho Dios un teatro para famosas batallas; y la tierra un lugar acomodado a criar hombres animosos y caballos buenos para la guerra.

Ansí que el conocimiento y amor destas virtudes me han obligado a suplicar a V. S. reciba este mi libro

---

[1]   Así en el original: corsarios.

debaxo de la sombra de su valor, para que con tal dueño ninguno ose decir mal de lo bueno que tuviere, y calle lo que a sus oídos disonare, quedando yo contento en premio deste trabajo haber mostrado en esta elección mi deseo, queriendo favorecerme de la merced que siempre V. S. me hizo, rogando a Dios nuestro Señor en mayor aumento y felicidad por infinitos años prospere a V. S. como sus aficionados servidores deseamos.

Don Diego de Villalobos y Benavides.

PRÓLOGO

Entre los papeles de don Simón de Villalobos, mi hermano, hallé (cuando vine de Flandes) este libro, escrito de su mano, y sabiendo el deseo con que le había hecho, pedí a su Majestad licencia, que me dió, para imprimille, deseando aprovechar a alguno en los desafíos con los moros; advirtiendo que para que la doctrina deste libro haga provecho al que le quisiere sacar dél, tiene necesidad de saber primero estar a caballo y ser señor de la silla; para lo cual hallará libros que le enseñen.

Cuando sea hombre de a caballo, por sí podrá aprender lo que este libro enseña, que si todo lo que dice practicare y hiciere en las ocasiones que se le ofrecieren, se hallará tan señor de sí y del campo, que de su misma mejoría verá de contado el provecho del libro; encaminándolo todo siempre al servicio de Dios, para que ya que por nuestra imperfección no tengamos los que seguimos la milicia, debaxo del nombre de soldados, las virtudes que más ordinariamente siguieron los Santos, hagamos diligencia para que con nuestro oficio matando y hiriendo, enderecemos nuestras acciones a hacer esto en defensa de la Fe de nuestro Señor Jesucristo, para que con su favor, y en su servicio, a lanzadas y cuchilladas ganemos el Cielo, donde después desta vida gocemos la eterna para siempre jamás. Amén Jesús. Vale.

AL AUTOR, EL MAESTRO VICENTE ESPINEL

SONETO

Recibe el don, la voluntad alarga,
Xerez ilustre, universal maestra
de la nobleza más valiente y diestra
que empuña lanza y que maneja adarga.

Compendio es breve, mas doctrina larga,
de ingenio igual a la gallarda diestra,
que en el hacer ya dió excelente muestra
y en el decir su obligación descarga.

Esto y su voluntad don Diego ofrece,
persona digna de otra eterna pluma,
conocida en los límites extraños.

Verás lo que en tus hijos resplandece,
reducido a una breve y corta suma,
como la has enseñado en largos años.

AL AUTOR, DON ALONSO PIZARRO DE NEGRÓN

SONETO

A Marte y Pallas vencen dos hermanos:
a Pallas en la ciencia, ingenio y arte
don Simón, y don Diego al fiero Marte,
cual se probó en los campos belgicanos.

También exceden, si trocáis las manos,
aventajando en todo y cada parte,
matizando de empresas su estandarte
con sabio modo y con valor de hispanos.

No fué la menor prueba el don honroso
que gratos a Xerez, de fama han dado,
renovando la antigua de sus lides.

La de su patria (extremo) han renovado:
son Villalobos, tronco generoso;
son Velázquez, Pizarros, Benavides.

MODO DE PELEAR A LA JINETA

CARRERA CON LANZA Y ADARGA

Queriendo correr una carrera con la lanza y adarga, tomará la lanza terciada, que no cargue atrás ni adelante, uñas abaxo, abrigada al pecho; de manera que la tenga atravesada, el hierro alto, sobre el adarga, y frontero del hombro izquierdo; y así irá a pasar su carrera, llevando el caballo con mucho sosiego, y la adarga que no esté muy metida en el brazo; de forma que la primera manija tiente la sangradura y abrigue el lado izquierdo con ella; y así revolviendo el caballo sobre el adarga, partirá sacando el hierro por encima de la cabeza del canallo, y alzando el puño alto y apartado, frontero del oído derecho, pondrá el hierro delante, y puesto en el hilo de la carrera, haya gastado el un tercio de lo que ha de correr.

Luego, con aire y denuedo, sin hacer movimiento en el puño, vuelva el hierro por encima de la cabeza, y volviendo el puño, uñas arriba, sin abrir la mano, lleve el recatón ni más ni menos por encima de la cabeza, hasta que le ponga sobre el mismo brazo derecho por encima de la sangradura, y abrigada al cuerpo, quede el hierro delante, y el recatón caiga encima del anca del caballo, llevando el hierro y el recatón baxo, casi sobre el anca al hilo de la carrera, cuando haya gastado el segundo tercio en esto.

Entrando en el postrero tercio, que es adonde ha de parar el caballo, vuelva a sacar el recatón por encima de la cabeza, llevando el hierro de revés, ni más ni menos por encima de la cabeza, tras el recatón, volviendo el puño, uñas abaxo, cóxala del ristre, llamando al caballo, y luego sáquela del ristre, poniéndola sobre el hombro derecho sin quitar el hierro de delante, volviendo la palma de la mano, uñas arriba, cogiendo otra vez la lanza en la misma postura, el hierro delante y cerrado el puño, señale dos heridas por el lado derecho frontero del oído del caballo con el compás que fuere haciendo piernas; y al remate del parar lleve de revés el hierro de la lanza, dando vuelta con la lanza en la palma de la mano, volviendo el dedo pulgar hacia el hierro, cierre el puño, asentando el recatón en el suelo.

Hase de hacer esto con tanto compás, que acabado de reparar el caballo de todo y asentado el recatón en el suelo, sea todo uno. Y así se hará bien y a gusto de los que miran.

OTRA CARRERA CON LANZA Y ADARGA

Llevará la lanza atravesada en los pechos, uñas arriba, de manera que pase el hierro por encima del hombro izquierdo sobre el adarga, y el tercio del recatón caiga sobre el codo, y abrigada al cuerpo, irá a pasar su carrera como arriba se dixo.

Y en partiendo el caballo, alzando la mano derribe el hierro de revés por encima de la cabeza del caballo, y saque por detrás el recatón, por encima de la cabeza del caballero, sin hacer ningún detenimiento lleve la lanza con mucho tiento hasta que ponga el puño uñas abaxo, el hierro delante y el recatón trasero, la mano alta frontero del oído derecho, gastarse ha el primer tercio en esto.

Luego, entrando en el segundo tercio, tienda el brazo todo lo que pudiere, sin quitar la lanza del hilo del caballo, y luego abrigue el puño al oído con mucho tiento, y tórnelo a desabrigar tendiendo y recogiendo el brazo hasta que gaste el segundo tercio en esto.

Entrando en el tercer tercio, abríguela debaxo del brazo del ristre, llamando el caballo váyala sacando sobre el brazo con la orden que en la otra se ha dicho, señalando sus heridas por junto al oído derecho del caballo. Y parando al son de como fuere haciendo piernas el caballo, vaya revolviendo la lanza, llevando el hierro de revés, dando una vuelta por la palma de la mano; y asentando el recatón en el suelo, pare el caballo de la misma forma que en la otra carrera.

OTRA CARRERA CON LANZA Y ADARGA

Llevará la lanza sobre el hombro derecho, el hierro alto, echando toda el asta sobre el mismo hombro derecho, y lleve el recatón en la mano, y así irá a correr su carrera.

En partiendo el caballo, vaya enderezando la lanza, enarbolándola de manera que en afloxando el puño se vaya deslizando por el mismo hombro, corriendo el recatón hacia abaxo, frontero del estribo derecho, y sea con tanto tiento que cuando llegare al segundo tercio de la carrera apriete el puño; sacando el hierro por encima de la cabeza y alzando la mano, ponga el hierro delante y el recatón quede atrás, al hilo de la carrera.

Y entrando en el postrer tercio, abríguela del ristre llamando el caballo y sacando la lanza como se ha dicho en las otras carreras, señalando las heridas y asentando el recatón en el suelo.

Para esta carrera se puede correr en entrada de juego de cañas, por ser de pocas vueltas y galana.

OTRA CARRERA

Toma la lanza atravesada en los pechos por encima del mismo brazo, sobre el codo, uñas arriba, y el hierro alto, de manera que atraviese sobre la adarga y el hombro izquierdo, abrigada a los pechos, y en esta postura irá a correr.

En partiendo el caballo, váyala desabrigando de los pechos con mucho espacio y gracia, llevando el hierro por encima de la cabeza del caballo, hasta ponerla en el hilo de la carrera; tendiendo el brazo adelante, y por que quede con más gracia, alargue el dedo segundo del pulgar por el lomo de la lanza, sin desabrigar los demás, como que señala con aquel solo el hierro de la lanza.

Y así, entrando en el segundo tercio con gracia, requiera la lanza una vez, como se requiere la lanza de sortija, recogiéndola tres veces hacia el cuerpo.

Y en llegando el postrer tercio, derribe el tercio, echando por detrás el recatón por encima de la cabeza sin abrir el puño, volviendo al ristre para su caballo, sacando la lanza sobre el brazo, señalando sus heridas, de la misma manera que en las otras carreras.

También es buena para entrada de cañas, y muy galana entre dos.

OTRA CARRERA

Tomará la lanza, uñas abaxo, de manera que el recatón lleve sobre el estribo derecho algo desviado del rostro del caballo, y puesto el puño en el cuadril derecho, que esté atravesada la lanza por las espaldas, el hierro alto; y así saldrá a correr su carrera.

En partiendo, alce el brazo, sacando por delante del rostro del caballo el recatón; pasándolo por encima de la cabeza, pondrá la lanza sobre el hombro derecho, de forma que el recatón caiga por encima de la anca del caballo y el hierro delantero.

En entrando en el segundo tercio, alce la mano y abáxela dos o tres veces, hasta altor del codo, con mucho espacio, sin quitar el hierro frontero de su carrera.

Y en entrando en el postrer tercio, volviendo los dedos hacia el recatón y el pulgar debaxo de la lanza, cierre la mano y cóxala de ristre, y vaya parando el caballo, sacando la lanza sobre el brazo, ni más ni menos que en las otras carreras.

OTRA CARRERA

Tomará la lanza sobre el hombro derecho, de manera que esté el hierro trasero y alto y el recatón casi sobre la cabeza del caballo, algo apartado, y el codo caído, teniendo el puño junto al hombro declinando el hierro, el pulgar hacia el hierro, y así vaya a pasar su carrera.

Y en partiendo el caballo, saque el hierro por encima de la cabeza alzando la mano; volviendo el puño hacia delante, pondrá la lanza el hierro delante, el recatón por el anca del caballo, teniendo el puño alto frontero del oído.

Y entrando el segundo tercio, vaya teniendo el brazo y recogiéndolo hacia el oído hasta que entre en el postrer tercio; y luego váyale abrigando debaxo del brazo, y enristrando llame al caballo.

Como fuere parando, haga lo que en las otras carreras, y ésta sirve también para entrada de juego de cañas.

OTRA DE FLOREO

Tomará la lanza sobre el hombro derecho, el hierro trasero y alto, y el recatón venga sobre la cabeza del caballo y el codo caído; y en esta postura irá a correr.

Y en partiendo, saque el hierro por detrás, por encima de la cabeza; y sin parar lleve la lanza hasta poner el recatón trasero y el hierro delante; y en declinando al hilo del caballo; torne otra vez, alzando la mano, a llevar el hierro por delante, por encima de la cabeza, y el recatón ni más ni menos hasta que lo ponga sobre el hombro derecho, uñas arriba, cayendo el hierro delantero.

Y en entrando en el postrer tercio, asiente la lanza sobre el mismo hombro, y echando más tercio hacia el recatón, dé un vaivén con ella, echando el recatón al hombro izquierdo, cóxala atravesado la palma de la mano, uñas arriba, de manera que saque el recatón por encima de la cabeza, llevando el hierro de revés, salve con el recatón la cabeza del caballo y enristrando pare con el compás que las otras.

OTRA [DE] FLOREO

Tomará la lanza sobre el hombro, echando toda la asta en alto hasta que tenga el recatón en el puño, irá en esta postura a pasar su carrera.

Y en partiendo, alce en alto el hierro, de manera
que vaya deslizando por el puño hasta tres palmos
de asta.

En entrando en el segundo tercio, eche el cuerpo
de lanza sobre el hombro izquierdo por detrás, y soltándola, cóxala del puño frontero del hombro izquierdo,
uñas abaxo, y alzando la mano, salve la cabeza del
caballo con el recatón y, abrigándola al cuerpo, vaya
enristrando y llamando al caballo, sacando la lanza
sobre el brazo de la manera que las otras carreras.

CÓMO HAN DE ESCARAMUZAR DOS EN REÑIDA BATALLA

Habiendo de escaramuzar con otro en reñida batalla, tengo por más bien acordado salir el uno contra
el otro escaramuzando que no enristrando; porque el
ristre no es acometimiento, sino a su tiempo, sobre treta
cautelosa, de la cual ninguno se aprovecharía, si luego
viniesen a encontrarse como justadores, porque ambos
viniendo sobre aviso, no serviría la furia del encuentro
sino cansar los caballos antes que entrasen en batalla.

Por lo cual soy de parecer que saque el caballero
su caballo sobre la mano izquierda, buscando el contrario, tendida la lanza sobre el adarga, llevando el
caballo muy sosegado el tropel; porque llevándole así, no
se le cansará tan presto, y lo hallará más presto en los
acometimientos que se le ofrecieren, y vaya así buscando
al contrario, procurando de ganarle el lado derecho.

DE LA MANERA QUE SE HA DE LLAMAR AL CONTRARIO EN POSTURA PRIMERA

Si el contrario saliere, ni más ni menos que él, bus-
cándole con su lanza tendida sobre el adarga, por lo
cual no se acometen, revuelva el caballo sobre la mano

de la lanza, descubriéndole todo el costado derecho, llamándole en postura primera, que es llevando la lanza en el hombro derecho, y sea en trecho que seguramente pueda revolver sobre el adarga si le acometiese el contrario. Y si, llamándole en esta postura, le acometiere el contrario de ristre a herille el lado descubierto, saque su caballo con mucha presteza, cruzando por delante, y dexando el contrario por el anca del caballo; eche la lanza sobre el adarga, ayudándose con el pescuezo y hombro derecho con toda presteza, y revolviendo el caballo a aquella parte, caiga el hierro sobre el adarga, y ganar al contrario el lado descubierto, y tendiendo la lanza sobre el brazo del adarga hasta el recatón, hiera al contrario a mantenimiento, ayudándose con la mano de la rienda por todo el lado que él alcanzare descubierto, procurándole seguir en esta postura hasta echarlo del campo, o lo haya bien herido; procurando que el contrario no le señoree el campo, que es cuando se le sale por delante y le dexó por las ancas. Porque claro está que si es diestro revolverá sobre él y le cogerá el lado descubierto, y usará de la misma treta que con él se usó; y para no se hallar en este aprieto hará esto.

AVISO

Habiendo ganado al contrario el lado de la lanza, si viere que puede hacer presa, acometa a herirle, como arriba diximos. Y viendo que no puede hacer presa, por tener el contrario más ligero caballo, y le sale ganando el campo, no le siga, porque revolverá sobre él, y le ganará el lado descubierto; y cuando quisiere sacar su caballo, no podría tan presto por la furia con que hubiese acometido, y el contrario le podía seguir a su salvo, escudándose con su adarga; y es mejor, cuando no se puede executar herida, dexar de seguirle, revolviendo el caballo sobre la mano de la lanza, teniendo siempre el hierro al contrario, uñas arriba, abrigada al pecho, y en esta postura irá llamando al contrario.

AVISO

Y si con la misma cautela quisiere llamar al contrario, cebándole con el lado descubierto, sacará el caballo por las ancas del contrario sobre la mano izquierda, descubriéndole todo el costado derecho, para que luego el contrario le acometa, llamándole en postura primera y no en otra. Porque esta postura es más presta la vuelta del caballo para traer al contrario debaxo del adarga, a causa de que sacando el caballo a aquella mano, vendría sobre el contrario más presto, y con la vuelta presta del caballo, como está dicho, será señor dél al herir.

DE LA POSTURA PRIMERA Y SUS DEFENSAS

Estando en esta postura primera, llamando al contrario por el lado derecho, si fuere tan presto y ligero el caballo del contrario, que no le diere lugar de sacar su caballo y le acometiere lanzada al costado, desvíela, derribando de revés al tercio del hierro; y si embebiere el contrario la lanza y segundare con otra lanzada, descargue el tercio del recatón, si más ni más de revés, desviándosela de manera que quede el recatón en postura de ristre, desabrigada del lado derecho, como que aguarda para rebatir la herida uñas arriba; y para que se haga, abrigue el tercio del hierro al cuerpo debaxo del brazo derecho, descubriendo todo el costado; porque viendo el contrario descubierto todo el cuerpo, acometerá con otra lanzada al costado, y en acometiendo, rebata la herida, uñas arriba, con el tercio del recatón, sacando a toda furia su caballo tornando la lanza en postura primera, como de antes, por que si todavía le fuere siguiendo, se vaya defendiendo con estos desvíos hasta eximirse del contrario, y ganarle el campo y volver sobre él.

AVISO DE CÓMO PODRÁ OFENDER AL CONTRARIO YENDO DESVIANDO LOS BOTES

Viéndose el caballero perdido por el lado descubierto, que no tiene por allá reparo alguno sino en los desvíos, no por eso se desanime en ofender al contrario desviando con mucha liberalidad y conocimiento de las lanzadas que le tiraren sobre aquel lado, procurando de no hacer desvío sin tiempo, sino que sea en tiempo que repare y aproveche, no desviando una lanzada con dos golpes, no sirviendo más de uno.

Porque muchos lo suelen hacer de turbados, antes le sobren desvíos al que se defiende que al otro acometimientos. Si quisiere con estos desvíos desbaratar la lanza al contrario habiendo hecho el primer desvío y el segundo en postura primera, como en el otro capítulo diximos, quedando el cuento en postura de ristre, para hacer el desvío rebatido, uñas arriba, abrigue bien el tercio del hierro, ayudándose con el cuerpo, ladeándose más hacia el anca del caballo y acometiendo la lanzada, rebátase, las uñas arriba, hacia delante, aderezando el cuerpo con mucha fuerza, dando gran golpe en la lanza del contrario; porque con la fuerza que el caballero pusiere y la furia del caballo le ayudará a echar la lanza de la mano, o por lo menos le faltará el hierro del asta; y con esto quedará tan desbaratada la lanza del contrario, que primero que lo vuelva a ver en ser, tendrá lugar de cobrar el lado de su adarga y ganarle el campo.

TRETA DE CÓMO SE PODRÁ DAR UNA LANZADA HACIENDO DESVÍOS DE POSTURA PRIMERA EN LOS PECHOS

Yendo uno desviando, en postura primera, las lanzadas que le tiraren por el lado derecho, por no tener en aquel lado otro escudo ni reparos, si no es los desvíos, y el contrario le va hiriendo a su salvo, y él no le puede ofender, a causa de que va el contrario debaxo del adarga escudado y le va siguiendo seguramente, use con buen ánimo para alcanzar a darle una lanzada por los pechos a él o a su caballo en esta forma.

AVISO

Habiéndose desviado primera y segunda vez, como arriba diximos, quedando con el recatón en postura de ristre, el desvío que viere de hacer rebatiendo, uñas arriba, hacia delante, no le haga con tanta fuerza como se dixo para desbaratarle la lanza; antes vaya con tanto tiento el desvío que con el cuento que no sirva más de desviar la lanzada que le tiraren. De manera que lleve la lanza del contrario por delante, ganándole a cada tranco que diere el caballo un palmo de lanza, que casi lleguen por aquel lado hombro a hombro con el contrario, y habiendo bien ganado la lanza, saque a toda furia el caballo por delante, dexando el contrario por detrás; tírele una lanzada por el anca del caballo a los pechos, corriendo la lanza con gran furia por el puño de manera que arroje toda el asta por el anca del caballo, que con la fuerza que fuere, y la furia con que el contrario le viniere siguiendo, recibirá el golpe en los pechos él o su caballo, con tal golpe que no le resistirá cota u otra arma que traxere. Y de ha de ser con tan liberalidad en salir por delante, habiéndole herido, que primero que el contrario embeba su lanza y la asegure, haya hecho su herida, aun vuelto sobre él, que esto es lo que ha de procurar cualquiera que batallare en escaramuza de lanza y adarga, de tener siempre al contrario por el lado del adarga.

AVISO SOBRE ESTA TRETA, DE DONDE RESULTAN DIFERENTES HERIDAS AL CONTRARIO Y A SU CABALLO

Si, habiendo ganado la lanza al contrario, fuere sacando el caballo por delante para darle la sobredicha lanzada, el contrario tuviese más ligero caballo y no le dexare ganar la delantera, antes que cobre el contrario la lanza para poder defender, detenga de golpe el caballo, y déxele pasar con su furia adelante, y en un proviso pásele por el anca del caballo arrojándole una lanzada a las espaldas, ya que no puede ser por los pechos, ayudándose con el brazo de la adarga para que vaya el golpe con más fuerza; y si no le pudiere alcanzar tire a desjarretarle el caballo, atravesando el hierro por entre el garrón y el juego por la juntura del muslo del caballo, que como sea bueno el hierro saldrá fácilmente con su presa, y quedará muy seguro, dando huelgo a su caballo por si durase más la batalla.

POSTURA PARA LLAMAR AL CONTRARIO QUE NACE DE LA PRIMERA CON HERIDA

Queriendo diferenciar la postura primera, llamando al contrario, estando en esta postura, saque el recatón por encima de la cabeza, volviendo el puño sin abrir

la mano, de manera que quede el hierro por detrás y
el recatón por delante, y abaxando la lanza al pecho,
uñas abaxo, al tiempo que el contrario le acometiere,
tírele un bote por el anca del caballo contrario, y abrigando la lanza al cuerpo, eche el recatón por encima
de la cabeza, desviando con el hierro la lanzada que le
tiraren por detrás, revolviendo el caballo sobre el adarga, dará lanza y adarga, cogiendo la lanza, uñas abaxo,
váyala tendiendo toda y siguiendo al contrario a lanzadas.

OTRA POSTURA QUE NACE DE LA PRIMERA
PARA LLAMAR AL CONTRARIO CON SU HERIDA

Llamando al contrario en postura primera, saque
el recatón por encima de la cabeza; abriendo la mano,
vuelva los dedos hacia el hierro y, vueltos, cierre el
puño de manera que el dedo pulgar esté hacia el hierro,
y abrigando la lanza en los pechos, váyala alargando
sobre el hombro derecho, y mirando al contrario por
encima del hombro izquierdo, hasta que tenga el recatón casi en el puño, el brazo embebido cuanto pudiere
por delante para cuando viniere el contrario sobre él;
en acometiéndole, reciba el golpe en el anca del caballo, tirándole un bote, ayudándose con el mismo hombro, alargando toda la lanza que tenían embebida; y
así alcanzará a herir al contrario en los pechos, o en el
rostro, antes que llegue el hierro contrario, a causa
que alarga un tercio más de lanza; porque el que viene
siguiendo, por mucho que alargue su lanza, no puede
alargar tanto como el que se ayuda con el hombro y
alarga el cuerpo sobre el anca de el caballo.

DE CÓMO SOBRE ESTA POSTURA HAY MUCHAS POSTURAS

Hay otras muchas maneras de posturas en la lanza para llamar al contrario por el lado derecho; y entre todas ellas son más perfectas y fixas la que se saca sobre el hombro derecho, que se llama postura primera; y la otra, que se saca de ristre, que es llevando la lanza debaxo del brazo.

Destas dos posturas nacen sobre cada una dellas diferentes posturas y heridas, con sus nombres; para que el discípulo las entienda, y pues he tratado sobre algunas posturas que nacen de la primera, diré alguna que nace de postura de ristre, aunque no daré de todo relación, por la brevedad; mas pondré algunas las mejores y más fijas que yo entendiere en todo el juego de lanza y adarga.

DE LA POSTURA DE RISTRE QUE LLAMAN LLANA: CÓMO SE HA DE LLAMAR AL CONTRARIO CON ELLA

Queriendo llamar al contrario en postura de ristre, que llaman llana, llamando al contrario por el lado derecho, llevando de ristre la lanza, declinando siempre el hierro al contrario, desabrigada del cuerpo, de manera que quede el puño uñas arriba, salvo el tercio del recatón que ha de llevar debaxo del brazo, arrimado a las espaldas; y cuando acometiere el contrario, antes que le alcance, aguije el caballo, ganando el campo por delante del contrario, echando la lanza sobre el adarga, revuelva el caballo sobre aquella parte, sin hacer mudamiento en el puño, porque esté segura su lanza para recibir al contrario, escudándose con la adarga, pueda herir mejor a su salvo por debaxo del adarga. Y habiendo cogido el lado derecho, tienda toda su lanza y sígale dándole lanzadas, ayudándose con ambos brazos, como en otra parte se ha referido.

DE LA POSTURA DE RISTRE Y SUS DESVÍOS

Si llamando al contrario en postura de ristre fuere tan presto el contrario que antes que revolviese su caballo por el lado del adarga le llegare a herir, desvíesela de tajo con el tercio del hierro, echando la lanza del contrario hacia delante. Y si el contrario embebiere la lanza y le secundare con otra lanzada, ni más ni menos, se la desvíe con el tercio del recatón, sacando a toda furia el caballo por delante del contrario, rebatiéndole la herida hacia delante de tajo, revolviendo el hierro de la lanza a la vista del contrario, de manera que quede la lanza abrigada al pecho, uñas arriba, afixada bien en el puño; por que si todavía le siguiere dándole heridas, pueda ir desviando con el hierro de revés, ni más ni menos con el recatón, volviendo la lanza al ristre, como al principio los desvíos, para que siempre se pueda ir defendiendo, y sacando su caballo y persona de aquel peligro, procurando ganar siempre el campo.

DE CÓMO SE PODRÁ OFENDER AL CONTRARIO YENDO DESVIANDO EN POSTURA DE RISTRE

Si, como arriba diximos, llamando al contrario en postura de ristre, le ganare el lado descubierto y le fuere siguiendo a lanzadas, no pudiendo valerse, porque no puede por aquel lado ofender al contrario con herida, podrá desatinarlo con un varapalo, que le podrá dar en esta forma: como fuere desviando de tajo con el tercio de hierro, arrime más el caballo sobre el contrario, para que más en lleno pueda desviar la siguiente herida; y en acometiéndole herida, vaya desviándola con el recatón, y acercándose más, revolviendo el tercio del hierro por encima de la cabeza del mandoble, le asiente un buen varapalo en la cabeza; de manera que aunque se adargue bien, lo desatine, y entretanto puede salir adelante, o quedar atrás cruzando por las ancas tirándole botes a él o al caballo, como en otra parte se ha dicho.

DE CÓMO SE PUEDE DAR UNA LANZADA EN LOS PECHOS O EN EL ROSTRO, AL CONTRARIO, YENDO DESVIANDO DE RISTRE

Yendo perdido, desviando en postura de ristre, puede herir al contrario en el rostro o en los pechos; en esta forma: como fuere desviando de tajo con el tercio del hierro, arrime más el caballo, de la misma manera que se ha de hacer para dar el varapalo, que casi llegue hombro a hombro; y hecho esto, desviando con el tercio del recatón, vaya sacando el caballo adelante ganando la lanza del contrario; revuelva el hierro por encima de la cabeza a la vista del contrario y embeba el brazo todo lo que pudiere, echándose sobre el arzón delantero, de manera que lleve el puño con el pescuezo del caballo; y como fuere adelantándose y el contrario viniendo sobre él, arrójese con todo el cuerpo hacia el anca del caballo, tirando, uñas arriba, al rostro o a los pechos, y después alárguela toda sobre el hombro derecho, mirándola por el hombro izquierdo y asegurando la lanza, vuelva sobre el contrario por la banda de la adarga, echando la lanza por encima de la cabeza al brazo del adarga.

Ha se de hacer con tanta desenvoltura esta lanzada, que sea consecutiva a los desvíos que se fueren haciendo; porque de otra manera asegura primero el otro la lanza; y ya que no le pueda herir [al caballero] le podrá desjarretar o herir el caballo; y para esto se ha de hacer con mucha presteza, que como fuere ganando la lanza tenga el cuerpo delante, y embebida la lanza sobre el pescuezo del caballo. Y viendo que el contrario va quedando por las ancas del caballo, y va cobrando su lanza, antes que le tire bote, arrójese tras ella, tendiéndose sobre el anca del caballo, porque así alargará más de una brazada de lanza, que aunque el contrario le tirase bote, en este tiempo no le alcanzaría.

DE CÓMO SE PUEDE DAR LANZADA POR LA BANDA DEL ADARGA AL CONTRARIO Y OTRA SOBRE EL ADARGA

Cuando el contrario, en los acometimientos que le hicieren, le hallaren siempre adargado y muy apercibido, y no se le pudiere alcanzar lanzada en descubierto, usará en postura de ristre una herida por la banda del adarga en esta forma.

AVISO

Yendo escaramuzando sobre el contrario, ha de tender toda la lanza sobre el adarga, y ir muy aprisa ganando siempre tierra por el lado que le va siguiendo, como si fuera atajándole, y como se le fuere saliendo el contrario por delante, coxa la lanza debaxo del brazo en postura de ristre, dexando dos palmos de recatón, y a toda furia aguije el caballo sobre él, y si le hallare la espalda derecha descubierta, execute el golpe allí, y si fuere muy cubierto con su adarga, arrójele el bote por encima del adarga al rostro, sacando el caballo por el lado izquierdo a toda furia.

OTRO AVISO

Y si en este tiempo el contrario fuere tan diestro que se dexó caer sobre el pescuezo del caballo, y falseó el golpe, y por debaxo del adarga tirare una lanzada, repárela con los dos palmos de recatón que le quedó debajo del brazo, llevando la lanza del contrario por delante, echando el hierro por encima del hombro derecho, tienda toda la lanza hasta el recatón por encima del caballo; por si el contrario todavía le fuere siguiendo por detrás, le puede tener tirándole botes por el hombro derecho, mirando a su contrario por el hombro izquierdo.

Y si el contrario le siguiere por las ancas, yendo en esta postura, si le acometiere herida a las espaldas, alce la lanza, echándola por encima de la cabeza sobre el adarga, desviándola del contrario y acométale a herir, ayudándose con la mano de la rienda.

DE CÓMO PODRÁN ACOMETER Y HERIRSE ACOMETIENDO EL UNO DEL OTRO DE RISTRE

Andando escaramuzando, por tener el contrario más fuerza o por haber visto que alcanzaría más presto su lanza, por ser más larga, por la cual ventaja acomete de ristre; esperarse ha este tal desta manera: haga un acometimiento, tomando más campo, y revuelva sobre el contrario, enderezando el rostro del caballo, adargándose bien los pechos, mostrando en su postura que de hecho se quiere estrellar con él en aquella postura,

arranque el caballo a toda furia, guiándolo frente a
frente con el contrario, echando más tercio de lanza
adelante, llevando siempre el hierro de la lanza a la
vista, y al tiempo que viere que se quieren encontrar,
tuerza el caballo a la mano derecha de manera que
salve el encuentro de los caballos, derribándose con el
cuerpo hacia aquel lado, cubriéndose con su adarga de
manera que falsee el ristre del contrario por encima,
y en este instante, ayudándose con la mano de la rienda;
execute su golpe en los pechos o en el rostro a manti-
niente.

AVISO

Y para que más seguro se derribe sobre aquel lado,
coxa el arzón delantero con el brazo izquierdo, y aba-
xándose con él, puede seguramente derribarse tanto, que
el contrario no le halle en la silla al tiempo que le fuera
a herir, y él al contrario le ofenda seguramente.

DE CÓMO PODRÁ CORTAR LAS CABEZADAS AL CABALLO CONTRARIO O DERRIBARLO FÁCILMENTE

Aunque decimos que es de cobardes herir el caballo,
puede ser la batalla con persona que no solamente sea
menester usar de término aventajado, mas otra cualquier manera de ofensa para derribarle; porque si fuese
traidor, había menester dos alevosos (como dicen). Así,
queriendo cortar al caballo las cabezadas para mejor
rendirle, ha de tener toda la lanza sobre el adarga, y
ir sobre él escaramuzando, procurando de cogerle por
delante las ancas del caballo, teniéndole frontero, aco-
meterles por las ancas en postura de ristre a toda furia,
sin haber embebido ninguna cosa de la lanza, y por el
lado que más fácil hallare que puede pasar, acometa el

golpe a medio pescuezo del caballo atravesando los filos del hierro, no encarnando mucho con la punta del hierro, sino de tal manera que vaya resbalando por la tabla del pescuezo hacia el nacimiento de la oreja del caballo, cuatro dedos más abaxo, llevando el hierro atravesado, llevará de filo las cabezadas e irá saliendo con su presa, que ya que no las corte, las sacará de la cabeza fácilmente. Y si resbalando el hierro de la lanza encarnase al caballo entre el cachete y el remate del pescuezo, caería redondo como si le dieran a un toro en medio del remolino.

AVISO

Para saber bien executar esta herida acometiendo por las ancas, por mejor tendría que fuese la herida por el lado izquierdo del contrario, porque pasando por allí el caballo del contrario, ha de volver sobre aquella mano, y se le enderezaría mejor el golpe de pasada, y el caballero sobre aquel lado no tiene tan fácilmente defensa alguna para guardar su caballo, como la tiene para su persona, y por el lado derecho podría desviar cualquier herida con la lanza, y por el lado izquierdo no tiene más que alargarse el caballero, y queda a riesgo el caballo de cualquier bote de lanza, y así ha de hacer esto con mucha facilidad y presteza.

PARA CUANDO UNO SE QUISIERE RETRAER, CÓMO PODRÁ IR SEGURO DE LOS QUE LE SIGUIEREN

Si escaramuzando dos, sintiere alguna ventaja por traición, o por otra vía destas en el campo, y quisiere irse retrayendo, se puede salir en esta postura; tendiendo toda la lanza por el anca del caballo, de manera que tenga el recatón casi en el puño, y si no tuviere fuerza para poder sustentar la lanza en esta postura, lleve el hierro arrastrando, y sacando el caballo por la vía que pretendiere acudir, retrayéndose, y si el contrario le fuere siguiendo por detrás, vaya aguijando su caballo, procurando de enderezar siempre la lanza de frente de la cabeza del caballo que le siguiere, por que no le pase por el lado, y de cuando en cuando vaya dando vaivenes con el hierro, de manera que siempre salte el hierro del suelo medio estado frontero del que le va siguiendo; porque si yendo así le acometiese el contrario, le podía herir en los pechos al caballo. Y desta manera se puede ir retrayendo, sin que el contrario le pueda ofender a él ni a su caballo.

AVISO DE CÓMO HAN DE SABER LLAMAR AL CONTRARIO Y A QUÉ TIEMPO SE HA DE ACOMETER Y GUARDAR SIN FATIGAR TANTO LOS CABALLOS

No se ha de acometer a herir todas las veces que llaman al contrario revolviendo sobre el lado descubierto; porque las más veces hallará buen trecho al contrario, que aunque acometa a toda furia, primero le dará lanza y adarga que pueda llegar a herirle en descubierto, y acometiendo siempre, las más no hará efecto, y será más avisar al contrario que pretender herir, cansando el caballo antes que pueda alcanzar herida. Y así, conviene tener mucho cuidado y gran cuenta en saber llamar al contrario para haberle de ganar el lado descubierto, revolviendo sobre el adarga; y así, si dando lanza y adarga el contrario lo hallare lexos y ve que de aquel apretón no le puede alcanzar, no se arroje tras él; asegure su caballo, y vaya cobrándole tierra, para ver si puede acometerle a herir en la pasada de ristre. Y para que haga bien esto, lleve su caballo muy sosegado, siguiéndole por atajo, tendida la lanza sobre el adarga, y si con su atajo hubiere ganado tierra al contrario y si se hallare en término que de aquel apretón será señor dél, acometa a toda furia a herirle ni más ni menos; si no llevare ganado ningún trecho, y se le va saliendo, no fatigue su caballo revolviéndolo a la mano derecha, y eche la lanza por encima de la cabeza sobre el hombro derecho, descubriendo el lado para el contrario, abrigada a los pechos, uñas arriba; llame en esta postura al contrario, y, como digo, no acometa todas veces, sino cuando pudiere hacer presa, y hecha, no siga más al contrario; porque será más seguro en executando golpe, sosegado el caballo; porque si lo fuese siguiendo después de herido, corre algún riesgo el que sigue; antes aguarde a hacer otro golpe a su salvo.

DE CÓMO PODRÁ DEFENDERSE UNO, HABIENDO PERDIDO LA LANZA, ECHANDO MANO A LA ESPADA

Podrá suceder que andando peleando con lanzas y adargas, perder la lanza, quebrándosele o cayéndosele de la mano, usará deste remedio con la espada. Cuando a él le sucediere, así como perdiere la lanza, sin hacer ningún sentimiento con aire y ánimo, eche luego mano a la espada, y alzando el brazo, póngala atravesada sobre la cabeza, para que mejor desvíe con ella las lanzadas que el contrario le tirare, y por más seguro tendría que la espada, esperar los golpes por el lado derecho que al izquierdo. Lo cual es al contrario de lo que se ha de hacer llevando la lanza; y es que esperando los golpes del contrario por la banda del adarga [1] no

---

[1] Por el lado izquierdo.

tiene tan seguro su caballo, ni puede ofender con la espada al contrario, sino venturosamente defenderse; porque ya que se adargue el caballero por aquel lado, no alcanzará con la espada a desviar las lanzadas que le tiraren al caballo como lo puede hacer por el lado derecho, cortando de tajo y de revés, desviando las heridas que a él y a su caballo le tiraren, con más desenvoltura que no ir desviando sobre el otro hombro, que es ir muy atado.

DE CÓMO PODRÁ CORTAR LA LANZA AL CONTRARIO LLEVANDO ESPADA

Queriendo cortar la lanza al contrario, ha de llevar uno espada algo ancha, como se suele llevar a caballo para tales efectos. Y teniendo la tal como se ha dicho, vaya sobre el contrario, descubriéndole el lado derecho, y llevando la espada, uñas arriba, baxa, la mano delante del arzón; de manera que lleve la punta de la espada a un lado frontero del oído del caballo algo desviado. Y en esta postura vaya llamando al contrario; y así como le acometiere lanzada, desvíesela de revés, uñas arriba, hacia el anca del caballo; y en segundando con otra herida, descargue sobre él, revolviendo la espada por encima de la cabeza con toda la fuerza que pudiere, cortando la lanza de revés, uñas abaxo, sacando a toda furia el caballo, y de esta manera hará su hecho.

DE CÓMO SE PUEDE DAR UNA CUCHILLADA EN LA CABEZA DEL CONTRARIO SOBRE EL ADARGA, CORTARLE LAS RIENDAS O DESJARRETARLE EL CABALLO CON LA ESPADA

Queriendo dar al contrario una cuchillada en la cabeza, ha de llevar la espada la punta baxa, dexando colgar el brazo, uñas abaxo, atravesando los filos de manera que si diese la espada en el estribo algún golpe, de llano y no de filo; y llevando en esta postura, siga al contrario con sosegado tropel del caballo, y cogiéndole la anca del caballo al contrario, ponga las piernas al suyo y aguije a toda furia sobre él por la banda del adarga a herirle; llevando la espada como está dicho, desvíe la lanzada hacia delante con el filo delantero; llevando la lanza por delante, y abrigándose más con el contrario, revuelva la espada, por encima de la cabeza, dé mandoble y descargue el golpe de tajo en la cabeza; y si le hallare algo desviado para hacer el golpe a la cabeza, no perdiendo coyuntura, descargue con la cuchillada por el anca del caballo, cortándole las piernas de tajo, y ni más ni menos. Si llegando a esta coyuntura el contrario se hubiere arrojado a un lado cubriéndose con la adarga, y se hallare con el golpe más delantero que trasero, descargue la cuchillada, cortándole las riendas al caballo, y hará su herida; teniendo cuenta de no perder tiempo ninguno de los que se le ofreciesen.

DE LA ESCARAMUZA DE FLOREO, DE LA MANERA QUE SE HA HACER PARA BIEN PARECER

Queriendo escaramuzar con lanza y adarga floreando la lanza con gracia, y que parezca bien a los que lo miraren, ha de hacer lo siguiente: tomará una lanza que no sea muy cargada ni muy liviana, que se salte de la mano, siendo de buena manera; pondrále una bandareta de dos colores, de manera que no tome mucho viento, porque le impedirá la facilidad de las vueltas que diere con ella; y la adarga ha de ser blanda, y no muy tiesa, para que mejor haga los floreos sobre ella.

Lo primero que ha de hacer pasará una carrera con su lanza y su adarga, la más galana y que mejor le pareciere; y pasando su carrera, sosiegue el caballo poniendo el recatón en el estribo del pie derecho, en el asiento que descubre el suelo del estribo, hacia el gavilán de la parte de afuera, frontero del dedo chiquito del pie; de manera que tenga enarbolada la lanza y tenga el puño, algo apartado del cuerpo, frontero del cuerpo; y poniéndose bien con su adarga, saldrá al lugar donde ha de escaramuzar, sacando el caballo sobre la mano izquierda con moderado tropel, batiendo con los pies de repelón, con lindo aire y gracia, haciendo una O en redondo, irá sacando el recatón de la lanza por delante, echándola por encima de la cabeza, volviendo el puño, uñas arriba, de manera que sin abrir la mano caiga atravesada la lanza en los pechos, cayendo el hierro sobre el adarga. Y hecho esto, torne a sacar el recatón por detrás, llevándolo por encima de la cabeza, y salvando la cabeza del caballo asiente el hierro sobre el adarga, uñas abaxo, y teniéndola toda, vaya embebiendo la lanza de manera que llegando a cerrar la O, la ponga en postura de ristre; habiendo hecho su acometimiento, vuelva el caballo sobre la mano derecha, echando la lanza, a puño cerrado, el hierro por encima de la cabeza sobre el hombro derecho, y mirándola por el hombro izquierdo, alárguela poco a poco por encima del anca del caballo, y al tiempo que cerrando, ni más ni menos, otra O en redondo por aquella banda, dará un vaivén con la lanza, echando el hierro por detrás del pescuezo sobre el hombro izquierdo; soltando la lanza de la mano, cóxala por delante, frontero del hombro, llevando el dedo pulgar por debaxo de la barba, de manera que coxa la lanza de puño entre los cuatro dedos y el dedo pulgar; y cogida con toda facilidad, alce la mano sacando el recatón por encima de la cabeza del caballo, y abrigándola debaxo del brazo, con el hierro delante, cierre la O enristrando, y luego saque la lanza sobre el brazo con postura primera, revolviendo el caballo sobre la adarga, a la mano izquierda, señale una herida por el anca del caballo; sacando la lanza con algún floreo, vuelva haciendo la O, en redondo, como al principio, y a la otra mano, ni más ni menos con sus enristres, diferenciando las posturas de la lanza en cada vez que cerrare de ristre; especialmente cuando acometiere de ristre, es para volver sobre el adarga, puede hacer los floreos que le pareciere, porque se hacen con más facilidad revolviendo el caballo sobre aquella mano. Y para que mejor parezca la escaramuza, no sean todas las acometidas de floreo, sino que unas veces revuelva señalando herida de ristre y sobre el brazo, y otras veces revuelva floreando, aunque en algunas posturas, o en las más, se puede señalar herida floreando.

Y pueda acabar la escaramuza dando una arremetida hacia donde estuviere la persona o personas más principales, ansí que hará cada uno aquello a que mejor maña se diere. Y de mi parecer sería mejor usar más en público el juego fixo que no del floreo, si no estuviere muy confiado en su desenvoltura.

Digo esto porque se excusaran algunos desdenes y faltas delante de las damas, y yo me ahorraría algunas maldiciones que me podrían echar algunos discípulos.

DE CÓMO QUERIENDO ESCARAMUZAR CON LANZA Y ESPADA TODO JUNTO, POR GENTILEZA Y DESENVOLTURA, TOMANDO Y DEXANDO DIFERENTES ARMAS

Queriendo escaramuzar con lanza y espada todo junto, por gentileza y desenvoltura, ha de llevar la espada de manera que fácilmente la pueda sacar de la vaina estando escaramuzando, hará esto después que

haya salido a escaramuzar de la manera que ya diximos en otra parte; habiendo hecho las dos O O en redondo, habiendo floreado bien la lanza a una mano y a
otra al tiempo que revolvieren en segunda vez a la mano
izquierda como que dió lanza y adarga, teniendo la
lanza sobre el brazo del adarga muy sutilmente dexa
la lanza atravesada en la manó de la rienda, entre el
dedo pulgar y los cuatro dedos, apretando bien la mano
la dexe allí; y por encima del brazo y de la lanza saque
la espada con lindo aire y presteza, ponga el brazo alto
y la punta de la espada por el lado derecho, uñas abaxo,
sin hacer ningún detenimiento en aquella postura, volviendo la espada, uñas arriba, revuelva el caballo sobre
la mano derecha, cortando de revés, uñas abaxo, hasta
el lado de la anca del caballo, y sin encoger el brazo,
volviendo la espada, uñas arriba, súbala atravesándola
encima de la cabeza, de manera que caiga sobre el
adarga, y revolviendo el caballo sobre la mano izquierda, haga con la espada una señal de desvío sobre la
cabeza hacia atrás, tirando un tajo sobre el adarga,
cortando desde la cabeza del caballo hasta casi el anca,
y quede la espada sobre el adarga, uñas arriba; la punta
de la espada baxa y teniéndola así, revuelva el caballo
hacia la mano derecha, haciendo un desvío por encima
de la cabeza del caballo; volviendo el puño uñas abaxo,
tire un revés por el lado derecho, y quede la espada
uñas arriba, tendido el brazo a medio cuerpo, declinando la punta de la espada a un lado del rostro del
caballo, y volviendo el caballo sobre la mano izquierda
señálele una estocada al lado derecho, uñas arriba; y
volviendo la espada, uñas abaxo, como que señaló un
desvío, prosiga luego cortando de revés hasta el anca
del caballo, subiendo la espada, uñas arriba, por detrás,
pásela por encima de la cabeza y asiéntela, uñas abaxo,
sobre el adarga y lanza, y metiendo el dedo pulgar por

la guarda de abaxo de la guarnición de la espada, y afi-
jándola allí bien, tome la lanza, y alzando la mano,
saque el recatón por encima de la cabeza, y dexe caer el
hierro sobre el adarga, tornando a sacar por detrás el
recatón; por encima de la cabeza, recoja la lanza en el
ristre y acometa luego revolviendo el caballo sobre la
mano derecha, haciendo sus vueltas y floreos a cada
arremetida; a la segunda vez dexe la lanza, tomando la
espada, ni más ni menos, como está dicho, prosiguiendo
con mucho concierto la escaramuza, jugará con estas
armas por gentileza y desenvoltura, y acabe la escaramuza con la lanza en la mano, y parando el caballo
envaine la espada; si no llevare brocal la vaina sosiegue
el caballo.

Todo esto se ha de hacer con tanta desenvoltura y
presteza, que con la gracia y aire que lo hiciere no se
sienta dilación en trocar las armas.

DE LA MANERA QUE HAN DE ESCARAMUZAR ENTRE DOS FLOREANDO EN UNA PLAZA

Queriendo entre dos escaramuzar en una plaza para
bien parecer con la lanza y adarga, saldrán por este
orden: habiendo cada uno de por sí corrido su carrera,
se pondrá el uno a la una parte de la plaza y el otro
a la otra parte; y cada uno tenga su contrario por la
banda del adarga. Y así saldrán el uno al otro haciendo un arco floreando la lanza hasta llegar al lugar de
donde el contrario salió, y el otro hará lo mismo, y volviendo los caballos sobre la mano que salieron, acome-
terán de ristre el uno al otro con furia, y antes que se
topen saquen las lanzas sobre el brazo, en postura primera, y pasando ambos por el lado descubierto, señá-

lese el uno al otro una lanzada a los estribos, reparándose las heridas, vayan pasando derechos al puesto de donde salieron en arco; y revolviendo los caballos, cada uno sobre la mano de la lanza, hagan el arco de tal manera que puedan hacer segundo enristre por la banda de la adarga; tendidas las lanzas sobre el brazo del adarga, acométanse con furia, cruzando las lanzas con moderados golpes, y luego eche cada uno la lanza sobre el hombro derecho, mirando al contrario por el hombro izquierdo, y volviendo cada uno sobre la mano izquierda, echen la lanza sobre el adarga sin faltar; y así atravesarán la escaramuza, y batallando pueden florear las lanzas y acometerse el uno al otro sin llegarse a ningún golpe, dando lugar a que puedan florear a su tiempo. Y con esto acabarán la escaramuza acometiendo al lugar más acatado; ni más ni menos pueden jugar con las espadas.

DE ALGUNOS FLOREOS QUE SE PUEDEN HACER SOBRE EL BRAZO ESTANDO EN POSTURA PRIMERA, DANDO VUELTA CON LA LANZA POR EL PESCUEZO

Estando en postura primera, que es teniendo la lanza sobre el lado derecho, el hierro delante, la lanza sobre el mismo hombro y terciándola hacia el recatón sin hacer mudamiento con el cuerpo, dé una vuelta alrededor del pescuezo; echando el recatón sobre el hombro izquierdo, y soltándole por el derecho, coja la lanza frontero del hombro izquierdo, y llevando hacia arriba la palma de la mano, de manera que los cuatro dedos pasen por debaxo de la barba y el dedo pulgar afuera, tomando la lanza atravesada en los pechos, uñas arriba, sin ninguna dilación lleve el hierro por encima de la cabeza del caballo, alzando la mano suba el recatón por detrás, pasándolo por encima de la cabeza y volviéndolo, uñas abaxo, asiente el hierro sobre el adarga o de ristre, según el tiempo que hiciere en este floreo.

OTRO FLOREO SOBRE EL MISMO HOMBRO

Llevando la lanza sobre el hombro derecho, el hierro delante, cabecee la lanza más hacia el hierro, échela por delante, soltándola sobre el hombro izquierdo, de manera que venga, con la furia que la soltó, sobre el hombro derecho, por detrás, cogiéndola hacia arriba de puño y abrigándola sin detenimiento caiga el hierro sobre el adarga; suelte la mano y cóxala, uñas abaxo, y así prosiga su juego.

FLOREO SOBRE EL MISMO HOMBRO

Llevando la lanza sobre el hombro derecho, alce la mano, y ladeando el cuerpo a la banda derecha hacia el anca del caballo, asiente el tercio del recatón sobre el pescuezo, y ayudándose con él, dé una vuelta con la lanza sobre la mano, por encima de la cabeza en el aire, por delante de tajo; enderezándose el cuerpo, venga el recatón por detrás de la mano sobre los dedos, y soltándola, cójala de puño, uñas abaxo, y subiendo el recatón por delante sobre la cabeza sin abrir la mano, quede uñas arriba, de manera que caiga el hierro sobre el adarga, y tendiéndola, cójala abriendo la mano, cogiendo la lanza uñas abaxo, vaya embebiendo la lanza, prosiguiendo su escaramuza.

FLOREO DE RISTRE

Llevando la lanza en postura de ristre, al tiempo que hiciere acometimiento, revolviendo sobre la mano izquierda, eche la lanza por delante sobre el hombro izquierdo, con tanta furia que, soltándola de la mano, venga el hierro por detrás del pescuezo sobre el hombro derecho, tornándola de puño, uñas arriba, para mejor florearla y asegurar la lanza. Después de haberla cogido, dará con ella una vuelta sobre la mano por detrás de los dedos, que es la misma vuelta de la que se dixo en el capítulo antes deste.

OTRO FLOREO DE RISTRE

Llevando la lanza sobre el adarga, sin que embeba ninguna cosa della para acometer ristre, antes teniéndola toda, coja el recatón en la mano, y sustentando la lanza sobre el brazo de la rienda, acometa en esta postura el ristre, y al tiempo que se volviere el caballo sobre la mano izquierda, dé un vaivén con la lanza, echándola por encima de la cabeza, dándole dos o tres vueltas sobre la cabeza, y a la postrer vuelta caiga sobre el hombro derecho, de manera que quede la lanza tendida sobre el anca del caballo, y luego, si quiere recogerla y hacer otro floreo, echando el hierro por detrás del hombro izquierdo, lo puede hacer de la manera que se ha dicho.

TABLA

Otra postura que nace de la primera para llamar al contrario con su herida, pág. 91.

De cómo sobre esta postura hay muchas posturas, página 92.

De la postura de ristre que llaman llana: cómo se ha de llamar al contrario con ella, pág. 92.

De la postura de ristre y sus desvíos, pág. 93.

De cómo se podrá ofender al contrario yendo desviando en postura de ristre, pág. 93.

De cómo se puede dar una lanzada en los pechos o en el rostro, al contrario, yendo desviando de ristre, página 94.

Aviso, pág. 95.

De cómo se puede dar lanzada por la banda del adarga al contrario, y otra sobre el adarga, pág. 95.

Aviso, pág. 95.

Otro aviso, pág. 96.

De cómo podrán acometer y herirse acometiendo el uno del otro de ristre, pág. 96.

Aviso, pág. 97.

De cómo podrá cortar las cabezadas al caballo contrario, o derribarlo fácilmente, pág. 97.

Aviso, pág. 98.

Para cuando uno se quisiere retraer, cómo podrá ir seguro de los que le siguieren, pág. 98.

Aviso de cómo han de saber llamar al contrario y a qué tiempo se ha de acometer y guardar sin fatigar tanto los caballos, pág. 99.

De cómo podrá defenderse uno, habiendo perdido la lanza, echando mano a la espada, pág. 100.

De cómo podrá cortar la lanza al contrario llevando espada, pág. 101.

De cómo se puede dar una cuchillada en la cabeza del contrario sobre el adarga, cortarle las riendas o desjarretarle el caballo con la espada, pág. 101.

TEORICA

Y EXERCICIOS DE
la Gineta, primores, secretos, y
aduertencias della, con las señales y enfrenamientos de
los cauallos, su cura-
cion y beneficio.

Por el Gouernador Don
Bernardo de Vargas
Machuca.

Dirigida a Don Luis Enriquez,
Conde de Villaflor, del Habito
de Alcantara, Comendador
de Cabeça el Buey.

CON PRIVILEGIO

En Madrid Por Diego Fla-
menco. Año 1619.

TASA

Yo Martín de Segura Olalquiaga, escribano de Cámara del Rey nuestro Señor, de los que residen en su Consejo, certifico y doy fe que habiéndose visto por los señores dél un libro intitulado Teórica de la Jineta, compuesto por el capitán don Bernardo de Vargas Machuca, tasaron cada pliego del dicho libro a cinco maravedís, el cual tiene veinte y ocho pliegos, que a los dichos cinco maravedís, monta ciento y cuarenta maravedís, en que se ha de vender en papel, y le dieron licencia para que a este precio se pueda vender, y mandaron que esta tasa se ponga al principio del dicho libro, y no se pueda vender sin ella; y para que dello conste, di el presente en Madrid a 22 de Febrero de 1619.

Martín de Segura.

SUMA DE PRIVILEGIO

Tiene licencia y privilegio de los señores del Consejo Real el Capitán don Bernardo de Vargas Machuca, para imprimir este libro intitulado Teórica de la Jineta, por tiempo de diez años, como más largamente consta de su original. Despachado en el oficio de Martín de Segura, a 1 de Noviembre de 1618.

Muy poderoso señor:

Por el uso de los coches de manera que se ha hecho costumbre, que es la causa de estar olvidado el entender y exercitarse en los caballos; ocupación tan loable, dexada y menospreciada tanto como se ve, me ha parecido, por importar al servicio de V. A., admitir lo que podría desterrar del gusto ocupar las calles con tantos coches, y así, vi este libro de la jineta, como V. A. manda, con particular atención, y hallo en él tan buenos documentos para reducir los caballos desta facultad a obediencia, y andar en ellos con perfección, que es justo V. A. haga merced al autor, y que los que hemos menester de aprender lo mucho que nos falta, lo hagamos aficionando al trabajo de tan buen exercicio la voluntad, y así no sólo es bien, sino muy necesario, V. A. dé licencia, este libro se imprima. En Madrid, nueve de Octubre de mil y seiscientos y diez y ocho años.

Yo el Conde de Siruela.

DEDICATORIA

Si como hago seguro y dichoso acierto en poner este libro baxo el amparo y protección de V. S., aunque humilde don a tan superiores merecimientos, así de nobleza como de inclinación a todos los actos de virtud y caballería, aun en los años más tiernos de la juventud que hoy goza, hubiese acertado en el sujeto de que trata, justamente me tendría por feliz; en lo uno eché el resto e hice el total empleo de mi capacidad, dirigiéndolo al bien común desta Monarquía, y en lo otro, lo que justamente debo, si bien es corta satisfacción a lo que deben mis grandes y reconocidas obligaciones. Suplico a V. S. le haga el afable acogida que merece el afecto con que le ofrezco, y reciba el singular deseo que tengo de servirle, pues acerca de los ánimos generosos no menos se estima que las más aventajadas obras; y guarde Dios a V. S. en suma felicidad.

Don Bernardo de Vargas Machuca.

PROEMIO

Mirando a la sentencia pronunciada en castigo contra aquel que sepultare el talento sin provecho, hago empleo del que me tocó con la doctrina que manifiesto al profesor de la jineta, y habré cumplido sirviéndole con los primores y secretos que de ella con largas experiencias y conocimientos aprendí en las partes de las Indias donde más se exercita; al que faltare su escuela, procure dar principio a sus exercicios abrazándose con el estudio y trabajo del manejo de los caballos, en espera de un fin loable y provechoso, con esclarecida fama, cuya trompeta publica al virtuoso caballero a quien se endereza este mi tratado, su doctrina y escuela, de quien me prometo, si lo fuere en galardón del mío, su buena gracia.

EPÍSTOLA DEL CONDE DE VILLAMEDIANA

AL AUTOR

Habiendo con atención pasado los ojos por este tratado de la jineta, hallo que v. m. tiene grandemente obligados los caballeros de ambos orbes, por haber cumplido con tan general satisfacción, con lo que debe a quien es no sólo obrando como valeroso, sino tratando como maestro, las materias desta profesión de caballería, para que, siguiendo su exemplo y doctrina, ningún español dexe de arribar al palio de la virtud heroica, política y militar. Que aunque no es de todos corresponder al renombre y calidad de sus mayores con bastante equivalencia, pues no siempre con la sangre Naturaleza infunde la capacidad, fuerzas y ánimo generoso de los pasados, en v. m. ha sido esto tan superior, que podemos dudar quién haya dado mayor lustre a su alcuña, con ser la de v. m. tan lustrosa, como luego veremos. Que es cosa justificada, cuando nuestros méritos excedieren la soberanía de nuestros predecesores, nos tengan la obligación, que les debemos tener, cuando los suyos se adelantan a los nuestros. Pues no hay, porque yo no pueda honrar a mis abuelos, o comparidad en valor, o con exceso, como ellos lo pudieron hacer conmigo. Que a desiguales merecimientos en toda buena

policía y justicia se deben premios desiguales, y cuando
v. m. no tuviera otra demostración para prueba de su
nobleza, bastará este indicio de ser tan aficionado como
diestro en el manejo de tan preciado y gallardo animal
como el caballo; cuya nobleza de raza es cosa cierta,
que la hay y hubo antiguamente, como entre los hombres
hasta arribar a divinidad; visto que Neptuno, monar-
ca y deidad del mar (según el gentilismo), fué el primer
productor del caballo. Que sin él, que tocando la tierra
hizo salir bufando en la competencia que tuvo con Palas
sobre el poner nombre a la ciudad de Atenas, hiriendo
otra vez en ella con su tridente, produxo.a Xanto, Cyl-
laro, de que hizo presente a Juno, y ella a Cástor y
Pólux, tan célebres héroes, que aun los que gobernaron
sus carros fundaron en Sarmacia los pueblos Heniochos
cuyos nombres fueron Telenchin y Amphito. El mismo
Neptuno engendró al generoso caballo Arión, que por
esto Homero le llama divino, y Propercio dice que
hablaba y tenía uso de razón. Estacio le compara a la
inconstancia del mar, alterado en invierno, al cual se
atríbuye la llanura conveniente al agua y a los caballos. Y a esta causa dan el mismo nombre al piloto
y al gobernador del caballo, que como a éste con la
rienda rige el baxel con el gobernalle.

Desta nobleza resulta que son estos animales tan
magnánimos y de considerables respetos, que uno por
haberle el señor engañado tapándole los ojos para que
cubriese a su madre, con deseo de su raza, cuando se
vió descubierto, quedó tan desdeñoso del caso, que se
arrojó de un gran despeñadero e hizo pedazos. Y otro
de Jordán Ursino, Adelantado de Córcega, por haberle
quitado de la silla y jaeces y puesto a tirar un carretón,
arremetió con él y saltó en una sima de gran profun-
didad. Donde no sin causa dice Homero que Apolo
se preció de guardar las yeguas del Rey Admeto de

Tesalia y en Pieria las de Eumelo, que eran iguales en velocidad a las aves. Cuéntase que entre los tesalios, los primeros que con destreza domaron caballos fueron los peletronios. Pero lo más cierto es que aquel grande y heroico caballero Bellerophonte, recibiendo a Pegaso de Neptuno, y después, en sueños, un freno de oro de mano de Minerva, le enfrenó y domó, y con él acabó la difícil empresa de la Quimera en Licia. Y al fin, alumbrado por gracia del cielo, enseñó esta doctrina entre los hombres, habiéndosela comunicado Neptuno, quien dice Néstor que mostró manejar caballos a su hijo Antíoco, como Júpiter entrar con ellos en las batallas; por el cual beneficio llamaron los griegos a Neptuno Hippio. Los nombres que ciudades, montes y regiones del caballo han tomado son sin número, que aun nuestros navegantes, en la carrera de las Indias, nombran por famoso el golfo de las Yeguas. Y baste que Homero, cuando quiere dar epíteto honroso a Héctor, Ajaz, Diómedes o Néstor, echa mano del de Hipódamo, que es domador de caballos, lo mismo que Virgilio, a su imitación, llama a Mesapo hijo de Neptuno, a Pico rey de los latinos y a Aventino hijo de Hércules.

Y grandes príncipes, en todas las naciones, se han preciado del nombre de Philipes, que denota amigos de caballos, por ser precisamente este animal de suma importancia a las personas más grandiosas, y generalmente a todo el género humano, por el grande socorro que halla en él, así para excusar grandes peligros como para alcanzar nobles victorias y renombre inmortal; pues por ser tan belicoso y leal, le tienen los hombres nobles y valerosos con título de dignidad preeminente entre todos los demás. Que aun en el estado real lo más que se puede loar un príncipe es diciendo que es buen caballero, vocablo en quien se incluye valor y virtud. Y no sólo de su fortaleza, mas de su ligereza, resulta tanta y tan necesaria utilidad, que no tienen los reyes tan solícito cuidado ni gusto en otro algún ministerio de su servicio como en el de general de las postas, con quien en brevísimo espacio de tiempo tienen aviso de distantísimos lugares, y advierten de lo que importa al gobierno de sus estados.

Invención antiquísima entre los persas, cuyo autor fué Xerxes, según Cleómedes, cuando hacía guerra a la Grecia, disponiéndolas de modo que con una voz se entendían de la una a la otra parte, y en menos de dos días sabían en Persia cuanto pasaba en Atenas y Lacedemonia. Usó las postas Pirro, rey del Epiro, primero entre los griegos, y Augusto en Roma, y después los demás emperadores. El gran cham de Tartaria, escribe Paulo Véneto, que las tiene por todo su imperio de 25 a 25 millas, aun en los desiertos, donde, mudando caballos, hacen en un día 200 y 500 millas. Esta usanza se renovó en Italia en tiempo de los vizcondes de Milán, y Luis XI las introduxo en Francia por su utilidad.

Han sido en el mundo algunos caballos tan ligeros, que compitieron con el viento. Probo, emperador, en la guerra con los alanos, hubo uno que corría cien millas al día, duraba diez sin cansarse. Sila y un rey de Dinamarca tuvieron dos de extraña velocidad y hermosura. Innumerables fueron los que en la antigüedad alcanzaron renombre por esta naturaleza. De Ianpón, cuenta Silio, que era galiciano y dexaba en la carrera los torbellinos atrás, que allí se dice que las madres conciben del viento Céfiro; Gargano, Terón, Tajo, Sicoris y Lamo, de tierra de Lérida, corrieron con incomparable gallardía; y Cireo afirma volar por el aire antes que correr por el suelo. Arión, en poder de Adrasto, según Estacio, dexaba atrás los nublados impelidos y apremiados por el viento. La fortaleza de Bucéfalo, de cuyo nombre Alexandro hizo labrar una ciudad cuando se le mataron en la India, y la de Babieca, sobre quien nuestro gran Cid, Ruiz Díaz, venció en setenta y dos batallas campales, bien celebradas van por las historias. En suma, de más de sus propiedades no hay fiesta ni jornada de paz o guerra que sin ayuda del caballo se pueda honrosamente acabar, a cuya causa tienen tantas prerrogativas, que son inestimables en el mundo; por donde aun los teólogos hacen tantas alegorías de su naturaleza como los demás escritores en todas [las] facultades.

Grande nombre alcanzaron de hombres de a caballo los scitas o tártaros, los persas y los tebanos; mas particularmente los de Colophón en Asia fueron en esto singulares, como en el arte del marear. De suerte que cuando una guerra no se podía concluir, con traer caballería de Colophón, luego el enemigo era roto. A tales caballeros ha imitado v. m. en todo el discurso de su vida por mar y tierra; porque siendo hijosdalgo de solar conocido, descendiente del famoso Garcipérez de Vargas, mediante cuyo valor el rey don Fernando ganó a Sevilla, hermano que fué de Diego Pérez de Vargas, que por su notoria valentía ganó el renombre de Machuca, ha servido a su Majestad de cincuenta años a esta parte, con tanta satisfacción como consta de las certificaciones de sus servicios en la guerra de Granada, y [en las] de Levante, y en las armadas del mar atravesando el Occidental, y siendo maestre de Campo en el nuevo reino de Granada, acabando algunas de sus dificultosas conquistas, y•subiendo a mayor título de capitán general otras muchas; y demás desto, reedificando ciudades, y defendiendo otras de apretados sitios del enemigo, y habiendo poblado la ciudad de Simanca en memoria de su patria, de cuya fortaleza su padre de v: m. fué alcaide tantos años.

No trato de los castillos de Puertobelo y río de Chagre, que fabricó por orden de su Majestad tan importantes a su real servicio; pero no es de pasar en silencio el gobierno de la isla Margarita, donde como capitán general fué temido de infieles y respetado de los naturales, por lo mucho que trabajó en su beneficio, fortificando la ciudad a su costa con un eminente castillo y otros reparos, gastando con liberal mano su hacienda en su defensa, policía y adorno, con cuanto una ciudad para ser inexpugnable y nombrada en lo divino y humano ha menester. Y en suma, después de haber escrito libros del arte militar, y exercitando la gente de a caballo para la guerra, como tan gran soldado y jinete, dexando allí en buen lugar una carrera cerrada, donde los menos práticos se puedan exercitar y salir diestros en la jineta para las ocasiones de rompimiento con el enemigo, que es la cosa con que se da cima y lustre a tales empresas, continuándolas desta suerte por tiempo infinito.

Y a esta causa es de estimar este trabajo, sobre los más estimados desta edad, por haber discurrido como tan gran maestro en materia del manejo de los caballos, para común utilidad de la caballería castellana, que, sin duda, según la importancia deste libro, sería grande y general pérdida dexar de dar a la estampa segunda y más veces, tan buen acrecentamiento para el de la nobleza y renombre de nuestra nación, la cual de derecho deberá a v. m. lo que la griega a Xenophonte, gran filósofo y valiente soldado, que en su idioma dexó una obra ingeniosa de semejante exercicio que hoy tenemos, a cuya imitación en Italia el Carachulo [1], el Grisón [2], el Fiaschi, el Corte y el Silíceo, con otros diversos, han escrito grandes discursos desta loable materia de caballería. Guarde Dios a v. m. muchos años, &c. de Sigüenza y Diciembre 25 de 1618.

---

[1] Caracciolo.
[2] Grissone.

TABLA DE LO CONTENIDO EN ESTE TRATADO

Primor con fuerza.

PRIMERA PARTE

DE LA TEÓRICA Y EXERCICIOS DE JINETA, CONOCIMIENTO DE CABALLOS, SUS ENFRENAMIENTOS Y FAICIÓN[1], HECHURA DE LA SILLA, ESTRIBOS, ESPUELAS Y BORCEGUÍES Y MODOS DE BATIR CON LAS POSTURAS DE CAPA EN CARRERAS PÚBLICAS

CAPÍTULO I

DEL CONOCIMIENTO DE LOS CABALLOS

Conviniente cosa será primero que instruyamos al profesor de la jineta con la teórica y preceptos suyos en todo lo necesario a este exercicio, que se trate del caballo, su proporción, color, señales y enfrenamientos (asimismo, de la silla, espuelas y borceguíes), anteponiéndole justamente a los demás animales irracionales que Dios crió para el servicio del hombre; pues en sólo él se extremó naturaleza, dándole en los miembros tan

---

[1] Hechura.

gallarda disposición, bizarría y señorío; haciéndole brioso de ánimo, alentado para la guerra y jovial para las fiestas y regocijos.

Este animal, más que otro, es leal, doméstico, deciplinable, agradecido, fiel atalayador y reconocido a su dueño; centinela vigilante y certísima para su seguridad, como bien lo consideró el africano, trayendo por refrán que cuando el caballo mirare, mire el hombre y se perciba para subir en él, habiendo asegurado la experiencia que jamás con su mirar dió rebato falso. Juntó naturaleza en este animal todo lo bueno que repartió entre los demás, en quien por su instinto natural se han visto maravillosos efectos en beneficio de su dueño, de que en su alabanza están llenas las historias, y sería bien se le estimase con el premio del buen tratamiento, sabiéndose aprovechar de su servicio con primor y fuerza, ajustándose con la silla tanto, que casi iguale con la imaginación que tuvieron los indios occidentales, creyendo ser una misma cosa caballo y caballero.

Lo primero que se debe advertir, después de ser el caballo de buena casta y edad, es que sea recogido de cuerpo, con buena trabazón de miembros, buen baxo, testera, pescuezo y pecho, corto de sillar, buena cadera, clin y cola, que haga buen asiento, enjuto de cañas, buenos cascos, que corra menudo y atropellado, y de buena boca, y, sobre todo, que no tenga condición más de la que quisiere el caballero, para que sea perficionado; y cuantas partes tuviera de éstas será más seguro y parecerá mejor, pues es imposible que en uno se hallen todas juntas. Y para obrar en él con más gusto se considerará la proporción de los cuerpos de caballo y caballero, por que aprueben bien en el trabajo de la guerra y en las demás ocasiones.

De los colores, el más perfecto es el castaño, y que sea oscuro o claro, la diferencia es poca; y si lo oscuro se entrepelare de blanco, será mejor, y particularmente si fuere rabicano, porque prometerá lealtad, buena rienda y fortaleza; y que será alegre y ligero.

El rucio rodado es galán, fuerte y ligero; y los que participaren más a este color gozarán de estas tres cosas con mayor ventaja.

El bayo, cabos negros, es galán y fuerte, pero poco ligero, y lo que corriere será largo; y el que sale con alguna perfección es de estima; y cuanto más tuviere el color encendido, participará de fortaleza y gallardía.

El alazán tostado es fuerte y ligero, pero colérico y de mala boca, y cuanto fuere huyendo de lo tostado, la mejorará.

El morcillo es galán y ligero; pero mal enfrenado, colérico y corto de vista, a cuya causa es espantadizo.

El overo tiene galán pellejo, pero desvaído y mal compuesto en la trabazón de sus miembros; de que resulta ser floxo y malsano.

El tordillo es galán y ligero, aunque algo tieso de boca y sujeto a enfermedades en los baxos.

El melado es dexativo y para poco trabajo; pero obediente a la rienda, y lo que corre, atropellado.

El peceño tiene coraje y ligereza, y es alentado y fuerte, tieso de boca y poco galán.

El rosillo cabeza de moro es recio de boca, y el que no lo fuere se debe estimar por bueno, por su gran fortaleza, aunque poco galán.

El zaino, en los reinos de España prueba mal, por ser sujeto a desgracias, y en las Indias se ha visto y se sabe lo contrario.

El blanco, demás de ser enfadoso por lo que ensucia con los pelos, no lo apruebo por bueno, a causa de la poca fortaleza, aunque es galán, ligero y de razonable boca, y en todos ellos se debe considerar más y menos, como en las otras cosas de naturaleza.

Los demás colores, de mosqueado, picazo, zaonado [1], sabino, nevado, golondrino, plateado, cebruno [2], pel de rata [3], lobuno y las demás combinaciones se reducen a los referidos, por la dependencia de ellos, advirtiendo se ha de entender en lo general que ya en algunos podrá haber lo contrario, por la participación de unos humores más que de otros que se derivan de los cuatro elementos, en más o menos cantidad, como sabemos que de la tierra resulta ser pesado, melancólico; del agua, flemámático y dexativo; del aire, sanguíneo y alegre; del fuego, colérico y ligero; y conforme a esta regla, cuando se repartieren igualmente quedará el caballo en buena perfección.

Considerados los colores, se debe advertir a la edad, porque si es potro y se hubiere de comenzar a obrar en la escuela de buena enseñanza, no ha de pasar de cuatro años, que es edad proporcionada, y si fuere caballo hecho, que no pase de seis, y el uno y el otro tendrá de servicio en crecimiento hasta los doce, aunque en las partes de España está introducido que habiendo cerrado es viejo, y no sé en qué se fundan, ni qué edad le queda para servir; porque si de cuatro años es potro, y de siete, viejo, su servicio será tres años, y será la vida más corta que tiene otro ningún animal.

El caballo en las Indias no se tiene por viejo de doce años, con que esté sano cuando cerrare, y se han visto y ven de diez y seis con tan gran pujanza de carrera como si fueran de siete; pero en esto de la edad cada uno se regirá a su gusto.

El caballo recogido, a más de ser galán y acomodado para todo exercicio, pasa con mayor contento la carrera y más atropellada, porque la buena trabazón de los miembros es causa de menudear en ella.

---

[1] Zahonado.
[2] Cervuno.
[3] Piel de rata, ratonero.

El tener buen baxo o costado promete muchas y buenas cosas, como es ser bien mantenido, con que hermosea el todo de su cuerpo, y el caballero le halla más a su gusto, cerrándose mejor en él, y le hiere más descansadamente; y la silla y aderezos que se le echan le lucen y hacen más vistoso que al desbarrigado, no obstante que, por serlo, le gane en ligereza y aliento.

La cabeza del caballo ha de ser chica, y la testera ancha y nada carneruna, y que sea pelicorta y remolinada, semejante a la del toro.

Los ojos saltados y grandes, porque si tienen cuencas [marcadas] es señal cierta de que es hijo de padre viejo, y alrededor de los párpados han de estar limpios de pelo, por ser de lerdos si los tuviese, demás que serán impedimento a la vista, y las cejas han de ser salidas, y las quixadas descarnadas, las narices abiertas y grandes, las bocas rasgadas, por ser natural para el freno.

El blanco de la estrella, lista o toca, ha de ser pequeña y estrecha, por que no desortixe los ojos, y si baxare por el rostro, ha de ser derecha, y las orejas vivas, largas y encañutadas, y las puntas que se inclinen adentro, porque si fueren derramadas, será señal de lerdo.

El pescuezo, en su nacimiento ha de ser grueso, yendo en disminución hasta la cabeza, algo en torno, que en esta disposición promete buen enfrenamiento, y si en la juntura tuviere por los lados carnosidad, no se enfrenará bien, y siendo de nacimiento, convendrá abrirle de ambas partes y cortárselas, que es como landrecilla y se cura muy en breve, y es remedio experimentado con seguridad, y con esto quedará bien enfrenado.

El pecho ancho y levantado es hermosura, y promete fortaleza en los brazos, cuyos nudos han de ser gruesos, y las cernejas largas.

Ser corto de sillar y ancho de lomos, y las ijadas grandes, significa fuerza y buen metal de carrera.

La cadera ha de ser ancha, llena y acanalada, por ser lindeza y prometer buen huello de pies.

La clin larga y poblada es bizarría agradable para el paseo; pero para que sea ligero en la carrera ha de ser poca y delgada, como así lo ha manifestado la experiencia.

La cola con buen asiento, poblada y larga es de gran bizarría; aunque en este tiempo se usa muy corta, pareciendo que cuando el caballo para, si es larga, se la pisa y arranca, y aunque tiene algo desto, no tanto que obligue a cortarla en demasía.

La perfecta medida es hasta igualar con las cernejas, y en esta altura no se puede pisar, y todo lo que más se cortase es quitarle la bizarría y gracia que tiene al parar, lo que no hace siendo corta.

Las cañas negras, enjutas, nerviosas, engarbadas y de corto pelo prometen sanidad y ligereza.

Los cascos han de ser negros, lisos, grandes, redondos y algo enchapinados, porque promete ligereza y buen huello. Para ser así, le ha de hacer el caballo con sólo un tiempo, y no dos, mostrando su fortaleza, que en caballo y caballero es de estimación grande para las veras, que acompañada la fuerza con el primor es el verdadero fundamento de la jineta.

Los caballos calzados parecen bien y se estiman, porque prometen dicha en beneficio del caballero, como el que tiene blanco en la mano de la lanza y pie del cabalgar [1]; también en todos los cuatro pies, y lo mismo calzados los dos traseros, y en particular si les acompaña estrella en la frente, y también es buena señal el blanco en sólo el pie del cabalgar. Estas señales referidas prometen fortaleza, agilidad y buena fortuna en la guerra; y al contrario, los demás blancos en las manos

---

[1] Es decir, mano derecha y pie izquierdo.

y pies. Y hablando rigurosamente, no hallo la verdadera causa de estas señales, por estar reservado el secreto de ellas a la naturaleza; porque si la experiencia en general nos manifiesta algo de sus efectos, también en particular se ven diferentes.

CAPÍTULO II

DE ENFRENAMIENTOS, CUYA DEMOSTRACIÓN ES EL ANTEPUESTA[1] Y SU DOCTRINA LA PRECEDENTE

Todo el primor de la jineta consiste en el buen enfrenamiento, que sin él no habrá cosa acertada, ni será de consideración ninguno de los preceptos suyos, y la mayor perfección del caballo en el color, edad y partes proporcionadas quedarán sin algún valor, y cuando en éstas tuviese algún moderado defecto se suplirá con estar bien enfrenado, por ser una de las principales causas, y la mayor, para que sea con presta obediencia, aplique sus acciones a la voluntad del jinete tanto, que siendo dos los motores, la mano que mueve y el caballo que ha de ser movido, pueda el sentido recibir engaño, y le sea imposible hacer distinción entre la prioridad de los movimientos.

Para que el caballero tenga doctrina, será bien que tratemos de los cuatro frenos españoles, que son los antecedentes en demostración, los más usuales y convenientes a la jineta, como es el natural, el de portalejo o portalete, el de espejuelo y el de cuerno de cabra;

[1] Hace referencia a los ocho grabados de frenos que intercalamos en el texto de este capítulo.

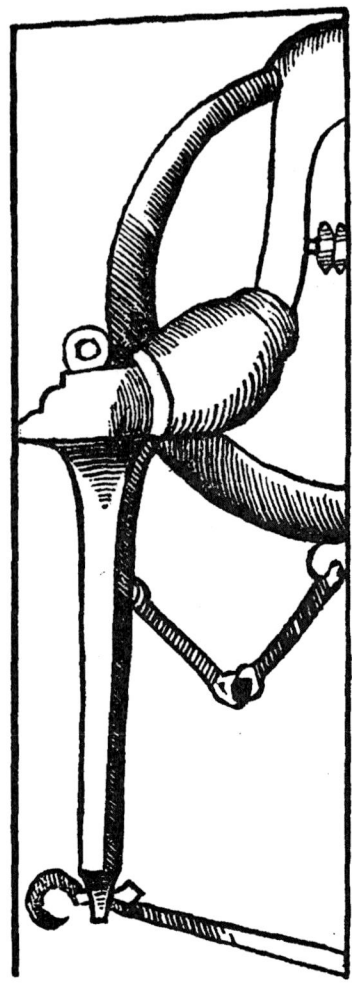

Demostración del freno natural de asientos desvenados.

a cuyo número se reducen los más usuales deste tiempo, y sujeta todo caballo por furioso que sea, sabiéndole aplicar el más apropiado; considerándole primero si es boquirrasgado o boquiconejudo, si tiene la lengua gruesa o delgada, si es calloso o descarnado. En los asientos de las quixadas, y por defuera en la parte de la barbada y varillas, si tiene mucha o poca carne en ellas, que es donde consiste gran parte del enfrenamiento, y secundariamente en los asientos, y en el apremio y libertad de la lengua; en esta parte se ha descubierto con la experiencia un gran secreto, que sabiendo usar dél el caballero, según la doctrina que le diremos, hallará el verdadero conocimiento del enfrenar; éste está en el telarejo del bocado, porque si el caballo tuviere la lengua gorda y cayere baxo, apremiará el caballo en tal manera que se desespere y embista por las paredes, y es de considerar que

a tal tiempo no tendrá sujeción en los asientos ni
en la barbada, por cargar toda la fuerza y apremio
en sola la lengua, sin llegar los asientos del bocado
a los de la boca, que es donde ha de hacer la sujeción, cayendo la barbada en su asiento propio y
natural. Y si tuviere la lengua delgada y el telarejo
alto, hará toda la fuerza sobre los asientos, donde resultan al caballo llagas en ellos y callosidades, y por tiempo vendrá a tener aquella parte insensible y libertada,
y la lengua quedará de todo punto sin apremio ninguno,
causa de muchas fealdades por el mal bocado; [en cam-
bio], como adelante se dirá, que ajustándole a proporción de la lengua el telarejo, y cayendo sobre ella sin
violencia, y los asientos del bocado sobre los del caballo, quedará enfrenado con apremio y libertad.

Esta parte del telarejo son muchos los caballeros que
la ignoran, y como no la alcancen, cada día mudan
freno al caballo, por hallarle tan desabrido, de donde
nace tanta fealdad como hace despapando, haciendo
tixera, sacando la lengua, dando cabezadas sin firmeza
de rostro o encapotándole demasiado, y enarbolándose
con el rigor o arrojándose adelante con la grande libertad de la lengua, causa de no parar un caballo ajustadamente y con gracia en la carrera; y si alguno o algunos se enfrenan sin esta consideración es [al] acaso. Y
por acertamiento y para tenerle, convendrá al jinete
que quisiere tener curiosidad y acertar el enfrenamiento, como científico, después de hecha elección del freno,
y el oficial forxándole con las medidas proporcionadas
a la disposición de la boca, partes y advertencias que
se le dieren por el caballero, reservando de echarle el
telarejo hasta en tanto que se le haya probado al caballo en esta manera: Tomaráse un cordel bramante ence-
rado, tan largo que baste, y con él le echará un telarejo
con sus vueltas y torcidos en lugar del de hierro, con

la mayor fortaleza que pudiere, y se lo pondrá al caballo con las riendas, y un cordel por cabezada, dándole el punto para que los asientos del bocado se ajusten con los de la boca, que abriéndosela con dos manos lo verá y reconocerá si el telarejo hace en la lengua demasiado apremio por estar baxo o no llegar a hacer ninguno por estar alto, y reconocida la falta se le volverá a quitar, y según hubiere marcado con la vista el lugar que pide, se le baxará o subirá hasta darle su punto, que será cuando cayere ajustadamente y con blandura sobre la lengua, y los asientos del bocado con los de la boca del caballo, como quien baxa o sube en una ballesta de bodoques la contezuela de la mira, hasta que da con el punto para acertar el tiro. Puesto que sea el telarejo en el suyo al parecer y buen ojo, se hará la prueba .con las riendas echadas sobre el pescuezo, y puesto el caballero a su lado izquierdo, la ajustará con la mano derecha, y suelto el caballo sin que nadie le tenga, mas de tan solamente la mano de las riendas, le irá llamando con mucha blandura y suavidad hacia tras, muy baxa, arrimada a la clin y pelo con mucho espacio, y si el caballo se fuere retirando firme el rostro, sin torcerle, ni levantar, ni baxar, estará enfrenado, y el telarejo en su punto; y si hiciere cualquier desdén, trabaje el caballero, subiéndolo o baxándole, tomarle, y tomado que sea, se le quitará, y en el propio lugar hará que el oficial se le eche de hierro, por la parte baxa, y por mejor tengo que sea abrazado y con sus coscojas menudas y perilla para saborealle la boca; y para que le tome bien el caballo le pasearán con él dos o tres días antes de correlle y hacelle mal, advirtiendo que todas las veces que se le echaren mojen el bocado en agua de sal, para que le tome con gusto y traiga fresca la boca, y haga buena espuma; con esta prevención podrá el caballero con seguridad pasar la carrera con él.

Advertirá el caballero que para los tres frenos de los cuatro, que son el natural, y el de portalejo, y el de espejuelo, es inexcusable el telarejo o travesaño, porque de no llevarle, trabucará el freno sin ninguna duda, y el que le inventó fué debaxo de esta consideración; pero la experiencia ha descubierto después acá ser de tan grande importancia, que consiste en él todo el arte del buen enfrenamiento, ajustándose como se ha referido, como en las demás partes. En el freno de cuerno de cabra se podrá excusar, como adelante se dirá cuando se trate dél.

Para fabricar cualquiera de los cuatro frenos, se deben considerar las medidas, los tamaños, los gruesos o delgados; las coscojas, muchas o pocas, gruesas o delgadas; la montada, alta o baxa, con paletilla o sin ella; los asientos, si serán atravesados o desvenados,

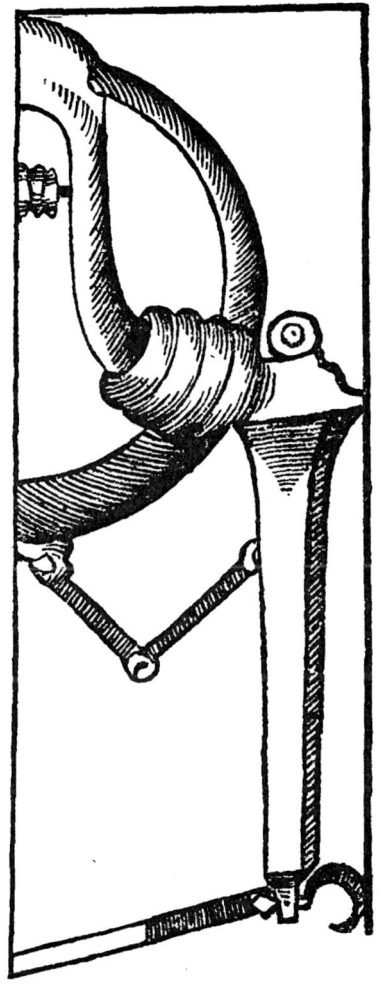

Demostración del freno natural de asientos atravesados.

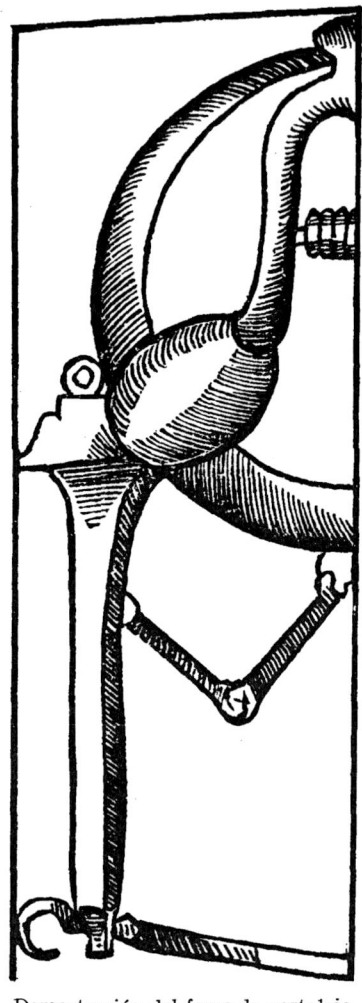

Demostración del freno de portalejo de asientos desvenados.

gordos o delgados; los tiros acodados, unos cortos, otros largos, cargados o no de hierro; la barbada delgada o gruesa, redonda o aovada, clavada o suelta, o si será de serrezuela, acanalada o maciza, de garniel, de candilejo o sin él, con botones o sin ellos; las cadenillas largas o cortas, o en su lugar un cordón; la pontezuela derecha o circular, postiza o soldada; los tornillos grandes o chicos; el telarejo, como se ha referido, alto o baxo, con coscojas o sin ellas, echándole por la una o otra parte del bocado o abrazado, en que se cifra el enfrenamiento universal.

Todos los caballos que no paran tienen su porqué, que es falta de lomos o boca, por el freno que se les aplica o ya por ser mal hombre de a caballo el que le hace mal, falto de todo conocimiento del punto de la rienda; y por cualquiera causa que destas sea el caballo es el que padece, porque realmente pierde a tal tiempo el sentido, apretado del rigor de la espuela y dolor de la boca, volviendo los ojos en blanco, con que no conoce el peligro que se le antepone, y muchas veces cae en él, y pocas se escapa el caballero, si no es que acierta a ser hombre de a caballo, y reportado y advertido para librarse, para cuyo remedio importará aprovecharse del arte, que es quien enmienda a naturaleza, con que librará a sí y a su caballo, que será el arte el bien enfrenar, y la naturaleza la mala boca, que sabiendo aplicar el freno y sus partes, tendrá buen efecto y suceso.

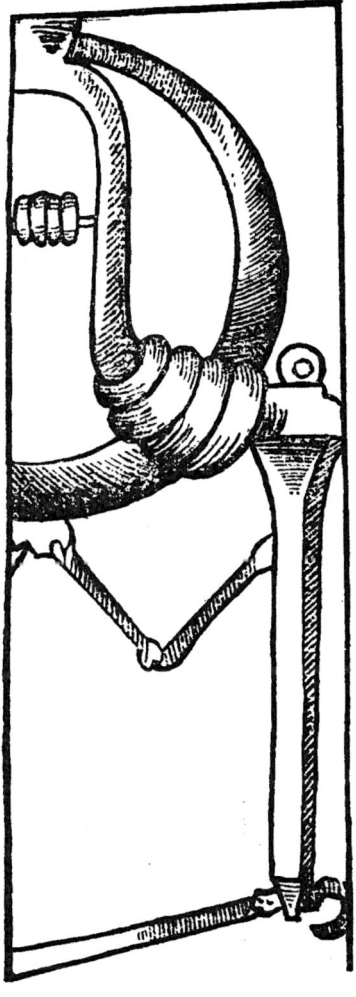

Al caballo boquirrasgado se le aplicará el freno natural, la montada y tiros con igual medida, porque el telarejo suple, y la barbada redonda y gruesa, para la blandura algo justa, y

Demostración del freno de portalejo de asientos atravesados.

los tiros que respondan a proporción, siendo la boca del caballo buena; y cuando en alguna parte fuere mala, se le aplicará al mismo freno lo que bastare para emendar la falta de naturaleza, pues se hallará todo remedio en este tratado, si con curiosidad y diligencia se valieren dél, ansí en el presente freno como de los demás que adelante diremos.

Al boquiconejudo se le aplicará el antecedente freno, bajo de montada un quinto menos que el tiro; y porque la distancia de la boca es corta, se le quitarán los colmillos; porque su enfrenamiento se hará mejor entre ellos y los dientes; y la barbada, algo prolongada, y los asientos atravesados y blandos, y remítanse al telarejo.

Al caballo que despapare, se advierta que [si] es vicio que ha tomado del rigor del mal freno, para enmendarle se le aplicará el freno de portalejo, con la montada baxa; y si los asientos los tuviere el caballo callosos o con llagas, desvenarán los del bocado; y si el un asiento fuere calloso y el otro no, han de corresponder en el freno, uno desvenado y otro atravesado, porque el desvenado apremie por la parte de afuera, salvando el callo o llaga, y el atravesado para el asiento sensible, por ser asiento más recio, y mucho más si hace lomo por lo baxo algo agudo; y el asiento desvenado sea con coscojas, y el otro atravesado sin ellas, para que caiga igualmente sobre el más calloso asiento del caballo, si le tuviere, y si no será con igualdad, y la barbada de ferrezuela, algo bañada, y el telarejo a proporción de la lengua.

Al boquimuelle se le aplicará el freno natural desvenado, medidas iguales, y muy blando, lo más que se pueda, descargándole de hierro los tiros, excepto la barbada, que ha de ser gordezuela, y los asientos del bocado con sus coscojas lisas y chicas, que vayan hasta el telarejo con igualdad; y en el telarejo su perilla y coscojas.

Al caballo que torciere el rostro se le aplicará el freno de espejuelo, montada y tiros en igual medida, la barbada clavada, el asiento de la parte que torciere desvenado y con blandura, y de la contraria atravesado con algún rigor de lomo, y el telarejo en su lugar proporcionado. Y adviértase a traer una pulgada más corta la una rienda que la otra, para que llame y enderece sobre la contraria parte.

Al caballo que se cargase sobre el freno y parare sobre los brazos, se le aplicará el freno de portalejo, alto de montada dos quintos más que los tiros, los asientos atravesados, la barbada bañada, y traerle la mano de la rienda alta, y con el telarejo darle algo más libertad a la lengua de su debida proporción, y los tiros descargados de hie-

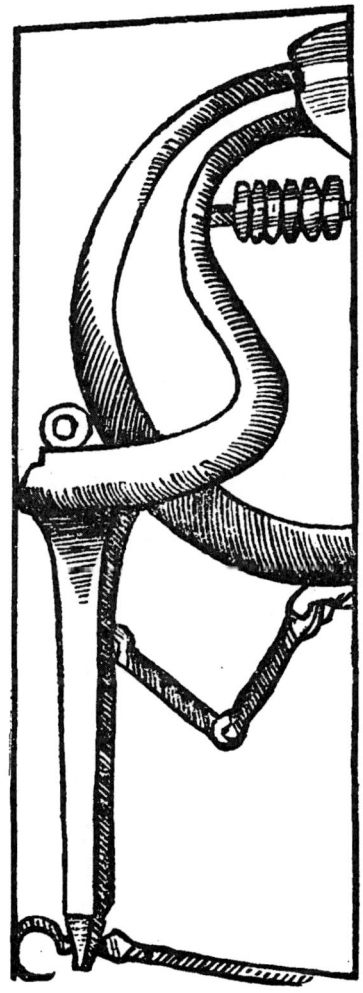

Demostración del freno de espejuelo de asientos desvenados.

rro. Al parar derribe el caballero el cuerpo atrás, aunque sea contra nuestra doctrina, porque convendrá para

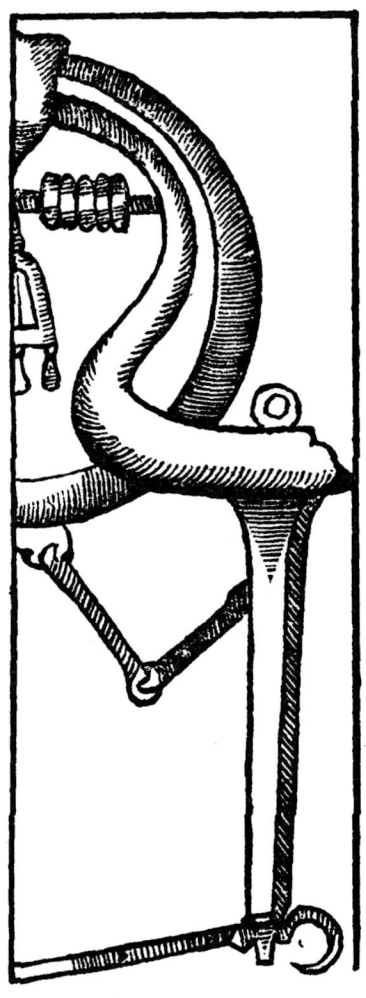

Demostración del freno de espejuelo
de asientos atravesados.

quebrantarle los lomos, advirtiendo poner, al echar la silla, entre el lienzo y la lana, a la parte de atrás de ambos bastos, unas chinillas, para que cuando derribe el cuerpo el caballero haga sentimiento el caballo, derribe las ancas y levante el rostro.

Al caballo que se encapota demasiado se le aplicará el freno cuerno de cabra, con los tiros zatos[1] y en la barbada ningún rigor, y el jinete le traiga la mano de la rienda alta, y al parar le llame con mucha blandura y en la carrera déle rienda. A este freno no se le eche telarejo; porque la lengua del caballo hinche según la tiene a proporción del hueco de la montada o angostura della, quedando con libertad; este freno le salva los asientos de la parte de arriba, que es la causa de que se encapote y recoja tanto

---

[1] *Zato*, en Amér. dícese del animal bajo y rechoncho.—Francisco J. Santamaría: *Diccionario general de americanismos.*—Méjico, 1942.

el rostro, y enfrenándole por los lados de las quixadas quedará, que como comienza angosta y va ensanchando, ha lugar esta suerte de freno de afirmarse en las dichas partes de afuera, con igualdad.

Al caballo que tuviere los asientos callosos e insensibles o ya con llagas, se le aplicará el freno antecedente; para que los salve, también servirá el freno natural muy desvenado; pero a éste es necesario el telarejo, por que no trabuque ajustándoselo como se ha referido, y la barbada se le aplicará a propósito de la carnosidad de las varillas.

Al caballo que hiciere tixera y cogiere el tiro se le aplicará el freno de portalejo, y que sea alto de montada, los asientos atravesados, gordos, y cortos los tiros, y justa la barbada y clavada, y que sea

Demostración del freno de cuerno de cabra con coscojas.

gruesa. Y en lugar de cadenilla, un cordón de seda, para que se apriete con los tiros por un lado, que siendo corre-

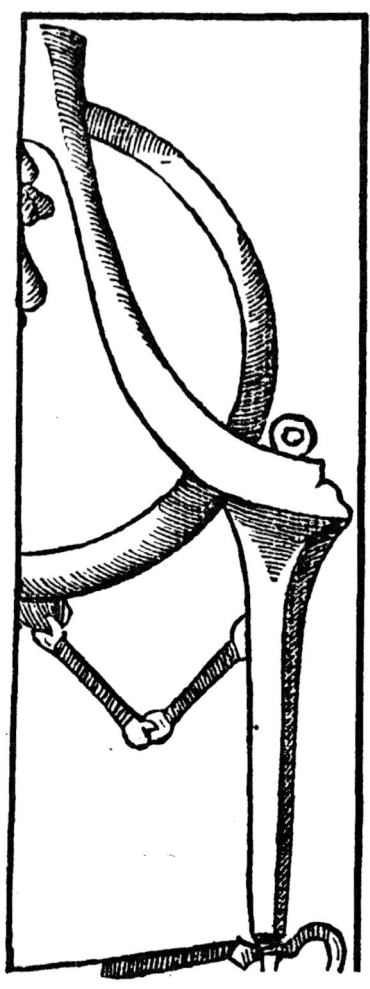

Demostración del freno de cuerno de cabra sin coscojas.

dizo, apretará y no dará lugar a que los coja, ni pueda hacer tixera; y apriétesele la muserola, si se le echaren cabezadas de brida, todo lo más posible; y si fueren moriscas, el bozal que se le pusiere, de terciopelo o cuero, sea de manera que le apriete, y no le dexe abrir la boca; aunque es verdad que el telarejo, puesto en su debida proporción, lo remedia y suple todo.

Al caballo que sacare la lengua se le aplicará el freno antecedente, pero desvenado y lleno de coscojas blandas, con dos órdenes de sobrecoscojas, una por cada lado, y que suban desde los ojos de los alacranes a clavarse por baxo del ojo de la montada, y póngasele en lugar de cadenilla el cordón referido en el capítulo antecedente, con que aseguro que no la sacará.

Al caballo que se bebiere el freno se le aplicará el natural desvenado, baxo de montada, y los tiros un quinto más largos. La barbada clavada y gruesa, y póngasele el cordón de seda, ya referido, para apretársela.

Al caballo que diere cabezadas se le aplicará el freno natural con igual medida en la montada y tiros, y los asientos atravesados con coscojas; la barbada de ferrezuela y justa, y sobre todo encargo la proporción del telarejo y el tacto de la rienda, con que se afirmará cualquier caballo, como adelante diremos, para el conocimiento que se ha de tener para llevar el rostro del caballo firme; y soy de parecer que el caballo jinete [1] no se afirme con cañón, pues con el freno jinete lo quedará en estando enfrenado, porque la mano es quien le ha de afirmar con primor, como se hace en Indias, y porque es el freno con que ha de obrar a toda hora; sin que haya mudanzas de otros, que son los que descompone y altera, extrañando el freno y mano, porque el cañón la pide muy diferente de la jineta, advirtiendo en cualquiera de los frenos a que no se venza, que en cualquier cosa que lo esté lo extrañará al punto, y recibe alteración la boca, como lo muestra luego con los movimientos que hace.

También se ha de advertir a que no esté sucio el bocado con espumas antiguas, porque será de daño a la quietud y firmeza del caballo. Con estas advertencias acerca del enfrenamiento, el caballero discurra y estudie, y sea curioso, porque cualquiera parte que le falte hallará el remedio con el buen entendimiento y estudio, aplicando otra que le parezca y enmiende la falta que por nuevas causas y alteraciones dellas suelen quedar mancos los efectos.

---

[1] Actualmente, caballo de silla.

REGLA QUINTA [1] PARA CRIAR UN POTRO

Todos los animales irracionales criados a la mano, de tierna edad, son más domésticos y tratables que los que se criaren de edad crecida, y particularmente el caballo, por el instinto en que naturaleza le mejoró de los demás. La edad perfecta para más domesticarlos con poco trabajo es de año y medio, en cuya edad se les excusará el daño que reciben con el rixo de las yeguas, que aunque es verdad que en el campo se crían con el aire, sol y buen pasto, también se relevan de coces de yeguas y caballos padres, de que les resultan algunas manqueras; de esta edad referida viene a ser más manso, doméstico y tratable, y se doma con mayor facilidad y se sujeta más presto al freno. Y para meterle en la caballeriza no se ha de procurar tan perfeccionadas sus partes como al de cuatro años; porque los potros de tan tierna edad dan vuelta, mejorándose con el tiempo. Pero débese advertir a la viveza y la color y blancos que tuviere. En la caballeriza se ha de tener siempre con sus sueltas y maneotas [2], procurando a toda hora manosealle y halagarle, dándole de comer con la mano de toda cosa de verdura y fruta, con que viene a tomar conocimiento y mansedumbre grande; en tal manera, que si le sueltan, se va tras el amo; y he visto potros criados de esta manera, que cuando se le viene a echar la silla y freno, lo reciben como si hubieran sido domados de muchos días. Este modo de criar un potro de tan tierna edad no todos lo pueden hacer por las incomodidades; pero el que la tuviere a propósito, con gusto y afición, reconocerá bien su provecho;

---

[1] Véase: *Correcciones*, pág. XLVII.
[2] Maniotas.

y como se vaya amansando, irá dándole libertad a las manos y pies, porque cuanto menos tuviere de maneotas y sueltas, saldrá más sano; que con el buen pienso y regalo y limpieza se conservará hasta que esté para domarle sin siniestros resabios y lisiones.

Advirtiendo al pienso, si en él conviene acrecentalle el coraje o disminuírsele conforme a como le reconociere, añadiendo o quitando del grano que comiere o ya dándosele más fuerte y sanguíneo. Al manosealle siempre con halagos, háblesele para que se asegure.

A los dos años se le echará el freno, y téngale echado algún espacio de tiempo, y para que le tome bien, todos los días úntenle el bocado con el zumo de la fruta que mejor comiere, espolvoreado con sal molida, y cuando le quieran domar, que será a los tres años, échenle su xáquima y cabezón, y silla, y tráigase del diestro dos o tres días primero que suban en él, que siendo de tres años, como se ha referido, se podrá hacer, por estar ya en fuerzas para ello. Y cuando se haya de subir, rabiátese a un rocín que le sirva de madrina, asegurando al pescuezo el cabestro por que no le arranque la cola; y el que le domare no se asga a las riendas del freno, sino del cabezón; y jugándole a una parte y a otra con él, ayudándole con una vara, y si anduviere en barbechos, se obrará bien, y después por donde hubiere concurso de gente; y antes que se suelte de la madrina se usará del freno con blandura, y cuando le suelte, váyale guiando delante un mozo, y el domador use del cabezón más que del freno, hasta que poco a poco venga a vencerse con el freno y olvide el cabezón.

Son tan varias las opiniones que hay sobre los enfrenamientos de los caballos jinetes, que no hay caballero que sepa pasar la carrera, mal o bien, que no presuma de enfrenar su caballo y el ajeno; y es muy bien que así lo hagan para venir a alcanzar el arte, pero no satisfacerse de sola su opinión reprobando las demás, porque el prudente varón siempre ha de entender que ignora, y que los más experimentados serán los más idóneos y científicos; y el que todavía se resolviere a corregir maestros de la jineta, y que han escrito della con experiencias largas, procuren perfeccionarse en la manifatura, para dar satisfación al mundo, porque el primor y ciencia deste arte consiste más en la práctica de la obra que en la retórica de la lengua, y no les parezca que con sólo hablar se acreditan, porque les dirán: *Operibus credite*, en breves razones.

Muy grandes hombres de a caballo hay y ha habido de la jineta y brida en nuestra España, pero cada uno en la que más ha profesado, porque querer un bridón, por famoso que sea, reformar a un jinete científico, será disparate; y si lo hiciere en fe de que alcanza tanto de la una silla como de la otra, engañarse ha, porque si se pusiese en examen, se hallaría saber de ambas poco, porque a la par, y por excelencia, son y han sido muy contados en el mundo, por ser gracia gratis data del cielo, sin que haya arte humano que enseñe a transformar en un punto todas las acciones del cuerpo, rostro, brazos, pies y piernas; y, sobre todo, la mano de la rienda, porque la de la jineta es primor y suavidad, y de la brida, rigor y aspereza. En esto la tuvieron por excelencia Baltasar de Aguilar [1] y don Juan Suárez de Peralta, de quien no ha faltado después de muerto quien le haya censurado y dicho que no supo lo que escribió, habiendo sido el más único caballero de la silla jineta que ha tenido el mundo, y no digo de la brida, porque ha habido muy grandes bridones que le han igualado y pasado, pero no en la silla jineta; y para el que presumiere otra cosa, desde luego sin tachar los

---

[1] El verdadero nombre es Pedro de Aguilar.

hombres de a caballo que lo sean, los presento por tes-
tigos para en prueba de mi intención, por ser la jineta
verdadera, de que hizo escuela con doctrina, según obró
y escribió, y lo demás serán blasfemias contra el buen
arte y uso verdadero, que bien puede cada uno alabar
sus agujas con el riesgo que se le ofreciere y estimarlas;
pero sin ofensa de las ajenas, porque cuanto más quisiere abatir a otro, sublimándose a sí mismo, tanto
más se abatirá; porque la verdad es una sola, y no
pueden ser dos ni tres en un género.

También algunos dudan si cuando el caballero corre
un caballo si en la carrera respiran o no caballo y caballero (y absolviendo esta cuestión), digo que no respi-
piran caballo ni caballero hasta el fin de ella, si no
quieren quebrar de la pujanza con que parten, por lo
que quedan uno y otro desalentados, será exemplo
cuando una persona comienza a beber un jarro de agua
con gana, que si comenzó y continúa, no respirará, y si
respirare, será visto haber parado y dexado de beber,
lo mismo será en la carrera del caballo; que en cuanto
durare la pujanza no respirarán uno ni otro, y si respi-
raron será cosa vista parar de la furia con que comen-
zaren, a correr, que la retención del aliento causa fuerza
y ligereza, y lo mismo sucede al hombre solo en cualquier carrera que diere a pie si fuere de pujanza, y en
caso que respirare, es cierto que afloxara la carrera.

Para reducir el caballero a su voluntad el caballo,
sobre todo convendrá mucho que sea científico en saber
conocer tres partes, que son las más esenciales para
el caballo, concurriendo en ellas apremio con libertad.

La primera es en la lengua y asientos, en que consiste el buen enfrenamiento, como queda referido.

La segunda, en el punto de la rienda. En esta parte
ha de ser con tanto primor el tacto de la mano del caballero que se ajuste con el sentimiento de la boca del

caballo, de manera que ni falte ni sobre rienda, en que también concurre el apremio con libertad, con cuyo conocimiento afirmará el rostro el caballo, sin que pueda despapar ni dar cabezadas; en este punto se conoce la buena mano que llaman, y es cosa muy cierta, que sucede muchas veces más por naturaleza que por enseñanza, como se ha visto en muchos hombres de a caballo, que no aciertan a tomar el punto, a que llaman mano áspera, trayendo el caballo con desabrimiento, y hay otros que no lo son y traen el caballo quieto y sosegado, sin alcanzar en qué consiste la buena mano que naturalmente tiene, y si advirtiesen, reconocerán que del estudio nace el arte, y de la costumbre segunda naturaleza.

La tercera es el apremio que los pies y piernas hacen; éste ha de ser con fuerza reservada, dándole también su punto, para que el caballo le sienta con libertad sin afligirle, porque no se inquiete con demasía, cosa que parece muy mal a la jineta el andarlo a más que cuando el caballero le hubiere menester le faltará la pujanza cansado de la inquietud, y no siendo el apremio demasiado, ni la libertad, se conseguirá uno y otro beneficio.

Que con cuidado que el caballero ponga conocerá al punto el sentimiento que el caballo tiene en las tres partes referidas, que unido con el que ha de haber de parte del jinete, vendrá el caballo a rendir y sujetar la condición a su voluntad, que es la que ha de obrar en toda ocasión, que para perfeccionar la obra necesariamente han de concurrir el un sentimiento con el otro; y de lo contrario, sucederá despapar el rostro, arremetiendo para adelante, o a no querer salir, retirándose, desobedeciendo la espuela, con las demás fealdades accesorias con que caen en falta los caballeros por no entender esta doctrina, atribuyendo la culpa al caballo, no teniéndola.

Advierta el caballero que si se le ofreciere subir en caballo que se halle sin freno acomodado a su boca, y en parte donde no se puede remediar, por no haber frenero, a que use de los medios que más se le ofrecieren al entendimiento, baxando o subiendo el punto al bocado, o echándole al revés, o ensangostando la barbada con hilo de alambre, o botones de plomo, o paño, según conviniere; y si el caballo en la carrera despapare por falta de tiros largos, no bastará bajarle la mano al pelo, porque a cualquier movimiento que se haga para llamarle cuando quisiere parar, no le hallará, y a tal tiempo convendrá que le asga la clin a raíz del pescuezo, pegada con el arzón, con la mano izquierda, y con la derecha llamará al caballo recio, corriendo la rienda por el puño de la mano de la clin, con que parará; y en todo acontecimiento remítase al telarejo, que cualquier herrero le podrá echar abrazado cuando no haya frenero, y en falta del uno y [del] otro, y el bocado no lo tenga, válgase del que hemos referido, del cordel; y cuando le tenga, si no está en su punto, quíteselo y ponga el de hilo, para dársele, con que se remediará al presente.

FAICIÓN DE LA SILLA JINETA

Para dar principio a la teórica de la jineta, el caballero ha de entender cómo hay dos modos de sillas, la una que llaman silla entera y la otra media, y cada una dellas pide diferente caballo; porque la entera es para caballos de costado y fondo, y la media para los angostos y desbarrigados, porque si las truecan en su tanto, tendrá el inconveniente que el de trocar los frenos, que si no se guardase en esto el medio y proporción, como en todas las demás cosas, resultarían daños;

porque si echase silla entera, que se entiende con ropa doblada, a caballo angosto y desbarrigado, no se podrá ceñir el caballero, ni le hallará con los pies, si no es con demasiado trabajo, por lo mucho que abre la silla; y, por el contrario, si a caballo ancho de costado le echasen media, que es la ropa sencilla, no se abrigará bien a ella con las rodillas, y resultará ir floxo el caballero, y muy sujeto a parecer mal; y habiéndose puesto en su punto, se advierta que para ponerla en el caballo que los bastos se hayan henchido de manera que los dos arzones, trasero y delantero, queden iguales, y cuando el trasero se derribe algo más, dará mejor gracia al jinete e irá más seguro en cualquier reparo que el caballo haga en la carrera, y no salvará el delantero con la facilidad que podría suceder, yendo más derribado que el trasero; y ya se ha visto por el mismo respeto muchas veces al caballero ir al suelo por el pescuezo del caballo, y no conocer la falta hasta tener recibido el daño. Algunos caballeros derriban más el delantero que el trasero, por descubrir el cuerpo, sin considerar el inconveniente referido.

La faición del arzón delantero ha de ser algo redondo con lomo en medio y por dentro llano.

El arzón trasero, algunos son de opinión que ha de ser desparramado, y es gran yerro; porque cuanto más recogido fuere, acompañará mejor, y andará más firme el caballero, y con más airoso cuerpo, advirtiendo que de un arzón a otro haya tanta distancia cuanto tuviere de largo desde el codo al puño del brazo del jinete, haciendo doblez la mano sobre la muñeca.

Los remates de los arzones que se clavan con las tejuelas no han de abrir mucho; antes se ha de procurar queden más cerrados que abiertos, porque la silla arme a todo caballo, y siendo más cerrada que abierta, el caballero se ajustará mejor en ella.

En los arriceses, cuando los clava el sillero en el fuste, suele tener descuido por no tener doctrina dellos ni advertencia del caballero, no guardan la medida propia, porque si se clavan delanteros es malo para una escaramuza y juego de cañas, y traseros para la carrera y perfeción de los pies; y así conviene que se guarde el medio y proporción para que se pueda obrar bien, cuya medida ha de ser que del arrices a la caída del arzón delantero haya de hueco sobre la tejuela cuatro dedos, y al trasero un coto de mano, que es lo que vendrá a ser la repartición de las medidas proporcionales, respondiendo al hueco de entre los dos arzones, como se ha referido que ha de caber el medio brazo de codo a puño cerrado, con el doblez referido atrás.

Usan en el tiempo presente un modo de sillas más para caballeros viejos que para mozos gallardos y fuertes; y es que so color que ayudan a descubrir el cuerpo en el paseo, han mandado henchir la silla por lo alto de las tejuelas sobre que se asientan, y también el galápago o coxinete del caparazón, en tal manera que corriendo van sentados, cosa que impide ir airoso y bien armado el cuerpo, porque con el movimiento del caballo recibe el caballero muchos topes y vaivenes en la carrera, cosa reprobada y mala, y no puedo creer sino que lo inventó y dió principio algún mal hombre de a caballo, porque el bueno ha de llevar el cuerpo sostenido sobre los estribos y en medio de los dos arzones en el aire, sin que ninguno dellos le allegue al cuerpo, que aunque es verdad que la coraza ha de llevar su galápago, ha de ser vacío, y éste es más para que no se lastime el caballero en las asentaderas en el paseo que para otro efeto, por no ser de fruto, antes de gran daño.

Los más de los estribos que al presente usan en la Corte son muy malos, por ser demasiado chicos y livianos, con que el pie no puede ir firme, y parecen malísimamente, y no sé en qué se fundan; pues para batir bien el que comienza a' desenvolverse, no lo puede hacer con buena gracia, ni tampoco el hombre de a caballo; y no niego a los que lo fueren que batirán mejor que el que no lo fuere, pero no los traerá tan firmes y ajustados como lo pide la perfección del arte; y los que más hallo a propósito son los estribos cordobeses, y destos se deben buscar los más grandes y pesados, y a su modo, hechos de hierro serán mejores, así para el barniz como para dorar y para platearlos; esta suerte de estribos promete seguridad, y la tienen en una caída del caballo, porque cuando se tuercen y abollan tienen breve adere-zo, lo que no puede ser en los de azófar; a más que con ellos se bate bien y con firmeza, y el pie anda mejor, más cubierto y más cerrado.

Los ojos de estos estribos han de ser anchos, para que los [1] aciones que les pusieren lo sean, para que tengan fuerza y no se rompan, que por faltar, en oca-siones, suceden desgracias en que se aventura la vida.

Débese huir de los estribos berberiscos, por dema-siado anchos y pesados, y no hallo en ellos cosa que sea de provecho más de encubrir faltas al mal hombre de a caballo, porque aunque engargante el pie por poca firmeza, no se le echa de ver tanto como en los cordo-beses, que es el verdadero estribo; y el buen hombre de a caballo se aprovecha más que del berberisco, por ser demasiado pesado y ancho. Al presente se hacen en Ávila unos estribos de hierro muy buenos, que como no exceden con demasía a los cordobeses en el grandor, son los mejores de todos, y lo serán con que el artífice los saque menos vivos de gavilanes, porque los caballos reciben en los codillos notable daño cuando el caba-llero se cierra de pies en el paseo y al batir en la carrera,

---

[1] Actualmente femenino: «las».

cosa que no puede excusar el buen hombre de a caballo para obrar bien.

Preparado lo referido, se pondrá la silla en el caballo y se cinchará, advirtiendo de no echar la delantera sobre el pescuezo, como algunos usan, por los muchos inconvenientes y daños que pueden resultar al caballo y caballero, porque al caballo le lija la cincha en los codillos y hace cinchera en el pecho, y al andar parece que anda manco, y al parar [lo] hace sobre los brazos con mucho trabajo, y el jinete correrá riesgo en cualquiera reparada, y si la cincha hubiere afloxado, con poco que baxe la cabeza echará por ella silla y caballero, y cuando desto escape, echará las riendas; y advirtiendo a esto, se debe poner la silla en su lugar, que ella misma con poco movimiento busca la ensilladura del caballo, que naturaleza le señaló, y al apretar la cincha ha de ser con moderación, porque si fuere demasiado, irá sujeto a reventar con la fuerza que hace el caballo, retiniendo la respiración al correr, amás que hay caballos que se congojan de tal modo, que se cubren de agua con el sudor, y se descomponen en gran manera; y así, requiere darle el punto, porque lo ha de tener también en esta parte como en todas las demás cosas; y es muy importante, advirtiendo que la lazada del látigo ha de quedar por cima del arrices, a la parte izquierda, que es por donde se ha de subir; y el pretal se ponga con un fiador de cordel o correa puesta por detrás del arzón y debaxo de las corazas, que es al modo de como se echa el de cascabeles por cima dellas, porque con esta prevención se excusa de que no reviente en la carrera cuando el caballo se alargare en los trancos; porque cuando le ponen las correas que nacen de las tejuelas de la silla va sujeto a reventar, como sucede muy de ordinario, y es una cosa muy fea ir colgando en la carrera, a más de impedir con los golpes que va dando la buena suerte de correr que comenzó a formar el caballo, y tras ello, si el pretal lleva hierros, quedar lastimado.

Puesta la silla en su punto, se pondrán los aciones, cada uno en sus arrices, en el ojo bajero, e iguales las dos puntas, las meterá por el ojo de la estribera por la parte de afuera, hacia la barriga del caballo, y de allí subirá al ojo más alto del mismo arrices, por donde encontrará y se pondrá el evijón; y puestos en su medida, arrimándose el caballero más al punto corto que largo, por cuanto irá en él más airoso y galán, y lo que sobrare de los aciones los tenderá por lo alto de la silla debaxo de las corazas, de manera que no se lastime el caballero.

El conde viejo de Puñonrostro, en el discurso de su jineta, capítulo 5, advierte que se le echen dos hierros pequeños a la cincha de cada parte, con sus látigos, para apretar en igual proporción la silla, dexando el arrices en medio dellos. Paréceme bien esta advertencia, porque no trae daño y es de provecho, y en muchas cosas sigue el Conde la jineta de las Indias, en que muestra bien la verdad della; aunque en algunas difiere, como el caballero hallará por este libro y su tratado, y podrá tomar lo que mejor le pareciere.

El punto de los estribos ha de ser más corto que largo para gala, y en las veras más largo que corto; y tengo por buena medida para de gala tendido el coto de la mano del ojo del estribo al arrices, y en las veras dos dedos más. Advirtiendo que para tomar bien el punto del estribo se ha de considerar primero si el caballo es desbarrigado, y al contrario si lo tiene baxo y costado, porque serán diferentes las medidas, porque el uno le habrá menester más largo y el otro más corto; por lo que el jinete no ha de extrañar los puntos, porque se ha de armar con todos, si quiere parecer hombre de a caballo; que aunque es verdad que parecerá bien en la proporción atrás referida, será mejor acomodarse con la del caballo, porque no hay punto conocido ni fixo en mudando de caballo, más y menos sí, y si guardare la regla precedente, no dexará de hallarse bien en las veras y en los regocijos. Y será que para dar el punto a los estribos más descansado y galán, puesto que sea a caballo el caballero, tenderá las piernas, fuera los pies de los estribos, para que el lacayo se los ajuste, suba o baxe, hasta que igualen los gavilanes por cima y a raíz de los tobillos de los pies, y en este punto hallará que, plantados los pies dentro dellos y levantado el cuerpo, no podrá salvar el arzón delantero, aunque le suceda en la carrera o escaramuza una reparada, que es la cosa que más el caballero debe advertir para no ir por las orejas del caballo en ella; y para que esta medida corresponda bien, advierta que ha de ser la silla cordobesa del hueco antiguo, y no del hinchimiento moderno, que comienzan a usar, tan malo y tan reprobado para el buen hombre de a caballo.

Los aderezos y cubiertas de la silla son tres: mochila, caparazón de cuadra y caparazón de vuelta. La mochila ha de tener escotados los arzones, y el caparazón de cuadra cubiertos, y también el de vuelta, aunque deste no se usa ya en estos tiempos, por ser enfadoso, y al que se da este nombre de vuelta cubre el arzón trasero con ella. La mochila es la que mejor parecer acompañada con sus cabezadas moriscas para en fiestas y regocijos, borlas o tafetán; y de ordinario el caparazón, por ser más honesto, provechoso y ligero para el caballo.

MODO[S] DE ESPUELAS

De las espuelas de acicates quiero tratar con alguna curiosidad, porque son muchos los caballeros que presumen de hombres de a caballo, y no saben el nombre que se les ha de dar en el todo, ni a las partes, y así, las llaman acicates, adulterando su propiedad, y viniérales bien llamarlas espuelas de la jineta; pero como hay diferencia en ellas, es conveniente no darles este sobrenombre, porque hay otros modos que se usan, como son, pico de gorrión y de monte, y otras que llaman secretas; de manera que los que dicen acicates se han de llamar espuelas de acicates, cuyo nombre se tomó de la guarnición que se le echa, de cajas, junquillos y conteras; que puesto y hecho todo un cuerpo en sus correas, se llaman acicates, y junto con las espuelas se llaman de acicates, y si les faltase, se llamarían espuelas de asta; y se permite, aunque estén sin ellos, llamarlas de acicates, porque trae consigo el podérselos echar a todas horas, por ser espuela hecha para esta guarnición, y la guarnición no para otra.

Este nombre de acicates es nombre berberisco; y tengo por mejor que sea toda la guarnición junquillos, porque asienta mejor en el pie que siendo de caxas y junquillos, como los usan muchos jinetes.

El hacer este modo de espuelas, y pedirlas al que las ha de forjar, muy pocos lo saben, por ignorar las partes dellas, sus nombres, medidas y proporción, y así me obliga a decirlas por menor.

Las partes destas espuelas son: barrileras, caxa, castillejo y venera, intermedio, rodaxa y asta.

Las barrileras son los ojos por donde entran las correas; el hueco dellas ha de ser el anchor de dos dedos, y la misma medida ha de responder al hueco del castillejo, caxas, junquillos y conteras. El ser deste anchor y hueco los acicates es conveniente cosa, porque son galanes, y como son pesados, ayudan· a quebrar el pie y batir mejor y con más gracia, aunque el caballero se descuide algo, porque el propio peso del pie le pega al costado del caballo.

La caxa de la espuela, que es el hueco donde el pie entra, se entiende en redondo de barrilera a barrilera; ha de tener esta caxa de hueco lo que fuere el palmo del hombre mismo para quien se hicieren, quedando el grosor de una pulgada más corto el brazo de la parte de adentro, porque asienta y se ajusta con el estribo mejor y no lastima el pie.

El castillejo ha de responder su hueco a los de las barrileras, y la venera ha de ser grande y cóncava, para que asiente y se asga al talón; y por si quisiere el caballero llevar viva la espuela, el dentro del castillejo ha de ser limado en líneas atravesadas, para que se pegue al borceguí.

El intermedio que ha de haber entre el castillejo y la rodaja o arandela por otro nombre, ha de ser el grosor del dedo meñique, y el círculo desta arandela será sezavada [1], como toda la espuela, que demás de ser mucha gracia, es provechosa, porque también se hiere el caballo con las puntas que hace, y si es bueno, bástele que sienta que hay espuelas, sin que sea herido; y si fuere lerdo, y hubiere menesterlo, ayudarán de su parte y no estorbarán nada.

Esta arandela ha de ser de tal manera que puesta la espuela al ojo derecho, cerrado el izquierdo, correspondiendo la mira por el brazo de la caxa de adentro de la punta del asta, se esconda el arandela y descubra la punta una pulgada, limando la ochava que le correspondiere, tanto que baste para mejor picar al caballo por mucho que se cierre el jinete; y si desta manera no descubriere la punta, no se podrá herir si no fuere abriéndose de pies el caballero, y será falta notada y muy grande.

El asta desta espuela ha de tener del arandela a la punta un coto de mano ordinario, recogido bien el

---

[1] Sextavada.

pulgar, y si fuere algo más corta, se herirá mejor con ella; pero no parecerá bien. Ésta se ha de considerar en tercios: el primero del arandela, que es el nacimiento, será más delgado que el intermedio, y vaya engrosando hasta el punto del primer tercio, desde donde irán en disminución los dos hasta hacer punta con el mismo sezavado[1] de la caxa, de manera que ha de quedar el asta con esta labor y cuenta hecha barriga al primer tercio, con que quedará en proporción.

Las correas que se han de echar en los acicates y espuelas han de ser algo más cortas de lo que pidiere la medida, por que aprieten mejor y las acomode cada uno como quisiere y gustare, que siendo largas se andan cayendo las espuelas por momentos, y será necesario meter un guante doblado sobre la garganta del pie para henchir lo que sobra de las correas, y es cosa fea, y adviértase en la correa que entra en el castillejo; al medio della que cae dentro dél se ha de cortar y hacer un esconce por la parte de arriba, y hecho, se ha de coser fuertemente. Con esta faición se aprietan bien en el pie, y se abrazan sin hacer papos a los lados del castillejo, como los hacen sin esta advertencia, y es cosa fea; y sin acabarse de cortar la correa, se saca y hace el esconce, lo que basta.

Esta espuela se barniza, platea o dora, conforme al aderezo de estriberas y borceguíes, en correspondencia de los demás aderezos.

BORCEGUÍES

Los borceguíes, ya todos saben que han de responder al jaez del caballo, si no fuera borceguí blanco, que éste a todo aderezo arma, y como tenga buen blanco,

---

[1] Sextavado.

y la carnaza fuera, es muy galán y de provecho, porque se aferra bien en el jaez y estribera, que como no sea de luto, el aderezo con todo se acomoda.

También el borceguí datilado de Berbería es bueno, y arma a toda suerte de jaez, aunque ya no se usa; y para calzar bien cualquiera que sea, y que salga a la vista, y traiga más provecho, ha de ser cerrado hasta arriba, y que no suba de la rodilla, por que dada la vuelta, quede por debaxo della. La pantorrilla ha de ser justa, por que no se vaya abaxo. La entrada y garganta dél ha de ser ancha, porque puesto y quebrado el pie en el estribo parece bien. Ha de ser justo, por cuanto parece mejor, y anda más dispuesto a todo lo que se hubiere de obrar.

El traje más galán del caballero no hay para qué tratar dél, pues generalmente se sabe, que para subir a caballo y [no] hacer mal, así en regocijos como en carrera pública, ha de ser calza con media entera y capa terciada; y asimismo, la ropilla, huyendo de coletos y ropillas de falda corta. La gorra con sus plumas parece bien, y cuanto más galán se pusiere, tanto mejor parecerá. Y lo propio en el aderezo del caballo; de jaez, cuerdas, cabezadas moriscas y bozal de campanillas. Supuesto que en fiestas todo se permite, que en las veras, cuanto más desenfadados fueren caballeros y caballos será más acertado; porque andarán en la obra más alentados, y aun en fiestas y regocijos, por el mismo respeto, como se ha referido.

PREVENCIÓN PARA SUBIR A CABALLO

Primero que el caballero suba a caballo, en razón estará obligado a requerir el freno, cabezadas y riendas, pretal, cincha y aciones, dándole el punto a los estribos que más armare a la proporción del caballo, como queda referido, y del cuerpo y piernas del caballero; en esto están encontradas la opinión del conde de Puñonrostro y la de don Juan de Peralta[1], cada uno en su discurso de la jineta, capítulo de subir a caballo; porque el Conde dice que es bien que sea largo, y don Juan dice que es bien que sea corto, y cada uno da sus razones evidentes y manifiestas, y yo me arrimo a entrambas opiniones en esta manera: Que el punto más largo que corto, como dice el Conde, es bueno y se debe usar en las veras, por la firmeza, seguridad y desenvoltura que con él se trae en la silla y por la presteza con que sube y baxa a cualquier acontecimiento; y el punto más corto que largo, como dice don Juan, es bueno y se debe usar en la carrera pública, en las fiestas y regocijos, por ser más galán y airoso y batirse mejor y más cerrado con él, y le da más lugar de parecer buen hombre de a caballo.

Destas opiniones, cada cual podrá seguir la que mejor le pareciere, aunque se debe arrimar a la de don Juan de Peralta, como también lo es la del capitán Pedro de Aguilar, en su tratado de la jineta; pero como tenga el caballero discurso de hombre de a caballo, sabrá elegir la proporción, así en el punto de los estribos como en la silla y caballo, y conforme a lo que su cuerpo y piernas pidieren, porque cada uno tendrá diferente medida; considerando primero el caballo, aunque anden unas veces más cortos y otras más largos, en cuya proporción cada uno se debe arrimar más a lo corto que a lo largo, así en carrera pública como en regocijos y fiestas; y en la guerra y veras más a lo largo que a lo corto.

Hecha esta prevención, tomará el lacayo con la mano derecha la cabezada del caballo, habiéndole echado las riendas sobre el pescuezo, y con la izquierda asirá el

---

[1] Suárez de Peralta.

estribo, y el caballero ajustará las riendas en la mano antes de subir; quedándole al caballo tan holgadas, que aunque despapare el rostro, no halle en ellas apremio ninguno, porque se excusará con esta prevención de una desgracia, como ha sucedido muchas veces; y si hubiere de subir desde el suelo, ponga las espaldas al rostro del caballo, y la mano de la rienda en el arzón por el lado diferente, y el pie en el estribo, tomando vuelo con el pie derecho y brazo para arrojarse en el caballo, ayudándose de la mano derecha en el arzón trasero, habiéndose primero santiguado; y si subiere de poyo, vuelva las espaldas a las ancas del caballo, porque subirá más sueltamente sin inquietar al caballo ni embarazarse con la espada en la pared.

Puesto que sea a caballo, y puestas en su punto las riendas, compondrá su capa, y se afirmará en los estribos haciendo fuerza, y cargando el cuerpo a una parte y a otra, para que la silla se ponga en su lugar, si estuviere algo torcida; y si hubiere de calzar las espuelas, llegará el lacayo o paje por delante del caballo, y calzado la una, y cobrando que haya el estribo, le pondrá la otra; y para ello se advierta que ha de calzar y meter bien la espuela en el pie, quedando sobre el talón todo el castillejo, y luego se pondrá a derribar hasta poner la venera que haga asiento en él por sí [mismo]; si la quisiere el caballero llevar algo muerta, por no haber menester el caballo rigor, y si tuviere necesidad dél, no la derribe tanto, porque quedando la venera en vacío, irá más viva; pero de cualquiera manera se ha de torcer la espuela a la parte de la barriga, desmintiéndola de la costura del borceguí; y cuando el caballero no las hubiere de poner en su casa, se pondrá chinelas sobre los borceguíes, si se los calzare, porque es muy reprobado salir con ellos y sin espuelas ni chinelas, como lo usan los moros en el paseo, sin lo uno ni otro.

Pero habiendo de correr el caballero, es muy puesto en razón y en gala que salga de su casa con espuelas, aunque se usa lo contrario en esta Corte; pero cada uno usará lo que mejor le pareciere, y de cualquiera manera plantará los pies en los estribos como si fuese en el paseo de la carrera, y tan llanos como cuando está parado en el suelo, cerrados y abrigados a la cincha del caballo, con las puntas y los talones derribados y sacados a fuera, porque es de mucho donaire, seguridad y buena costumbre para hacerse fuerte, y esto se ha de hacer con descuido mezclado con cuidado; descuido al parecer para ponerlo en su punto y cuidado en no desviarse dél, y con advertencia que cuando fuere entre otros caballeros abrigue los talones al caballo, si llevare espuelas, por que no se hieran con ellas; y si no fuere más de uno en su compañía, se haga solamente la prevención en el pie a cuya parte fuere, llevando derecho el cuerpo y rostro, con el descuido referido, porque será de agrado en esta manera, y de enfado, si va con afectación.

Plantar bien los pies en los estribos agracia grandemente al jinete, así para la firmeza como para galantear el cuerpo, y según los plantare, responderá la perfeción en más o menos, como lo reconocerá el científico, y si se plantare mal, es cierto le llevará desairado, por falta del fixo de los pies, aunque es verdad que en plantarlos hay diferentes opiniones; pero al fin se vienen a reducir a la verdadera, cuyo conocimiento se alcanza por la vista, cuando el jinete se perfecciona en la carrera; porque si engargantare los pies en los estribos, es cosa muy cierta, faltarán al cuerpo el fixo sobre que se ha de armar y hacer fuerte con gallardía, y si no metiere los pies en los estribos, más de tan solamente las puntas, sucederá lo propio que hemos referido, y aun peor, por cuanto va más sujeto el jinete a perderlos, falta que padece con riesgo de ir al suelo; y cuando no suceda, se batirá muy mal, levantando el estribo para arriba, cosa reprobada y causa de sentarse en la silla afirmándose con la parte de las pantorrillas, y hacerse fuerte con ellas en la barriga del caballo. De donde resulta el ir abierto de los pies en el paseo y carrera, y yéndolo, es fuerza abrir las rodillas, y tanto, que entre ellas y la silla, al parecer, podrá pasar un pájaro volando; pues el ir sentado y arrellanado nadie lo puede negar, según buena razón, como también por la experiencia, pues asentado el jinete, una vez sin la planta firme de los pies, llevará sin ninguna duda mal cuerpo, por lo que se debe advertir a ello, que será que los pies se asienten y planten en los estribos, tan llanos como se plantan en el suelo, arrimando las puntas de los pies a la parte de afuera de los estribos, nivelándolas con los perfiles y gavilanes de adelante que ni salgan fuera, ni se queden traseras; y las fuentes de los pies se ajustarán y arrimarán a la parte de adentro de los estribos y gavilanes traseros con que los atraviesan, partiéndolos en dos ángulos diagonales cada uno, que será de esquina a esquina, y plantado en esta forma, cerrará las puntas de los pies, juntamente con los estribos, a los codillos del caballo, de forma que le vayan hiriendo en el paseo con los gavilanes de adentro, con que sacará los talones afuera, y con esto irá cerrado y firme con el [pie] dentro y medio de las espinillas de las piernas, que es donde se hace la mayor fuerza; y llevando las rodillas abrigadas a la silla, el cuerpo saldrá derecho y gallardo y airoso.

Y aunque en el paseo se ha de ir sentado, ha de ir airoso y derecho el cuerpo sobre los estribos; y en la carrera levantado, sin que toque a la silla ni a ninguno de los arzones, que es la verdadera regla y proporción que el jinete ha de guardar para que lleve sesgo el cuerpo, sin que haga ningún género de movimiento porque cualquier arrimo o tope que haga en los arzones, será fuerza descomponerse con vaivenes que del movimiento y trancos del caballo se causan. De forma que de la buena planta de los pies nace llevar el jinete el cuerpo firme, sesgo y con donaire.

Las rodillas y piernas las llevará firmes y cerradas en la silla y caballo, de tal manera que entre ellas y la silla no hagan claras. Y si fuere principiante, para observar esta postura y proporción podrá, sin que nadie se lo advierta, saber si se perficiona o no, y para enmendarlo guardará esta regla, que al tiempo que el sol saliere o algo después, o al ponerse, se pondrá a caballo, y vueltas las espaldas al sol, en campo raso, paseando en aquella línea, verá responder luego adelante el sol, en el todo de la sombra, por las dos claras que hiciere entre las piernas y el costado del caballo, y cualquier cosa que sea, se ajustará hasta que se deshagan, y en aquel punto que tomare se habitúe y advierta que ha de ser teniendo siempre las posturas referidas de rodillas, piernas y puntas de los pies; y si quisiere cerrar las claras con las pantorrillas, no podrá, porque abrirá las puntas y rodillas, por donde responderán mayores y más si traxere el caballero medias enteras. De manera que ha de abrigar las piernas al caballo con la parte de las espinillas, y para tapar de todo punto los pies, se han de plantar bien, algo derribados los talones, y podrá mejor el tal principiante levantarse sobre los estribos, y puestos los pies en su lugar cerrará las puntas, y juntamente piernas y rodillas, y poco a poco váyase baxando hasta sentarse en la silla, y en aquella postura continuará con cuidado y descuido, y tan llanos los pies en los estribos como si los tuviera en el suelo.

MODOS DE BATIR

Antes que entremos en el paseo de la carrera, será cosa conveniente tratar los modos que hay de batir, para que el caballero no lo ignore, y tome el que le hiciere a propósito, considerando que en saber herir el caballo consiste la mayor parte de la jineta; y ansí debe procurar hacerlo científicamente, que donde no hay pies es cierto no puede padecer el buen cuerpo ni brazo, porque todo se oscurece, y para que el caballero mejor lo advierta, diré tres modos: dos para con espuelas y una sin ellas, huyendo del rodeo y martillejo, porque son los más convenientes y de que más se debe usar, que lo demás será ofuscar al que aprende y no les queda cosa de destreza.

Del batir de martillejo no trataré, porque es pernicioso y malo.

El de rodeos es bueno, pero muy dificultoso, y descompone muchas veces a los más diestros, y son muy pocos los que salen con él; y muchos los que hablan deste modo de batir, lo baten más con las bocas que con los pies, y si no, considérelo cada uno en sí, y hallará lo que digo.

Hallo estos modos de batir de rodeo como los medios proporcionados que el famoso don Luis de Narváez pone en su tratado de la destreza verdadera, que para lo hablado, todos o los más lo saben, así maestros como discípulos, diestros y no diestros, y para executallo en su punto y conocimiento son muy contados. De manera que sólo se quedan con el nombre del medio proporcionado, y no sé yo si ponga culpa a lo que así escribió o a los que quieren ser sus discípulos, que no hacen estudio dello, por hallarle dificultoso. La propia consi-

deración debe hacerse en este modo de batir, porque
son muchos los que tratan dél, y al executalle en la
carrera son muy pocos y muy contados; y a quienes
hablan y no obran, legítimamente se pueden llamar
bachilleres de estómago; y esto será tan corrompido que
no sólo tratan dello los que en efecto suben a caballo,
y tienen algún voto o principios, pero no hay zapatero
de viejo que no lo quiera tener en su razón y en todo
lo demás de la jineta, sobre si partió bien el caballo y
si el caballero llevó buen cuerpo y pies, si llamó de
golpe temprano o tarde, si sacó buen brazo, y todos
tienen licencia y desenfado para hablar; y sucede muchas
veces poner la falta en lo que mejor y más conocida-
mente el caballero tiene de bueno en las partes de la
jineta, que es lo que le sucedió a Apeles con su pintura;
y si los tales se pusiesen en el caballo, sería posible no
saberse tener en él, cuanto más correlle tan ajustadamente como lo hablan y piden. Y no les parezca cosa
fácil pasar bien una carrera a la jineta, porque no hay
caballo que no tenga condición, y ésta se la ha de encubrir el caballero con arte, poniendo en ello sumo cuidado, y a un mismo tiempo en la mano de la rienda,
en el cuerpo, rostro, rodillas, pies y brazo; y los buenos
hombres de a caballo que entienden bien esto no hablan,
porque aunque se descomponga en algo el caballero, o
le suceda alguna desgracia, conocen que es hombre de
a caballo el que corrió, y que si se pusiera en otro más
ajustado, se enmendará; pero dexado esto a la buena
consideración del discreto, volvamos a nuestro intento,
tratado de los tres modos de batir que son los más
convenientes.

Si acaeciere hallarse el caballero sin espuelas y determinare correr, advierta que habiendo partido el caballo y asegurádose de los trancos que diere, se cierre y
componga; y al compás del caballo, sin mover y des-

abrigar las piernas, abrirá las puntas de los pies y las volverá a cerrar con algún golpe, que por pequeño que sea hará grande efeto, porque le herirá con el gavilán del estribo. Éste es galán modo de batir ,y compuesto, y el caballo correrá alentadamente; y si batiese como con espuelas, parecería mal y se descompondrá, y el caballo no correrá bien, aunque parezca que corre.

MODOS DE BATIR CON ESPUELAS

El mejor modo de batir y más conveniente es el de repelón, porque demás de ser usual, es galán y provechoso; éste se debe acomodar al caballo, hecho ligero y liso en la carrera y que no haya menester mucha espuela, y para ello el caballero se cerrará, afirmándose en los estribos, sin hacer nada más que menear los dedos de los pies contra el plan y lazo dellos, que con este movimiento baxan y suben los talones con que va haciendo el repelón; y a los compases que el caballo va dando en su carrera, él mismo se va hiriendo si al menear los dedos se guarda el compás y puede el caballero doblarle si quisiere, metiendo dos suyos en uno del caballo, a la consideración de la velocidad con que lo obrare, y parecer bien y es de hombres diestros el hacello. Pero advierta que para comenzar a parar y trocar el caballo el tropel y son de la carrera, que es para que vaya trasteando con gracia y haciendo piernas, ha de trocar también el jinete el batir, y ha de ser el que adelante diremos, que aunque hay opiniones que ha de mudar el caballero, engáñanse y lo reconocerán si advirtieren a ello y su conveniencia.

El tercer modo de batir es para caballos que tienen necesidad de rigor en las espuelas, y para los que se comienzan a romper; el caballero, en asegurándose de los trancos, al partir se cerrará y compondrá, afirmándose en los estribos y al compás del caballo comenzará a batir, sacando los pies del punto en que los tuviere puestos con los mismos estribos hacia atrás, como dos dedos, volviéndolos al punto de donde los sacó sin mover las piernas, y si esto se hiciere tan pegado y cerrado al cuerpo del caballo como requiere, casi no se echará de ver el movimiento, y haciéndose así, y guardando el compás del caballo con el suyo, se irá hiriendo, y si quisiere con esta cuenta doblar el compás, también lo podrá hacer, y parecerá bien; este modo de batir es provechoso, y más que el del repelón, pero no tan galán y bizarro; a éste llaman navajuela, y cuádrale el nombre, por ser las heridas largas que con él se dan. Éste es el batir más ordinario y natural, y para parar es conveniente batir de rasgado que vaya el caballo haciendo piernas, metiendo las caderas, y que juntamente vaya saliendo, que cuanto más largo parare y el caballo más trasteare e hiciere piernas, será más galán y mejor; excusándose todo lo posible de hacerle demasiada sangre, por ser contraria obra al buen hombre de a caballo.

POSTURAS DE CAPAS

Las posturas de capas, son muchas las que se pudieran decir para que el caballero pase su carrera; pero con gracia y donaire son pocas, y dellas pondré seis modos, que serán las que mejor me han parecido, y el caballero podrá elegir la que más hiciere a propósito del hábito que llevare; y de ellas cada uno podrá fabricar nuevo modo, que un buen entendimiento todo lo alcanza, que como se haga con donaire, todas serán buenas. Débese considerar que se podrá el caballero hallar con una de [estas] tres capas: capa corta, o capa de luto larga, o ferreruelo.

Y si se hallare con la corta, sea terciada, que es mejor, y soy de parecer que le ponga fiador al cuello, cosido a la parte del hombro izquierdo, y en lugar dél, y por su falta, dará debaxo de la capilla sobre el mismo hombro, unas puntadas para que la capa no resbale; y hecha esta prevención, cuando se vea en la carrera, se pondrá su capa igual en los hombros, en el punto como cuando pasea por el pueblo, y desta manera la pasará, habiendo antes que entre en ella levantado sobre el hombro izquierdo la parte que en aquel lado cae sobre la mano, y el cabo y punta por baxo del propio brazo detrás de la guarnición de la espada metida en la pretina; y advierta a que apriete bien la gorra en la cabeza, porque en entrando en el paseo parecerá mal cualquier movimiento que hiciere, y porque se inquietará el caballo; y es mucha gala y bizarría llevar silencio y el cuidado en los oídos del caballo y en la mano de la rienda, por que no se descomponga con malicia y le haga una falta; y en revolviendo a los primeros trancos, dexará caer la capa del hombro derecho sobre las espaldas y arzón trasero; con este modo de capa se descubre el cuerpo todo y la gallardía del caballero, y es la mejor de todas.

Otra postura diré de capa corta, que es: después de haber levantado la parte izquierda, derribará la capa por detrás del hombro, metiéndola por debaxo del mismo brazo, recogida con gracia, y la punta pasará por delante a meterse en la pretina a la parte izquierda, y la parte de la capa de aquel lado la meterá debaxo del propio brazo, advirtiendo a descubrir el cuerpo de la capa que se atraviesa del lado derecho al izquierdo, para la meter en la pretina, porque ha de pasar por la concavidad della. Este modo de capa es bueno, y sirve para traer vueltas en la escaramuza.

De capa larga de luto diré otras dos posturas. La

primera es que tendida la capa de ambas partes, se alzará la parte izquierda sobre el mismo hombro, y el cabo desta parte debaxo del brazo sobre la guarnición de la espada, y con la parte derecha se rebozará, tendida la capa entre el arzón delantero y el cuerpo, descubriendo rostro y cuello, metiendo por de dentro la mano, calzado el guante, y poniéndola sobre el rebozo, uñas abaxo, asiendo con ella al descuido la capa; y de tal manera que parezca toda la mano fuera, la cual se ponga arrimada al hombro izquierdo, porque sacará mejor el brazo y capa, y con esta postura hará el paseo y pasará la carrera; y en siendo tiempo de llamar y parar, sacará de donde lleva puesta la mano, brazo y capa, todo junto, arrojando la capa atrás, dexando el brazo en la línea y altura que se debe poner, como adelante diremos.

También puesta y rebozada la capa en la manera referida, levantada la parte derecha sobre el mismo hombro, meterá por defuera la mano entre el rebozo y el pecho, y allí metida, hará su paseo pasando su carrera, y sacará su brazo sólo, dexando la capa en la postura que se va; y si quisiere parar sin sacalle, lo podrá hacer con la misma postura de la carrera, y parecerá bien.

Con ferreruelo hay otros dos modos de carrera, aunque de los ya referidos se pueden aprovechar, siendo corto el ferreruelo, pero más propiamente se acomodan los que diremos.

El primero será, puesto el ferreruelo en la postura del paseo de a pie, echada sobre el hombro izquierdo la vuelta, y el cabo se pondrá debaxo del mismo brazo, y con la mano derecha, tendido su brazo, se cogerá el ferreruelo de aquella parte a su pareja, sin que se eche de ver, y en esta postura irá su paseo; y volverá partiendo y en la misma postura, su brazo firme, pasará la carrera, y en queriendo parar, levantará el brazo con presteza, arrojando atrás el ferreruelo, dexando el brazo y puño en la forma referida.

Este modo de carrera y parar tiene gracia, y también le puede soltar y derribar atrás, descubriendo todo el cuerpo al partir, y será bizarría, y si quisiere asir la punta de la parte izquierda, poniendo el brazo derecho en el punto de la rienda, haciendo vela, parecerá bien.

La otra suerte de carrera con ferreruelo extendido y derribado la mitad por detrás, echándole por debaxo del brazo derecho al hombro izquierdo, lo más llano que pudiera por excusar volumen, y luego arrojará toda la parte y punta del lado izquierdo sobre la espalda y hombro, y con la mano derecha por detrás asirá la punta, y la tirará hasta que la asga en la pretina del lado derecho por debaxo del brazo; este modo sirve también para las vueltas o tornos en escaramuza, más que otra alguna con ferreruelo.

CARRERA DE GALA

Queriendo el caballero pasar la carrera pública, tomado el pretal de cascabeles, y puesta la gorra y capa en su punto, y requerido las espuelas, advierta que le metan y arrimen las astas a la barriga del caballo; esto se entiende si el caballero supiere cerrarse bien con las puntas de los pies, porque si se cierra y no ha prevenido las espuelas, como se refiere, no podrá herir al caballo; y si se abre, abotonará sin duda; y así, conforme a este aviso, se regirá el que corriere cerrado y también el que no, huyendo del daño, sabiéndose acomodar con su mucha o poca destreza, se entrará en ella; y si se hallare en el postrer tercio, saldrá hasta el puesto donde ha de parar, y allí parará el caballo, dexándole reconocer, y luego le volverá sobre la mano izquierda, si no hubiere

campo cerrado que siga la carrera, sobre que estará
obligado a volver; y si no se hallare en el postrer tercio,
desde donde estuviere, comience el paseo, porque parecerá mal si baxa mucho. De una manera o de otra,
éntrese en el paseo con mucho sosiego, llevando siempre los ojos en los oídos del caballo, que es donde hace
el primer movimiento cuando se quiere inquietar con
alguna malicia, porque hay caballos que hurtan el cuerpo y sobre dos pies dan la vuelta, y otros que se enarbo-
lan, y otros que parten derechos de carrera, despapando
el rostro, tomando el freno con los colmillos, y otros
que van gambeteando y torciendo a un lado y a otro,
y otros que corvean. Y para no dexarles dar en una
destas malicias, conviene llevar el ojo en el oído, y prevenir el tacto de la mano en la rienda para remediarlo
al punto que viere que hace movimiento en los oídos,
dándole blandamente una sofrenada y al mismo tiempo
de los pies, con que le divertirán jugándole la rienda,
y con la mano derecha le tomará una parte de la clin,
pasándola por ella una y otra vez, y por el pescuezo
hacia sí, que con esto le divertirá de la mala inclinación
y intento que tomare.

Si levantare de cabezada, póngale la mano derecha
en que tope, y habiendo llegado donde ha de dar la
vuelta, se afirmará en los estribos y recogerá la rienda
como si no hubiese de correr, tomando la vuelta en
círculo si no fuere campo cerrado; y para darla se irá
algo saliendo de la línea que llevare, de manera que
cuando la acabe de dar se halle en las propias pisadas
y línea que ha llevado, y el rostro firme; y esto se entiende más con caballos que no están hechos, que con los
que ya lo están se permite media vuelta, y de cualquiera manera ha de ser sin que se haga pausa. Y advierta que si hubiera alguna cerca, que se llama campo
cerrado, se vuelva sobre ella sin el círculo referido,

aunque esté sobre mano derecha, porque se asegurará
al caballo de que no se salga y hasta que tenga el rostro
derecho a la carrera, no parta. Y el partir sea sobre la
rienda, asiendo por cima della con la mano derecha la
clin para afirmarse con primor, por no dar vaivenes
con el cuerpo a los trancos, a más que el caballo sale
con esta prevención derecho y con mucho aliento y
lozanía. Pero si es caballo conocido y que parte asido
a la tierra, en dando los trancos, y habiéndose asegurado y cerrado con firmeza los pies y armado el cuerpo, enderezará el rostro y mira al fin de la carrera,
tomándola por medio de los oídos del caballo, llevando
el brazo derecho caído, y vueltas las uñas atrás, pondrá
la mano de la rienda en su punto, y sin batir correrá
casi un cuarto de la carrera, y luego comenzará en la
manera que llevare determinado, de modo que el caballo vaya creciendo con el rigor de la espuela en ella; y
cuando fuere tiempo, levante el brazo poco a poco cir-
cularmente, hasta poner el puño enfrente del oído derecho, algo arqueado, como cuando se quiere dar una
lanzada en escaramuza, que es lo que con él se representa, cerrando el puño, las uñas vueltas arriba, no
sacándole con riendas, porque con ellas le sacará más
baxo; y lo uno y otro se permite, según tuviere el gusto;
y sacado el brazo, comience a llamar blandamente me-
nudeando, y al mismo compás de la mano vaya batiendo
e hiriendo al caballo, para que vaya trasteando y derribándose, haciendo piernas, procurando sacarle adelante.

Para que pare largo, comience a llamar temprano
con mucha suavidad y con rigor en los pies, que es de
mucha gracia y descanso para el caballo, porque si le
llamase de golpe y olvidase los pies, parará con desgracia y sobre los brazos, que es notable fealdad; y así se
ha de poner al parar todo el cuidado, primor y fineza,
que es donde se echa de ver un buen hombre de a caba-

llo. Y adviértase que a un mismo punto, como hiciere el caballo las postreras piernas, se baxe el brazo, y antes de volver el rostro componga su capa, y vuelva luego sobre la mano izquierda con todo el sosiego posible; y si hubiere campo cerrado, sobre él, y vuelto, quitará la gorra a los presentes, volviéndose a su puesto.

Será gala y bizarría correr la carrera con guantes puestos, aunque si es principiante y nuevo jinete, no lo haga, porque le faltará el tacto en la rienda, que es la principal parte de la jineta, con advertencia de hacer la cortesía debida; y si hubiere delante rey, príncipe, consejero, virrey o gobernador, así en el paseo como después de haber corrido, la hará, quitando la gorra; pero faltando, es permitido en el paseo no hacerlo.

El conocimiento de la rienda es la más esencial parte de la jineta, por ser el gobernalle del caballo en que ha de poner el caballero todo primor, advirtiendo a saberla tomar, porque las ha de coger con los cuatro dedos delanteros, el pulgar por debaxo, y los tres por arriba, y el dedo meñique por entre las dos riendas, cogiendo en él la rienda izquierda, y las uñas vueltas al arzón de la silla. En el paseo tiene su punto que corresponde al de la boca del caballo, y en la carrera diferente, porque ha de correr sin excetar [1] ninguno sobre la rienda. El secreto del dedillo importará mucho al caballero saberle, por consistir en él todo el primor para igualar las riendas y coger el punto de la boca al caballo, con apremio o no, así en el paseo como en la carrera, que advirtiendo el caballero, la experiencia se lo descubrirá su mucha importancia, a cuyo estudio lo remito.

Volviendo a la carrera, también la puede pasar con la mano derecha puesta sobre el muslo, enarcado el brazo, y parecerá bien.

---

[1] Excitar.

También se puede pasar el brazo levantado al oído con las riendas en la mano en la mitad de la carrera, y caído en su lugar la otra mitad, y por tercios levantado y caído; pero lo mejor es caído hasta que se quiera parar.

Adviértase que para dar lanzada al contrario es falta derribar atrás el cuerpo al tiempo del parar, y también lo es caído adelante, aunque sea poco, porque tiene el mismo inconveniente, y va sujeto a desgracias; porque el sacar el brazo representa la lanzada, como se ha referido, y soy de parecer que no saque el pecho adelante el caballero, aunque muchos lo usan y tienen por bueno, y es una compostura falsa y con afectación, sino que en el ser que uno anda a pie, como ande derecho, en aquel ser ha de pasar la carrera con entereza, sin movimiento alguno, antes ausará[1] el cuerpo todo lo que los nervios dieren lugar, porque es gallardía y parece bien; y en esta postura que corriere y armare el cuerpo, en ella misma se ha de meter a parar, porque es bizarría y firmeza.

---

[1] Aupará.

SEGUNDA PARTE

DE LA TEÓRICA Y EXERCICIOS DE LA JINETA, EN QUE SE CONTIENEN CARRERAS DE CAPA Y ESPADA, LANZA Y ADARGA, ESCARAMUZA Y BATALLA ENTRE DOS CABALLEROS

CARRERA DE CAPA Y ESPADA

La carrera con capa y espada se debe correr en una de tres maneras: o sacando la espada de la vaina los dos tercios y volviéndola a meter, parando con el brazo, o acabándola de sacar parando con ella, y también desenvainándola de todo punto, y a la mitad de la carrera volviéndola a envainar; pero en cualquiera de las tres maneras que la corra ha de llevar la capa tendida, y la vuelta sobre el hombro izquierdo, y recogida la punta de aquella parte debaxo del brazo, y asido en la pretina más atrás de donde se asen los tiros, porque esté tirante y no embarace al desenvainar y envainar; y la punta de la parte derecha asida con la mano, como diximos en la primer postura y carrera del ferreruelo, todo lo que durare el paseo, hasta haber dado la vuelta al caballo y partido; y habiéndose asegurado en los trancos, dará vuelta con capa y brazo por detrás de la cabeza hasta poner el cabo de la capa sobre el brazo izquierdo, y asido con la mano de la rienda, pondrá mano a su espada.

Algunos son de parecer que se meta mano por cima del brazo, y yo soy de contraria opinión, y digo que sea por debaxo dél, porque lo hará con más libertad y sin el embarazo que la capa hace puesta sobre él, y por que se habitúe a ello para cuando tuviere el adarga embrazada, que con ella no se puede en ninguna manera poner mano por cima del brazo, sino por debaxo, con que se excusará la tardanza que la capa puede causar, que es una cosa muy fea, y es fuerza, queriendo envainar, que sea por debaxo dél, y así se debe desenvainar por aquella parte; y para hacerlo libremente, atará los tiros con una liga al muslo por debaxo de las cuchilladas de la calza, previniendo la espada conforme al capítulo de la escaramuza de lanza y adarga, donde se tratará más largamente.

Pasada la carrera en cualquier manera que sea, y acabada la obra que hiciere con la espada, tomará la punta de la capa de la mano de la rienda, y deshaciendo la vuelta por detrás de la cabeza, la volverá al puesto que la tenía cuando partió. Y en comenzando a parar, levantará de golpe el brazo al oído, de donde arrojará atrás la capa, dexándolo en el altura referida.

Las tres maneras de obrar con la espada son:

La primera, después de hecho con la capa lo que se ha dicho, se meterá mano, sin acabar de sacar la espada; habiendo sacado della más de los dos tercios, tornará a envainar, y esto con cuenta de que se gaste en ello la mitad de la carrera, porque la otra mitad se ha de ocupar en volver la capa a su puesto y comenzar a parar.

La segunda será sacándola de la vaina de todo punto, tirando con ella dos reveses, uno tras otro, quedando armado de tajo sobre la cabeza al primer tercio; y al segundo, sacando otros dos reveses, quedando armado de estocada, uñas arriba, y al tercio postrero sacará de la estocada otros dos reveses, y comenzando a parar, se armará de tajo; y en aquella postura se irá hasta que acabe, y luego baxará la espada y la envainará.

La tercera, habiendo metido mano a la espada y tirado tres reveses, gastando en ello la mitad de la carrera, tornará a envainar en la otra mitad, y envainada, parará con el brazo, habiendo primero tornado la capa a su puesto. Para esto ha menester el caballero tener mucha destreza, que, sabiéndolo hacer, será mucha bizarría y es hacer la obra cumplida, y no como algunos que ponen la rienda en la boca, y asen los tiros y vaina con la mano izquierda para envainar; y hay otros que toman la rienda larga para poder asir los tiros y vaina con la mano, que lo uno y lo otro se debe reprobar, por ser de mucha fealdad y riesgo; y por mejor tendría no acabar de desenvainar de todo punto o parando con ella en la mano, armado de tajo, por excusar el riesgo que en aquel punto caballero y caballo llevan, porque sería mucho si a tal tiempo el caballo tropezase o se torciese, o intentase alguna malicia, o se espantase de alguna cosa, como suele suceder.

Mi doctrina es que se haga envainando, porque causará admiración, como cosa tan difícil y tan agradable a la vista, pero que sea sin soltar la rienda de la mano, ni de su punto; y para ello conviene prevenir la espada, para cuyo efecto y hacerlo con presteza y certidumbre, ha de poner en su espada una vaina más ancha de la que pidiere la cuchilla, y la tablilla de afuera lo sea algo más, y la de adentro quitada, y de la guarnición la guarda más alta de la parte de adentro, y la espada se atará al muslo por los tiros con las demás prevenciones, de manera que levante la entrada de la vaina arriba, y que cabecee la contera, con que se podrá hacer seguramente; y para hacerlo en público, convendrá experimentarlo una, dos y tres veces a solas, hasta que esté diestro en ello el caballero. Algunos ponen un brocal ancho en la boca de la vaina, de hoja de lata, y no es bueno que se haga, porque será prevención notada y embarazosa.

Advirtiendo que el caballo corra muy atropellado y asido a la tierra, para que el cuerpo del caballero vaya sereno sin dar vaivén ninguno, porque impedirá el poder envainar; para cuyo efecto dexará de batir en la carrera, asiéndose bien con las piernas al caballo, y el cuerpo suspendido sobre los estribos, y el pecho levantado y sacado afuera, para guiar con él, la espada a la vaina, que aunque haya de baxar el rostro para la mira, no será inconveniente, pues ambas cosas se pueden hacer a un tiempo mismo; y para mejor envainar, se facilitará con arrimar el codo del brazo izquierdo a los tiros, para asegurar tiros y vaina, que sin dexar la rienda de su punto, alcanzará bien a poderlo hacer, y envainada, volverá la capa a su lugar y sacará el brazo, según habemos referido.

POSTURAS DE LANZA Y ADARGA

Siendo, como es, verdad que la carrera de lanza y adarga representa las veras de la guerra, no es justo que se adultere, como lo han hecho algunos que dello han escrito, dando preceptos que se corra lanza sola con capa puesta en los hombros, que lo uno y otro reprueba bien la razón; y porque la lanza sin adarga es cosa fea, dejativa y desairada, y mucho más con capa, porque la invención de la jineta fué para la guerra, y para ella se aplicó la lanza y adarga; y fué prudente

consideración, así para la defensa del caballo y caballero como para la ferocidad que con ella promete al
enemigo, como también por la gala y bizarría; y en
esta conformidad, pudiendo acompañarse la lanza con
el adarga, no se debe dexar de hacer, antes se debe
rehusar tomar la una sin la otra, si no fuese en caso
muy apretado.

Bien pudiera, como han hecho otros, gastar capítulos, tratando primero de la lanza sola, con capa y
adarga, con capa y lanza; pero como cosa impertinente
lo dexo así por no cansar al profesor desta doctrina,
como porque la que es compendiosa aprovecha más y
da más gusto; y esto supuesto, el jinete que la hubiere de correr, en la parte que se hallare primero se calce
y ajuste las espuelas, si no las traxere puestas, tomando el pretal de cascabeles, y puesto al caballo embra-
zará el adarga, dexando la capa, pues en la guerra
no es permitida con las armas en la mano; y embrazada
y ajustada la rienda al caballo, y asegurado la gorra o
sombrero, tomará su lanza, advirtiendo bien la que ha
de correr en el pensamiento, considerando que hay
cuatro posturas generales, y en la carrera tres tercios,
para que de la una de las cuatro fabrique en su entendimiento la obra della, repartiendo los tercios de la
carrera, dándole a cada uno el espacio o priesa que
conviniere para ajustarse con gracia, como adelante
diremos.

Y para que mejor se considere, diré las cuatro posturas de las cuales y de cada una dellas se pueden sacar
lanzas bizarras, airosas y de provecho, demás de las
que aquí se pusieren, haciendo cada uno nueva invención; que como la lanza no se pierda, ni se saque de la
mano, y se guarde el orden de los tercios, todas serán
buenas, porque es el conocimiento para dar una lanzada,
y sin él y su repartición no se podrá ajustar el caba-

llero con el enemigo para irle hiriendo sin perder ocasión.

La primera postura es terciada la lanza en la mano, uñas arriba, a la parte del cuerpo, arrimada al pecho, respondiendo el tercio de hierro por cima de la mira del adarga, que es el ángulo que hace en lo alto della, y el tercio del cuento salga tendido por cima de brazo y codo.

La segunda es terciada la lanza en el puño y puesto sobre el muslo torcido a la banda del cuerpo, de manera que las uñas de los dedos miren al cielo, que con esto el brazo quedará en hueco y con gracia, el tercio del hierro responderá más alto que el oído izquierdo del caballo, y más levantado que el cuento.

La tercera es terciada en el puño sobre el muslo más al lado del antecedente, mirando las uñas de los dedos al cielo y a la parte del cuerpo para la gracia del brazo, y el tercio del hierro responda por lo alto de las ancas del caballo, y el tercio del cuento en la línea del estribo derecho, más baxo que el hierro.

La cuarta y última es terciada la lanza en el puño, y puesta sobre el hombro y el hierro atrás, y el cuento delante, algo más derribado y al hilo del caballo, el puño arrimado al hombro y el brazo al cuerpo.

Con estas cuatro posturas, teniéndolas en la memoria, y la obra de todas las lanzas, como diremos, se pueden obrar y correr; que sabiendo repartir los tercios podrá el caballero salir a la carrera pública y atreverse con seguridad, eligiendo uno destos modos, que cualquiera dellos parecerá bien.

Otra postura de la lanza dexo de poner, que es puesta en el hombro y el hierro delante, por ser de vaquería,[1] y también de dar la lanzada a toros, y de entradas de juegos de cañas, que sólo se aplica para

---

[1] De vacada.

estas tres cosas, como adelante se dirá; y en todas ellas apercibido el caballero de adarga y lanza, requerirá el sombrero o gorra, advirtiendo que ésta será mejor, así por gala como porque se aprieta bien en la cabeza y lleva más seguridad.

PRIMERA CARRERA DE LANZA Y ADARGA
SOBRE LA PRIMERA POSTURA

En la primera postura se meterá el caballero en la carrera, habiendo echado los cascabeles al caballo, terciará su lanza, llevando su gallardete, guardando los preceptos referidos; y si la carrera fuere en presencia del Rey, Consejo Real o Gobernador, comenzará su paseo desde donde se hallare, habiendo procurado tomar el más cercano puesto del paradero, así para que mejor reconozca el caballo la carrera como porque campeará más, advirtiendo que estará obligado a hacer la salva; y para ello tenderá su lanza en la mano de la rienda entre el adarga y el cuerpo, el hierro atrás, y con la derecha quitará su gorra, y luego tornará a empuñar su lanza, volviendo a la postura que antes llevaba; y llegado a tomar la vuelta, la dará sobre el lado de la adarga, aunque sea campo abierto, y sobre el lado de la lanza cerrado, y para la dar refrenará el caballo hasta en tanto que haya vuelto; y enderezado el rostro a la carrera de donde partirá, afirmado en los estribos, y abrigándose con la silla armará el cuerpo derecho, llevando el adarga pegada a él; y en asegurando los trancos el caballo, irá sacando de la mira de la adarga la lanza a la parte derecha, baxando el hierro y levantando el cuento por detrás de la cabeza, le pasará por la mano, dando vuelta entera, hasta poner el hierro delante y alto, al hilo del caballo, y el puño enfrente del oído, y como se ha referido, el hierro de la lanza levantado algo más que el cuento. En esta postura señalará el primer tercio, haciendo pausa, y luego, trocando y metiendo el hierro de la lanza por cima de la cabeza, torcida la mano y muñeca, vendrá a pasar tras del hierro el cuento, derribándolo sobre el brazo y codo, quedando la lanza y mano uñas arriba, y el hierro alto, y el cuento baxo; y porque en esta postura queda el puño algo delantero del oído, dará un golpe, embebiendo el brazo hasta emparejar el puño. Este modo de la lanza y postura tiene mucho donaire y gracia más que otra; de allí tomará posterior tercio, baxando la punta y levantando el cuento, sacándole por la cabeza, deshaciendo la vuelta que a la mano tendrá dada, volviendo el hierro adelante y baxo, acompañando el brazo a la lanza y metiéndola en ristre, comenzará a parar, alargando un poco adelante el brazo, tornándolo a recoger, y sacando la lanza sobre la mano y puño, poniéndola enfrente del oído, de donde acometerá tres veces a herir, señalando las heridas que rematan la carrera, y dando la vuelta de la lanza por la palma de la mano de arriba para abaxo, volverá el cuento, poniéndolo en el suelo, y el hierro de la lanza quedará derecho al cielo y empuñada; y esta obra se rematará nivelada con la carrera del caballo, porque parecerá bien. Y hecho esto, volverá el rostro y caballo a la carrera, donde llegarán los lacayos o pajes a quitarle la lanza y adarga, a tomar los cascabeles y a ponerle la capa; y puesta, quitará su sombrero a los presentes y se volverá a su puesto.

SEGUNDA CARRERA DE LANZA Y ADARGA
SOBRE LA SEGUNDA POSTURA

En la segunda carrera de lanza y adarga se entrará el caballero en el paseo, guardando los preceptos referidos, y en partiendo y asegurando los trancos del caballo, irá levantando la lanza y brazo hasta poner el puño enfrente del oído, levantando el hierro y derribando el cuento, y tan despacio que en ello gaste el primer tercio de la carrera, y en señalando, le dará vuelta a la cabeza con la parte del hierro, y tras dél con la parte del cuento; y en pasando, la derribará sobre el brazo y codo, levantando el hierro y baxando el cuento de atrás, y porque en esta postura queda el brazo delantero; como se ha referido en la antecedente, le retirará con un golpe hasta nivelar el puño con el oído, y allí señalará segundo tercio, deshaciendo la vuelta que tendrá dada por cima de la cabeza, hasta poner el brazo derecho, y el hierro delante le dexará alto, y derribará el cuento, y el puño enfrente del oído, y derribando de aquel punto la mano, pondrá la lanza en el ristre, de donde la sacará en la manera referida de la primera lanza, haciendo sus acometimientos y heridas, le dará la vuelta hasta poner el cuento en el suelo.

TERCERA CARRERA DE LANZA Y ADARGA
SOBRE LA TERCERA POSTURA

En la tercera postura, como hemos referido, se entrará en la carrera guardando los preceptos dados, y poniendo el cuento de la lanza sobre el pie derecho, empuñándola frontero al hombro, llevando el hierro derecho al cielo, y cuando esté al postrer tercio la revolverá y pondrá en su postura hasta que haya vuelto, partido y asegurado los trancos el caballo, y de allí irá levantando el brazo hasta poner el puño enfrente del oído, y sin parar, revolverá la muñeca y mano para que el hierro de la lanza pase adelante, donde se señalará el primer tercio, blandiendo la lanza; y de allí sacará segundo tercio, dando sobre la palma de la mano una vuelta a la lanza de arriba para abaxo, y si pudiere meter dos vueltas, que son floreos, en este segundo tercio, parecerá mejor, que haciéndolas apriesa lo podrá obrar; y señalando su tercio, metida la lanza en el ristre, sacará dél el postrer tercio, dando una vuelta y floreo por cima de la cabeza, quedando la lanza sobre el brazo y codo, y la mano terciada, uñas arriba; advirtiendo retirar el puño con un golpecillo enfrente del oído, como se ha referido, teniendo el hierro alto y el cuento baxo, y en esta postura irá parando, sin buscar el ristre, porque esta lanza se permite, por haber enxerido el enristre en el segundo tercio; y comenzando a parar, baxará el hierro y levantará el cuento, que metiendo el dedo pulgar por debaxo de la lanza se hallará empuñada, y haciendo sus tres acometimientos y heridas parará, dando vuelta a la lanza, para poner el cuento en el suelo a las postreras piernas que hiciere el caballo.

CUARTA CARRERA DE LANZA Y ADARGA
SOBRE LA CUARTA POSTURA

En la cuarta postura el caballero se meterá en la carrera terciada la lanza, guardando los preceptos referidos, y al revolver el caballo irá sacando la lanza por cima de la cabeza, de tal manera que cuando acabe de dar la vuelta el caballo, el caballero se halle con la lanza en el ristre, y en él se irá el primer tercio; y al segundo, alargando un poco el brazo, dará un floreo en redondo por lo alto de la cabeza, de modo que la lanza quede tendida sobre el brazo y codo, y el hierro adelante y más alto que el cuento, y la mano uñas arriba, retirándola con el golpe referido, nivelando el puño con el oído; y señalado este tercio, de alto a abaxo, dará una vuelta a la lanza y mano, con que quedará el hierro delante, y la mano uñas abaxo, metiéndola en el ristre, sacándola luego sobre el brazo, y señalando sus heridas dará vuelta a la lanza, poniendo el cuento en el suelo, con que habrá ajustado y parado su caballo.

Destas cuatro posturas generales nacen muchas lanzas gallardas que no refiero, porque será bien que cada uno estudie y fabrique de su cabeza, pues le damos doctrina para ello con que se tenga cuenta de observar los tercios, y el enristre y botes del herir, porque sin esta cuenta serán lanzas perdidas. Dexo de tratar de la postura de la lanza de alancear toros en estas carreras, porque no la he querido aplicar sino con propiedad, como adelante trataremos; pero el que quisiere usar della lo podrá hacer por su cuenta, fabricando la obra que le pareciere.

Advierto a que se ha de llevar siempre en la lanza gallardete, que llaman bandereta, porque es cosa vistosa y gallarda, y a falta, ponga un pañuelo bueno de puntas, dando un nudo en la una esquina, que con una cinta se podrá atar en el hierro por el nudo y punta donde fuere dado, quedando las demás sueltas y pendientes.

COMBATE Y ESCARAMUZA DE LANZA Y ADARGA
ENTRE DOS CONTRARIOS

Para que podamos con claridad dar a entender esta batalla y escaramuza, lo que el caballero estará obligado a obrar en ella, será conveniente que tratemos primero de las heridas para que las aperciba, y cuántas son, así para entrar hiriendo y reparando como para salir desbaratando y hiriendo; las cuales son ocho, cuatro para herir yendo entrando y cuatro para herir yendo saliendo; que consideradas, cada uno podrá glosar y elegir conforme viere la ocasión del contrario, y de la manera que se armare cuando fuere saliendo, y con la que acometiere, procurando siempre para herir ganar la distancia, y de que no se la ganen cuando le entran hiriendo, y que por los ángulos que hiciere con su lanza en la del contrario la reconocerá, porque no es bueno herir y salir herido, que aunque es verdad que lleva adarga para cubrirse, no todas las veces se puede guarecer caballo y cuerpo de caballero, por cuyo respeto se ha de andar con tanta viveza en la escaramuza, y con tanto conocimiento, que ha de hacer cuenta que no lleva adarga para defenderse, encomendándolo todo a la lanza, habiendo bien percibido todo lo que se ha tratado.

Las cuatro heridas para herir en el alcance son: La primera, la del enristre con sola la mano derecha, que es la más principal herida. La segunda es tomando por el cuento la lanza con la mano derecha, guiándola por la mano de la rienda. La tercera, terciada y empuñada la lanza sobre el brazo, acometiendo por encima de la mira del adarga. La cuarta, tomada por el cuento con sola la mano derecha, guiándola por la mira de la adarga, con que hará el adarga doble. Y estas tres últimas se han de embeber para dar mejor la herida a su tiempo.

Las cuatro heridas para ir saliendo son: La primera, terciada la lanza en la mano, vuelto el hierro al contrario que sobre él viniere, y el cuento por encima del hombro, arrimando el asta al cuello detrás de la cabeza, para que haga fuerza el desvío y reparo de la del contrario, y para que quede en potencia de poder herir. La segunda es, metida la lanza en el ristre, volviendo cuerpo y lanza al contrario, alargándola lo más posible que pudiere. La tercera, tomada por el cuento, y tendida por encima del brazo y codo para poder tirar botes, recobrándola en el aire al mismo brazo, o dexándola caer y rozar en el suelo, trayéndola arrastrando, viniendo el enemigo desviado y en alcance para obligarle a que cierre, y a su tiempo recobralla sobre el brazo, para tirar la herida al blanco que viere descubierto, o al hocico del caballo, para que desbarate. La cuarta es, tomada por el cuento y vuelto el hierro atrás sobre el contrario, teniéndola sobre el brazo de la rienda por entre el adarga y cuerpo.

Fuera destas hay floreos que de una herida a otra corren, conque se van encadenando y armando, que como sea para disponer heridas, todos son buenos, abreviándolos todo lo posible, y como no se hagan en esta razón, se debe huir dellos en las veras, aunque en los regocijos parecen bien y son permitidos para que el caballero se gallardee y se desenvuelva dando gusto a los presentes.

Adviértese, entre otras muchas tretas, que la escaramuza descubrirá, [hay] una que es buena para volar al contrario de la silla, pero ha de ser buena y fuerte la lanza; y es que al tiempo que le ganare el lado se vaya sobre él con el enristre segundo, y cuando fuere el contrario revolviendo, apriete de remesón al caballo cubriéndose de su adarga, dexando caer la lanza entre el cuerpo y arzón delantero de la silla, cargando el cuerpo sobre el cuento para la fuerza que ha de hacer, demás de que se cubrirá mejor con el adarga, procurando atravesársela por debaxo del brazo derecho, que sabiéndolo hacer con presteza le volará de la silla.

Para obrar bien en esta escaramuza, ora que sea solo el caballero acompañado por gallardía, o que ya sea a todo trance con el enemigo, importará mucho llevar caballo alentado, revuelto y presto a la rienda y espuela, y, sobre todo, ligero para salir y entrar en los movimientos suyos y del contrario, y blancos que descubriere, y para ganarle el lado descubierto, que es el de la lanza. Y para todo le conviene primero al caballero ajustarse con ánimo y conocimiento, porque sin estas dos partes importarán poco las referidas del caballo, porque sólo podría servir para huir y dexar la batalla en que se hubiese metido.

Pero presupuesto que está aprestado caballo y caballero para batallar con su contrario mano a mano, diré la ofensa y defensa que puede hacer y tener en la batalla, por el mejor lenguaje, término y razón que yo pudiere; aunque este género de batalla, para percebilla bien, consiste más en demostración que en preceptos y reglas, aunque es verdad que el que tuviere algunos principios y fuere especulativo se podrá aprovechar bien.

Y volviendo a nuestro propósito, digo que antes que entre en la batalla, el caballero ha de tener prevenidas y requeridas todas las cosas necesarias, como son los aciones, que éstos han de ser fuertes, y asimismo los arriceses en que van puestos, porque es la parte que más ha de trabajar, porque ha de andar suspendido y cargado todo el cuerpo sobre ellos. Tras esto la cincha que vaya segura, de manera que no reviente, y las cabezadas y freno del caballo se asegure con sus fiadores; porque ha sucedido, o por industria del contrario, por desdén y falta del caballo, perder el freno, echando fuera las cabezadas, por mal puestas y mal prevenidas. Asimismo, se debe prevenir las espuelas para que no falten, y el sombrero para no perdelle, reparándose secretamente debaxo de la ropilla de un buen jaco de malla fuerte, de macho y hembra gruesa; que para este modo de batalla es la mejor arma de todas, respeto de los dobles y quiebras que el cuerpo ha de hacer; porque con otra arma tiesa se hace mal, y llevándola secreta, aunque el enemigo alcance que va armado, y lo haya probado con la lanza, como no se vea por el ojo, una vez que otra se le podría ir de la memoria y querer herir como en hombre desarmado, cosa que importará mucho para executar la respuesta con buen efecto. La espada conviene que se lleve a propósito para echar mano a ella cuando se le ofrezca la ocasión. Ésta usan algunos caballeros ancha y corta, y yo la uso siempre de la marca, y la más ligera que puedo; aunque en esto cada uno siga lo que mejor le pareciere, que para mí yo tengo por mejor espada la de cinta, como no sea verdugo, sino algo ancha, tiesa y ligera, por lo mejor que con ella se alcanza a las heridas, y se sustenta más en la mano sin cansalla. Sólo tiene una dificultad, que es el no poner mano a ella con tanta presteza, por lo que tiene de largo; pero esto lo he yo remediado las veces que se me han ofrecido en escaramuzas contra el enemigo, o en regocijos y fiestas por gallardía batallando con algún caballero amigo, atándola con una liga al muslo, como he referido se ha de hacer en la carrera de capa y espada, como se debe hacer y atar por entre los tiros y por debaxo de las cuchilladas de las calzas, y aunque sean valones se puede poner, porque puesto a caballo, no se echa de ver. Y el que quisiere ser más curioso sin esta prevención, lo podrá hacer con mucha libertad y presteza,

como yo lo hago, quitando de la guarnición de la espada
por la parte de adentro la guarda más alta, como siempre la traigo quitada, que aun para a pie, y a un tiempo
poner mano a espada y daga, sin ser ayudada la espada
de la mano izquierda; es cosa de buena prevención y
provechosa, como cada uno lo hallará, si lo experi-
menta; que como vaya echando mano, desgonzando la
muñeca sobre los recazos de la espada, y con reportación y no apresuradamente, que como así se haga a
pie y a caballo la sacará, aunque sea más larga de la
marca. Y cuando a caballo eche mano a ella, advierta
el caballero levantarse sobre los estribos, porque se da
más libertad y es mucha desenvoltura y gallardía, y
parece bien a los presentes que a la mira están. La lanza
y adarga se debe procurar con mucho cuidado que sean
buenas y ligeras y en proporción.

La lanza para las veras ha de ser de fresno y de dos
costas, la más ligera que posible sea, dándole para ello
el delgado conveniente, por la seguridad de que no se
canse el brazo. La medida suya ha de ser correspondiente a la del enemigo, y no alcanzando la del contrario, ha de ser de diez y ocho palmos, y el hierro de hoja
de oliva; y para regocijos y fiestas, donde sólo ha de
ser gallardía, será el asta de pino o otra madera liviana,
y el hierro de mojarra[1], por ser más agraciado, y la medida de diez y seis a diez y siete palmos. Y a cualquiera
de las dos lanzas se le pondrá gallardete de tafetán de
dos colores, y en cada punta su borla de seda, y en medio
del ángulo que hace otra, advirtiendo que los cordones
que colgaren del hierro de la lanza se recojan para la
escaramuza, siendo en batalla de contrario en tal manera que no sobre de cada uno un coto de mano; porque
siendo largos, se revuelven a los desvíos que se hacen

---

[1] Moharra.

con los de la lanza contraria y quedan presos, y es fuerza perder uno de los dos la lanza por no haberse advertido, como a mí me sucedió en Carragena[1] de las Indias con un moro en desafío, que cuando andábamos más encendidos en la batalla, en un desvío que yo hice a una herida que el moro metió, se revolvieron los cordones de tal modo que fué necesario cada uno hacer su diligencia, y poner fuerza por no perder la lanza; y tengo por muy cierto que si no me aprovechara de la destreza de la espada en aquel tiempo, me sacara la lanza de la mano o a mí de la silla por cogerme atravesado con el caballo, y tal pensaron muchos de los presentes, y en particular el caballero que me apadrinaba; pero valiéndome de la destreza contra la fuerza que él puso, me dexé ir con el cuerpo, brazo y lanza tras él hasta que remató su fuerza, y en aquel punto me recobré en la silla, y creciendo la mía, se la saqué de la mano; y el fin que tuvo la batalla los que se hallaron presentes, que fueron muchos, le cuenten, que no es del intento deste libro más de lo referido. Sólo diré que si sucediere este caso por algún acontecimiento con algún caballero, se aproveche de esta destreza, que sabiéndola aplicar, será suya la lanza del contrario.

Soy de parecer así con el amigo[2] como en regocijo con caballero amigo, que se eche al cuento de la lanza una bola, a proporción, y que della salga una espiga que entre por barreno hecho por el cuento arriba, y [por] su grosor entre premiosa hasta topar en la bola, y encolada para más fixa servirá este remate para que contrapese la lanza y la haga ligera, y para que cuando corriere la lanza por el puño, halle la mano retenida en ella; porque ha sucedido muchas veces por falta desta

---

[1] Cartagena.
[2] ¿Enemigo?

prevención perder el caballero la lanza, por deslizársele inadvertidamente y falta de pulso.

El adarga también es justo que sea buena, y para que lo sea ha de ser cuanto a lo primero más mediana que grande y ligera, y la embrazadura alta, y della abaxo tiesa, y la parte de arriba blanda, porque la parte baxa siendo tiesa guarda mejor el caballo, y la parte alta hace doblez a las heridas que se meten por cima de la mira. Esta adarga ha de tener dos embrazaduras y una manija; las dos se han de meter en el brazo con que ninguna pase el codo, y la manija se ha de tomar con la mano de la rienda. Y sobre si ha de tener esta manija o no, hay opiniones contrarias unas de otras; y es bien que la tenga, porque para las veras cubre y cierra mejor el cuerpo en los enristres, y el caballero es más señor de la adarga, así para las veras como para cualquier regocijo; y el que la sintiere embarazosa, con no meter la mano en ella podrá pasar con su gusto; pero el mío es empuñarla y aun el de todos lo será si lo experimentan una vez; y si la adarga estuviere sin ella, y hubiere quien gustare de que la tenga, échele en su lugar un listón de seda, que con dos barrenos que se den en aquella parte se podrá poner ajuntándolo, y lo tengo por mejor que la manija.

Y puesto en su punto el tiracuello o fiador por otro nombre, será bien que se le eche tan largo y proporcionado, que puesto el caballero en el caballo, no le obligue a levantar la mano de la rienda, porque hará descomponer el caballo.

Este fiador sirve de más de descansar el brazo del peso que la misma adarga tiene, para sacar el brazo de las embrazaduras y dexarla colgar del hombro para tomar algún aliento, y también para si la quisiere colgar del arzón, cuando al caballero le conviniere. Este fiador se ha de meter en la cabeza después de haber embrazado el adarga, para que sin soltar la rienda de la mano se ponga y se quite todas las veces que quisiere; y para ello, cuando se quisiere embrazar la tal adarga, ha de quedar con fiador, que será un tafetán, porque asienta mejor que ninguna otra cosa por detrás del codo; y este fiador se meterá por la cabeza hasta que asiente en el hombro derecho. Trato de poner el fiador porque hay muchos caballeros que no lo saben poner, aunque son hombres de a caballo o lo presumen.

El pretal de cascabeles es bien que no se olvide, así en regocijos como en las veras, porque demás de ser cosa gallarda, es lozanía, y alienta en gran manera al caballo, y el caballero cobra contento, disposición y desenfado, y el enemigo no recibe dello ningún beneficio.

Con estas prevenciones entrarán en el campo los combatientes, ora sea en desafío verdadero o por regocijo, cada uno de por sí con su padrino al lado derecho, y delante su trompeta, a caballo, tocándola, y en esta postura reconocerá cada uno el campo, dándole vuelta entera; si estuviere desocupado del contrario, tomará el puesto que quisiere, señoreando con la vista el sitio señalado para la batalla.

A quien el padrino estará advirtiendo y trayendo a la memoria las cosas que más le importan para el combate; y que el puesto que tomare sea partiendo el sol, si le hubiere, y siendo el campo para ello acomodado, porque no ha de entrar con ventaja, que bastará que entre escogiendo sitio, y habiéndose enristrado, será la ventaja de quien la ganare por su presteza.

Y advierta cada uno que la vuelta que diere al campo ha de ser sobre la adarga [1]; llevando la lanza en una de las cuatro posturas ya referidas para la carrera,

---

[1] Sobre el lado izquierdo.

escogiendo la más a propósito y más de su gusto, y la que le pareciere más bizarra.

El segundo que entrare en el campo sea con el propio orden, y si pudiere entrar con postura de lanza diferente de la del contrario, para por ella ser conocido y para el gusto de los que miraren, es bien lo haga. Y entrará reconociendo el campo, y en descubriendo al contrario, tomará la vuelta de manera que le quede por el lado de la adarga, llevando a su padrino al de la lanza[1]. Y la vuelta sea partiendo el campo, haciendo el círculo corto para pasar desviado de su contrario, y en cogiéndole la frente, le volverá el rostro del caballo.

Y a este tiempo las trompetas tocarán la seña del combate, desviándose los padrinos como diez o doce pasos, y los caballeros voltearán sus lanzas para ponellas en los puños sobre los brazos blandiendo cada uno la suya, amenazando al contrario con el hierro delante llamándole a batalla, apercibiendo para ello al caballo con las espuelas, y firme en los estribos; y en correspondiendo el uno al otro con la seña, revolverán las lanzas hasta metellas en el ristre, y sobre él partirán a encontrarse.

Y adviertan que en este enristre alargue cada uno la lanza algo más que terciada, y el brazo sacado adelante, por que si hicieren presa los hierros en adargas o cuerpos pueda cada uno levantar el brazo, y por debaxo dél y de la lanza meter la cabeza para que le quede la lanza sobre el hombro derecho; en cuya postura y potencia la sacará de la herida que hubiere dado al contrario sin trabajo ni riesgo de perderla ni de ir al suelo; que sabiendo hacer esta vuelta, y dexar ir el brazo con el golpe del encuentro, es cierto que no la perderá, y el propio contrario lleva la lanza hasta

---

[1] Sobre el lado derecho.

dexársela puesta en el hombro. Adviértase a cubrir cada uno en el enristre y de abrigar la lanza con el borde de la adarga, cargándola sobre ella, y la puntería la haga alta para buscar al contrario y blanco descubierto, porque es lo mejor de alto a baxo; esto se debe entender siendo la batalla con enemigo, porque si fuere amigo, en fiestas o regocijos, ha de pasar la puntería por cima de la cabeza más de dos palmos, topando y cruzando las lanzas en él encuentro una con otra, revolviendo con presteza así como pase cada una sobre el contrario y lado de la adarga, empuñando la lanza sobre el brazo, y poniéndola en la mira de la adarga; y si el contrario hubiere sido tan presto como él, y anduviere en torno, enfrontada la adarga con la suya y propia postura, el que traxere el caballo presto procúrese arrimar al contrario, tirándole algunos botes de lanza, advirtiendo no desabrigarla de la mira, porque le importará mucho, así para seguridad y descanso del brazo como para impedir las heridas que el contrario le tirare; y si fueren baxas al estribo o barriga del caballo, baxará el adarga con la lanza en la mira, y a un mismo tiempo herirá del pie izquierdo al caballo para que saque la cadera y enderece el rostro al contrario, ayudándole con la rienda; y tras ello cierre con el contrario de remesón, que siendo ligero le ganará el lado de la lanza, pasando por las ancas del caballo, y si le ganare, éntrele hiriendo, y pasando se alargará para alentar el caballo cogiendo la vuelta espaciosa, y sobre el adarga; también puede hacer que se va saliendo, y revolver con remesón para tornar a ganar el lado.

Y si el enemigo se armare con la primera herida[1] al tiempo que fuere sobre él, le procure herir con la tercera suya; y si se armare en la segunda, le hiera con la

---

[1] Primera postura.

cuarta; y si se armare con la tercera, le hiera con la segunda; y si se armare con la cuarta, le hiera con la primera; pero podrá arbitrar y elegir, como quien traerá la cosa presente, conforme se le ofreciere ocasión; porque ya le podrá sobrevenir tal que le convenga mudar del precepto que le damos.

Pero es bien que sepa las contras con alguna propiedad, procurando sobre todo adargarse bien; y en recibiendo el golpe en el adarga, resurtillo a la parte de afuera, levantando algo de la adarga, metiendo al mismo tiempo su herida, y para rematar breve la contienda, procure afligir al contrario todas las veces que hallare alentado el caballo para ello, y metiéndosele siempre para herir, que como se le arrime y abrigue la lanza con el adarga, andará en potencia para ofender y defender, y advierta a que el contrario, cuando rebatiere la herida que se le tirare, que sea con cuidado, que en descubriendo blanco executarla de su parte.

Y así conviene que se lleve primera y segunda intención, con la primera hacer acometimiento, y si el contrario desbaratare a tal tiempo hurte la lanza para que desbarate en vacío, apretando con presteza con la segunda intención, y si se fuere el contrario armado en la herida, sin hacer movimiento de industria, aunque se le haga el acometimiento, por ser diestro y entenderle, póngasele la lanza por la parte de afuera, y en juntándola con la suya, desbarátela, y en haciendo ángulo, apriete la herida, y tras ella váyase saliendo.

Y para obligarle a los enristres, si reconociere en ellos ventaja, tome su vuelta; y cuando la vaya dando, en descubriendo al contrario por el lado de la adarga, dé la vuelta con presteza sobre el de la lanza y enristre, porque a tal tiempo le será forzoso al contrario enristrar también para salvarse del riesgo que corre cogiéndole atravesado, de que siempre se ha de guardar el caballero que el contrario no le coja a él; y también se advierte al que se saliere retirando, que meta piernas al caballo y procure dar la vuelta sobre el adarga con toda presteza, y si le diere el contrario alcance, por tener más ligeio caballo, y le tirare alguna herida, desbarátela con mucho conocimiento y reportación; porque si se la tirare en la primera intención, que será con bote frívolo, váyase quedo en la misma postura hasta que le parezca que puede coger con certidumbre la lanza contraria para desbaratársela hasta dar la vuelta sobre el adarga; y para tener este conocimiento, siempre considere las distancias que hay de su lanza a la contraria, y la que hay de la contraria a su cuerpo, porque habiendo menos de lanza a lanza que de la lanza contraria su cuerpo, no puede el contrario herir sin ser desbaratado con línea trasversal.

Saliendo[1], como es fuerza para herir, ganar las distancias, porque en esta arma es medio proporcionado, poniendo el atención en tres cosas del contrario: en el caballo, en el brazo y en la lanza; porque será necesario para llegar a herir hacer dos movimientos en las tres cosas referidas; porque primero ha de mover el caballo y tras él el brazo, a quien ha de seguir la lanza; y si algún desbarate que hiciere fuere en vacío, por mala suerte o inadvertencia, y no hubiere revuelto su caballo por ser mal arrendado o ya porque el caballo del contrario fuese más ligero y le llevare ganado el lado, acorte los floreos del desbarate, injiriendo una y otra herida con presteza; y si el contrario, aunque le llevare ganado el lado, fuere desviado y delantero, en cualquiera proporción que sea, revuelva su caballo sobre la lanza con presteza, y quedarán adarga con adarga, y a tal tiempo seguirá el torno y círculo sin dexar que le gane

---

[1] Sabiendo.

el contrario, porque si le gana, le ganará tras él el lado, y para remedio de que no lo haga, aunque su caballo sea ligero, los tornos que diere sean más cortos y más cerrados que los del contrario, para que no le gane el lado de la lanza, que con sólo revolver el caballo sobre el centro será imposible ganarle con semejante movimiento; pero no le aseguro la vida si del contrario acude cualquier socorro siendo batalla de veras; y si por regocijo, será gran falta y fealdad en que caerá, porque en realidad de verdad el que traxere caballo más ligero, revuelto y alentado, siendo los caballeros diestros a la par, obrará mejor; y el que se estuviere parado, sólo defendiéndose, quedará muy feo.

Y en la postura atrás referida, siga su escaramuza hasta rematalla por muerte de uno, o que haya perdido el caballo, o se haya rendido, o que los padrinos los hayan metido en paz, o otro cualquier caballero, guardando el respeto al que entrare de por medio, en apartarse luego, porque no será braveza ni bizarría el no hacello, sino mala cortesía. Y a este tiempo, el que entrare estará obligado a enristrarle con el arma con que hallare, aunque los padrinos, siendo de veras la batalla, estarán obligados a llevar las propias armas que los ahijados, por si hubiere demasía o ventaja de la parte del contrario; y muchas veces los caballeros se suelen apartar, o por estar muy mal heridos, o por andar los caballos a la par desalentados, y los padrinos toman la contienda.

El caballero advierta que no ha de hacer floreos en las veras, si no fuere habiéndosele salido el contrario, y teniendo mucho lugar para ello; y cuando los quiera hacer, los podrá tomar de los que quedan referidos en las carreras de lanza y adarga, encadenándolos con las heridas.

Aquí resta de advertir a qué tiempo estará obligado

el caballero a echar mano de la espada en esta batalla y escaramuza, que será o habiendo perdido la lanza, o por habérsele caído desgraciadamente, o que se le haya quebrado, o que también le haya sucedido a su contrario. En regocijo y amistad parecería bien dexar la lanza y echar mano a la espada, y también en las veras se puede hacer por bizarría, estando satisfecho de su destreza en la espada, y de la ventaja que hace su caballo al del contrario; aunque de mi voto [es]: en las veras cada uno se aproveche de su buena suerte, porque se suele trocar cuando no se goza de la ocasión, que bien puede, si quiere, poner mano a la espada, metiendo la lanza en la de la rienda sin soltarla, por lo que se le ofreciere; que por bizarrías han perdido muchos la vida, y yo he visto algunos, y por ellas se han hallado con riesgo de perderla otros muchos.

Pero determinado el caballero a soltarla por algún respeto que le mueva, en viendo al contrario sin lanza y que pone mano a la espada, blandiendo la suya, la tirará sobre la parte y lado de la adarga, revolviendo el caballo sobre el de la espada, metiendo mano a ella. Y advierta el caballero que si arrojare la lanza esté cierto y satisfecho, que si la perdió por arrojarla o caérsele, o por habérsela derribado el contrario, que no la pueda coger y recobrar el enemigo; porque hay muchos entre los moros, y los ha habido y los hay entre los cristianos, que la cogen y recobran del suelo, corriendo su caballo a más furia; y cuando se le haya quebrado la suya o perdido, podrá coger la que él hubiere arrojado, y a tal tiempo hallarse necio y perdido, aunque esto ha sucedido pocas veces; pero podría suceder.

Mas es bien se advierta porque no se ignoren sucesos, y para poner mano a la espada, si hubiere de quedarse con la lanza y no aprovecharse della, térciela en la mano de la rienda, de manera que queda tendida entre el arzón y el cuerpo, el hierro atrás, y al tercialla cargue mayor parte al hierro, porque asentará mejor, y andará más segura para las vueltas; y cuando hubiere menester valerse della, meterá primero la espada en la propia mano, cogiéndola por una de las guardas con los dedos más desocupados, y también la tienda entre el adarga y el cuerpo sobre el brazo, recobrándola bien después con toda la mano; y advierta que las vueltas que diere sean todas sobre la mano de la espada, porque nunca ha de volver sobre el adarga; y aquí se valdrá de las reglas dadas en el capítulo de èspada y capa.

En la lanza he dexado de dar reglas para cambiar el adarga y entender la lanza, puesto el cuento en ella, porque soy de la opinión del conde de Puñonrostro, como lo escribe en su tratado de la jineta, que no es de esencia el cambiar el adarga, porque siempre se ha de guardar no se gane aquel lado, y porque tendida la lanza en la forma referida, es desbaratada al primer toque que se le hiciere; y desbaratada una vez, no se puede recobrar para excusar que el contrario no le hiera, y otros muchos inconvenientes que consigo trae el hacerlo; que por no divertir más al principiante no se ponen; pero cada uno con la experiencia que fuere tomando los hallará.

Y soy de opinión que en las guerras se use de la espuela de pico de gorrión más que de acicate, porque es de más provecho y menos estorbo.

TERCERA PARTE

DE LA TEÓRICA Y EXERCICIOS DE LA JINETA, EN CÓMO HA DE TOREAR UN CABALLERO CON REJÓN, Y DE LAS POSTURAS Y REGLAS QUE HA DE GUARDAR EN LAS SUERTES QUE ACOMETIERE, Y CÓMO HA DE ESPERAR PARA DAR LANZADA AL TORO

LAS PROPIEDADES QUE HA DE TENER EL CABALLO PARA EL REJÓN

Primero que el caballero salga a la plaza donde se corrieren toros ha de haber bien considerado el caballo que metiere para hacer suertes con el rejón, procurando que tenga las propiedades que diré.

La primera, que sea sosegado, por la grita y bullicio de la gente.

La segunda, presto a la espuela cuando el caballero le apercibiere y hubiere menester.

La tercera, determinado para acometer, porque con temor del toro no dispare.

La cuarta, alentado para que. no falte al mejor tiempo.

La quinta, sujeto a la rienda y que haga sobre los pies para revolver, partir y tener a sus tiempos firme el rostro.

El que le llevare sin estas partes referidas será cosa cierta y que no tiene duda que será causa de faltas y desgracias, aunque sea el caballero muy diestro, porque no se podrá escapar dellas; y si comenzare con mala suerte, el disgusto que tomara el caballero será parte para que todas las que le restaren salgan aviesas; y si comenzare con buena, todas lo serán, y las acometerá con gallardía, y el buen suceso le va siguiendo en todas las demás.

Para esto conviene mucho que el caballero de su parte ponga buen ánimo y conocimiento, con reportación y desenvoltura, porque si al caballero le faltare estas partes, aunque le sobren al caballo, no hará cosa de consideración.

POSTURA DEL CABALLERO CON EL REJÓN

Ya hemos referido las condiciones que ha de tener un caballo para que el caballero mejor acierte, y cómo importará que de su parte obre científicamente para el mejor acierto, porque si no fuese desenvuelto en la silla y [no] tuviese conocimiento del caballo, rienda y espuela, y siendo temeroso del toro, se le pasará el tiempo en sólo huir, y siendo así mal podrá cumplir con su obligación.

Pero supuesto que está todo en su punto para salir, pondrá los estribos al suyo, y se ajustará con todo el aderezo de gala posible, y puesto en su caballo se irá a la plaza, donde, entrando en ella, compondrá su capa, y los lacayos con los rejones delante, siendo cada uno de nueve palmos, aunque para la puntería será mejor de ocho, con la cuchilla de mojarra, por ser buen modo de hierro, que siendo los que metiere bien afilados entran y se esconden bien en el toro hasta topar con los huesos, y quedan quebrantadas las astas, y derechas como plumajes. Y soy de parecer que reparta los lacayos por la plaza para que a cualquier suerte halle lacayo consigo.

Advirtiendo a no poner fiador en los rejones, porque han sucedido desgracias notables con ellos al tiempo de ponerle en el toro; y es que como se retiene con el fiador, se verná a topar con él en la frente y ojos, y lastimarse muy mal y morir dello; y no llevándolo, cuela por el puño arriba su línea derecha y no ofende ni puede, que para sacar buena suerte, basta la fuerza que con el puño el caballero hace; demás que si se viese en necesidad de poner mano a su espada se hallaría embarazado con el rejón puesto con fiador, por cuyo respeto, a más de lo referido, ha de andar libre la mano.

Pues habiendo ya entrado el caballero en la plaza, y habiéndola reconocido y dádole una vuelta en redondo, haciendo sus cortesías a todas partes conforme le obligare la vista, que para no ignorar cosa conviene que la reparta por toda ella; llevará en esta entrada la capa como en el paseo, tendida y de tal manera, que si dexare caer la capa descubra la mitad de la espada; y la gorra, cada vez que la quitare, la apriete bien en la cabeza, porque no sabe cuándo le acometerá el toro, y no ha de aguardar a que haya acometido para apercibilla. Y habiendo reconocido, como se refiere, y dado vuelta entera si el toro no se le hubiere entrado, el caballero lo hará, echando el doble y vuelta de la capa de la parte izquierda sobre el mismo hombro, y la punta por debaxo del brazo y la parte derecha tendida al hilo del mismo lado; y adviértase de no poner fiador a la capa, porque si por desgracia fuere al suelo, se pueda aprovechar della; y en cualquiera postura de su gusto podrá tomar el rejón, aunque la postura que refiero la tengo por mejor, airosa, gallarda y segura.

Tomado que haya el rejón le podrá poner en el muslo derecho, el hierro atrás levantado y el cuento como un palmo adelante caído, y cuando vea que el toro se le endereza, afírmese en los estribos y levante brazo y mano, dexándola algo más baxa que el oído, de manera que por debaxo della vea el toro, porque con esta cuenta se salvan desgracias que suelen suceder; y puesta la mano en su punto dará la herida conforme determinare, o acometiéndolo o esperando, que son los tres modos de posturas que hay: acometiendo rostro a rostro, y otra esperando al estribo, y otra saliendo a ancas vueltas. Y la menos peligrosa es al rostro si se sabe hacer; y para salir con ella bien conviene mucho que el caballero sea diestro, y el caballo presto y arrendado [1] para dar la salida al toro, porque aunque es verdad que este modo de acometer al rostro promete que han de chocar caballo y toro, no se ha de hacer así, porque al partir el toro el caballero advierta que ha de torcer el rostro a su caballo de la línea que traxere el toro tanto cuanto por su parte izquierda, porque en batiendo de los pies el caballero para recibirle el caballo vaya derechamente saliendo fuera del choque, haciendo la suerte al pasar el uno por el [lado del] otro, tomando el caballero la puntería de alto a baxo, recibiendo el toro con golpe y fuerza reservada.

Y el golpe se debe dar de la nuca al cerveguillo, porque será bueno el rejonazo si le da en la nuca y caerá luego, y así se ha de poner atravesado el hierro

---

[1] Domado a la rienda.

para coger bien la nuca; y si errase y se cogiere bien el cerveguillo, y no topa en hueso, y entra a la tabla del pescuezo también caerá.

Opiniones hay que el caballero haga su puntería y tenga el rejón tieso, sin hacer movimiento de brazo, diciendo que el toro se mete por él; y esta opinión es falsa, que sólo se permite dar lanzada por el peso de la lanza y hierro grande, y por la fuerza que el caballero tiene arrimada la mano al pecho, con que el toro halla opuesto fuerte, y es fuerza meterse por la lanza; y con todo eso suele levantar de la silla al caballero y aun echarle fuera della con tener tanta fortaleza, lo que en el rejón falta por tener la mano en el aire, y el asta liviana y el hierro chico; y así debe poner el caballero golpe con fuerza, aunque pequeño, en el movimiento, porque lo ha de ser él que hiciere, que con poco que se haga es mucho, por cuanto baxa naturalmente la fuerza; y para acertar esta puntería y suerte hay necesidad que el caballero esté en sí y muy reportado, porque si esto le falta no es posible acertarla, y si sacase una casualmente errará las demás.

Y hecho que haya el caballero la suerte, si quebrare el rejón, arrojará lo que le quedare en la mano, y si no le quebrare lo dará a un lacayo, y compondrá su capa con el mayor descuido que pudiere porque parecerá muy bien; y acabada esta obra proseguirá su paseo o se arrimará a la parte que más gustare, porque parecerá muy mal buscar al toro por toda la plaza con el rejón, y será poca autoridad; advirtiendo de quedarse con el rejón, si el toro se parare cerca, remolinando donde parecerá bien acosarle los caballeros que hubiere de rejón, trayéndole a una mano sobre la derecha; y si arremetiere a alguno dellos los demás cierren con él haciendo suertes, que como sepan acudir y guardar el círculo le desatinarán, y parecerá muy bien esta folla; y los caballeros traerán siempre apercibidos sus caballos sobre media rienda, y en acometiendo el toro, al caballero que le cupiere meta piernas, empleando su rejón, no dexando el círculo, y en el mismo los demás harán como se ha referido hasta rendir al toro, o que se huya, o hacelle pedazos o cuchilladas; que esto la ocasión les abrirá camino, y el rejón cada uno le acomodará a su gusto, que experimentando lo uno y lo otro podrá escoxer.

Para esperar al estribo al toro con rejón [para] el principiante no es tan peligroso como acometer al rostro, aunque han sucedido algunas desgracias, pero por falta del caballero y caballo, faltando en el uno presteza y en el otro conocimiento. Pues supuesto que el caballero ha de esperar al estribo, entrará en la plaza con la misma orden, y hecho su paseo y cortesías tomará el puesto, si el toro le hubiere dado lugar, y viéndolo en buena parte y que le parezca que podrá acometer aperciba su caballo y tome el rejón al lacayo, que siempre traerá al lado derecho, y encarándole el toro parta para él al galope sobre la rienda, atravesándole el rostro, dejándole sobre la mano derecha, levantando su brazo en la postura referida; y en partiendo con furia armará el rejón en la línea del estribo, cuerpo y pies, atravesando el caballo, refrenándole para que haga sobre los pies; y llegando el toro a desarmar su golpe y el caballero el suyo con el rejón, largando la rienda al caballo y batiéndole de pies, ha de ser todo uno y a un mismo tiempo; y es menester no perderle, porque si le yerra correrá riesgo, y cuando así sucediere y se viere en él, no se corte, sino ponga mano a su espada y tírele las cuchilladas que más pudiere, llevando para tal efeto espada ancha y cortadora; y las cuchilladas que tirare de tajo y de revés sean conforme el toro anduviere, y si pudieren ser al rostro, es cierto disparará luego, y

no pudiendo ser las tirará al cerveguillo, y siempre
sacando su caballo por la parte del lado derecho del
toro; porque hay algunos que se están quedos, y otros
que le sacan sobre el lado izquierdo, y por su culpa no
escapan el caballo, que muchas veces el toro yerra la
herida, aunque ande con el caballo entre los cuernos,
y a este tiempo los lacayos harán por le desjarretar,
y si les comienza a suceder bien sigan la suerte hasta
que el toro caiga, ayudándose el uno al otro; y el caballero, aunque haya sacado su caballo, vuelva sobre el
toro favoreciendo [a] los lacayos; y si acaso el caballero cayere, levántese con bizarría y ánimo, echando
mano a su espada, aprovechándose de la capa, buscando el toro; y si tuviere para ello reportación, tiempo
y memoria, pise con el pie el asta de la espuela de la
otra levantando el talón, torciéndole para echar la
fuerza, que sacudiendo el pie adelante saldrá luego; y
hecha la propia diligencia con el otro pie y librándose
de las espuelas, arremeta al toro si no se hubiere ido,
y si así hubiere sucedido no trate así él como los lacayos
más que de cobrar el caballo y las espuelas, si las hubiere dexado, y ponerse en él; y si estuviere herido [el
caballo] sálgase de la plaza a mudar otro para volverse
a ella, y no parecerá tan mal como si se hubiese retirado.

Y advierta el caballero que cuando acometiere al
toro, después de haber caído y perdido la silla, que si
estuviere revuelto y cebado con el caballo [intente] a
desjarretarle, y los lacayos harán lo propio, y si el toro
estuviere de por sí, le embista rostro a rostro con gallardía, tirándole las cuchilladas al hocico, hurtándole el
cuerpo y valiéndose de la capa con presteza y desenvoltura, que como dé bien en él es cierto le huirá, y al
pasar el toro le tirará a desjarretar, y puede decir que
queda en parte victorioso y remendada la mala suerte;
y esto ha sucedido pocas veces, que los demás caba-

lleros, si hay algunos dentro de la plaza, luego, siguiendo la obligación que tienen, cierran con el toro; y a falta dellos los toreadores de a pie lo hacen. Y advierta el caballero que si quebrare el rejón y le fuere siguiendo, con la parte que le quedare en la mano le vaya dando palos en el rostro y cuernos, que parecerá bien y es gala; y habiéndole dexado y hecho suerte no busque más al toro, si él no le acometiere, aunque tenga más rejones que emplear, guardándolos para los demás, que parecerá muy mal sobre una buena suerte andar buscando el toro, enamorado de lo que ha hecho, y podríale suceder mal y borrallo todo.

Esperar, ancas vueltas al toro, es fácil para quien no está diestro, pero·por maravilla se quiebra el rejón, porque como el caballero ha de torcer el cuerpo y darle huyendo o saliendo, la fuerza que pone es poca, y aunque algunas veces se hacen buenas suertes, acertando a darle en la nuca y matarle, son pocas, y las que suceden parecen muy bien si son hechas con desenfado; y para executar la suerte, en viendo el toro se atravesará con su caballo, y tomando el rejón se le irá acercando, y en viendo que le encara partirá al galope, y en partiendo el toro vuélvale las ancas y ponga piernas con reportación, volviendo el cuerpo y rostro sobre él, armándose del rejón y refrenando el caballo para que vaya esperando sobre los pies; y en llegando el toro a desarmar su golpe póngale el rejón en la nuca o cerveguillo, sin dar mucha fuerza al golpe, porque lo errará por no tener [de] perfil el cuerpo potencia para hacertalle, que con tener el brazo tieso bastará; y cuando vaya desarmando el toro su golpe, al mismo tiempo aplicará el caballero fuerza al brazo, dando de los pies al caballo cuando convenga y no más; y si rompiere el rejón, que pocas veces sucede, con lo que le quedare irá dándole con él; y advierta que vuelva con cuidado

el rostro adelante para sacar el caballo por la parte que
más lugar tuviere la plaza, procurando que sea siempre
sobre la mano derecha.

TOREAR CON VARA

Torear con vara, si se sabe hacer, es cosa gallarda
y que da mucho gusto a los presentes en todas [estas]
tres posturas, al rostro, y al estribo, y al anca; y la más
agradable y vistosa es al estribo, aunque parece que trae
consigo riesgo, y yo la hallo segura, porque nunca se
pierde la vista del toro, ni tampoco de la parte donde
ha de ir saliendo con su caballo el caballero, que no es
de poca esencia ver lo que se va haciendo; que por
volver el cuerpo y rostro sobre las ancas del caballo
ha sucedido muchas veces atravesarse un toreador de
a pie y tropezar el caballo en él y rodar el caballero;
y otras veces encontrarse con otro de a caballo, y reme-
diase con que se toree al estribo; pero cada uno escoja
el modo que más fuere a su gusto.

Y habiendo de ser al estribo, advierta a que ha de
ir cercando el toro al galope sobre la rienda, acortando
a cada vuelta el círculo que diere, porque si el toro
no le acometiere le venga él a poner la vara en la frente,
con cuidado de que en armándose [el toro] ponga piernas al caballo, pues se conoce cuando se arma, que
para hacer el golpe cierra los ojos; advirtiendo que tome
la vara por el cabo, la mano uñas arriba, y aunque
quiebre, tenérsela firme, porque el toro va asegurando
el golpe, con que la tornará a quebrar, y es buena
suerte esta segunda quiebra, porque en ella el caballero
muestra destreza, ánimo y reportación. Y para hacerlo
bien y que quiebre todas las veces que el toro fuere por-
fiando sobre el caballero, la vara sea caña, porque es

más aparejada para ello; y si quisiere que sea vara, háganla de pino, porque es madera ligera, y a cualquier tope va astillando y quebrando, que es lo que parece bien.

Lo demás que se ofreciere vaya guardando los avisos dados en el rejón, porque todo viene a ser uno; sólo difiere en el modo de la postura de mano y brazo y en la puntería; y conforme a lo referido, podrá el caballero entrar con una de las tres posturas antes dichas, la que mejor le pareciere; observando siempre la postura de gorra y capa, y la composición della en haciendo la suerte.

LANZADA

El más célebre y bizarro exercicio de la jineta es dar lanzada a un toro, y con mucha razón si se da bien; y el caballero que se determinare a darla se pone a gran riesgo y muy conocido peligro, respeto de las muchas cosas que arriesga aquel día, y a ganar ninguna, porque si la da bien dada no le queda premio, más de tan solamente el buen nombre y lozanía; y si mala, después del riesgo de su persona y caballo, queda condenado para siempre de mal hombre de a caballo o poco diestro en darla, y no hay pícaro ni zapatero de viejo que no le chifle, como también el ciudadano, poniendo objeto en el modo de darla, sin haber subido en su vida a caballo el que habla, ni tomado lanza en mano; y todo esto puede la condición española, sin considerar que el dar bien una lanzada consiste en suerte, y que habrá cumplido con su obligación el caballero que hubiere observado la buena postura dél y de su caballo, entrando lo necesario, tomando bien la lanza o ya dexándola, no queriéndole entrar el toro.

Y volviendo a mi intento, si el caballero estuviere

determinado de darla por algún justo respeto, ajuste primero su caballo con las partes convenientes para tal efeto, siendo presto a la espuela, firme de rostro y arrendado, y de buen cuerpo, para que señorée el toro, porque si es pequeño el caballo la dará mal. Y habiendo hecho buena elección de todo, ajustará la silla a propósito, y el punto de los estribos sea más largo que corto, por la fortaleza, echándole dos cinchas a la silla, porque no pueda reventar con la fuerza del golpe, cinchadas al contrario; y en el arzón trasero se echará y clavará una hebilla, como se trae en una silla brida, para poner la gurupera, y della se atará una liga de tafetán, tan larga que pase entre los bastos y el fuste, y responda al arzón delantero con una lazada, de tal manera que baste a cogerla con los dos o tres dedos baxeros de la mano de la rienda, para hacerse fuerte en la silla cuando el toro reciba la lanzada, que para quebrar la lanza es una buena prevención.

Hecho esto, meterá en los oídos del caballo dos copos de algodón, a pedazos bien apretados, y sin duelo, para estorballe el sentido del oír al dar la grita los toreadores, y el tropel que pone el toro cuando arremete. Hecha esta prevención del caballo, la espada será anchicorta, con buenos aceros, y la lanza de buena asta, de veinte y cinco o veinte y seis palmos, con hierro grande de mojarra o de mesas, bien afilado y de buenos aceros; que se conocerán si van puestos en su punto, tomándole antes que se empalme por los filos con los dedos de la mano derecha, la punta arriba, y si le pudieren levantar del suelo no está bueno, y no pudiendo, lo estará, respeto que con el peso y buenos filos se entra por la carne. Y probaráse la lanza sobre el hombro de manera que cabecee a la parte del hierro, y puesta la mano en su lugar, donde hiciere junta con el pecho, allí la picarán con un cuchillo alrededor todo lo que

tomare la mano, y sobre ello se encerará porque haga
la mano fuerte; y por debaxo desta empuñadura lo que
tomare una vara de medir o cinco cuartas, se irán dando
unos barrenos a trechos, como de un coto, atravesados
unos en contra de otros, y tapados con cera; y esta
prevención es buena para que cuando estuviere el toro
atravesado, al salir con el caballo quiebre, porque es
mucha galantería y estorbarán daños, como adelante
se dirá.

Y el caballo desde su casa salga con los antojos
puestos, y debaxo un tafetán vendado, para que de ninguna manera pueda ver; y el salir con ellos es porque
pierda el temor para cuando entre en la plaza, y el
caballero le enviará con su lacayo a la parte do hubiere
elegido para entrar, y otro lacayo tendrá la lanza para
cuando el caballero la quisiere tomar que la halle; y
salga en otro caballo, si hubiere de torear o pasear la
plaza; y cuando no, súbase a una ventana hasta que
se haga hora de dar su lanzada, y cuando lo sea, con
todo disimulo se baxará y subirá en el caballo, habiendo aquel día oído misa y cumplido con sus devociones.
Le ajustará la rienda, afirmándose en los estribos, y
apercibiéndole con los pies para que salga con espíritu
y presteza adelante cuando fuere conveniente estar
presto a cualquier movimiento de pies, y que entienda
que lleva hombre encima, y de que no ha de ir olvidado
de la espuela, antes [actuará] con brío y cuidado,
porque yendo el caballo así está más apercibido y muestra fortaleza. Y a la capa no se le ponga fiador, por si
sucediere ir al suelo por desgracia, para que se pueda
aprovechar della mejor, que a tal tiempo es de mucha
importancia, la cual terciándola sobre el hombro izquierdo y el cabo le meterá por detrás de la espada, y tién-
dase la parte derecha como para pasear de manera que
vaya firme y al descuido, y desta suerte entrará con

sus padrinos al lado, si no es que anden en la plaza, donde ternán obligación de juntarse al punto con él.

Entrará el caballo con sus antojos puestos, y el lacayo detrás del caballo con la lanza al hombro izquierdo algo empinada, hasta llegar al puesto donde hubiere de dar lanzada el caballero, excusando lo más que pudiere de pasear la plaza, ni atravesalla, porque no vaya haciendo alarde que no parece bien. Y para buscar el puesto, tome la más corta entrada que hubiere, haciendo en el camino las cortesías que se le ofrecieren de obligación, que serán al Rey, Príncipe o Consejos, y a las damas. El lacayo que llevare la lanza, ha de saberla dar, y para ello ha de ir industriado, para que al tiempo que la diere no se turbe, como lo suelen algunos hacer, que ya se ha visto, antes que el caballero la empuñe, soltarla y dar en el suelo, y parece muy mal esta desgracia.

El modo de dársela será que se ponga detrás del estribo derecho, con la lanza levantada al cielo y el cuento que mire al suelo; y al punto que se la pidiere, la derribe sobre el hombro derecho del caballero, y hasta que la tenga empuñada en la mano no la suelte. Algunos son de opinión que entre el caballero con ella en la plaza, cosa que no parecerá bien ni se debe introducir, antes borrallo de la memoria, porque se cansa el brazo y aun los que le ven entrar, sin otros inconvenientes muchos que tiene, que cada uno los podrá considerar.

Pues cuando fuere tiempo, tomará el caballero la lanza, sin mudar la postura de la capa con que entró, y si quisiere desenvolverse más la dexará caer del lado derecho, descubriendo todo el hombro y espalda de aquel lado, levantando la parte de la izquierda sobre el mismo hombro y el cabo metido detrás de la espada, y debaxo del propio brazo; y el tiempo de tomar la lanza será cuando el toro estuviere cerca, que nunca le ha de perder de la vista, volviéndole siempre el rostro del caballo.

Si viere que está cerca y que se encara y no le entra, dará hacia él unos pasos y parará, y si no le entrare con esta diligencia los tornará a dar, y a parar, y desta suerte se irá poco a poco enfrontándose con él hasta echarle del puesto o que le entre; y los padrinos, a quien toca, le irán siguiendo, para cuyo efeto se habrán elegido dos de los más principales del pueblo, porque les tengan respeto los toreadores que con él habrán entrado acompañándole; y si estuvieren en la plaza, y él entrara solo, y luego en viéndole se vayan a él, como se ha referido; teniendo cargo de limpiar y despejar la gente, así de a pie como de a caballo, que atravesaren entre el caballero y el toro, porque encarándose reconozca el caballo y le acometan, y para cuyo efeto quedarán algunos toreadores que se le llamen, y éstos sean pocos, y estén algo delante del caballero, al lado de la lanza, porque por allí ha de ser la huída de ellos, para que el toro entre derechamente; que muchas veces sucede capealle a la mano izquierda y entrar por aquella parte, y dejar al de pie, y embestir al de a caballo y cogerle descompuesto, y por este respeto errar la lanzada, y para si así sucediese, adviértase que como fuere el toro tomando la mano izquierda vaya el caballero volviendo el caballo, poniéndole el rostro, y no se descuide en prevenirse, porque suele ser muy presto, y faltar tiempo para componerse, y para que así no suceda se avisa que de aquella parte no ande gente, y los padrinos no entren a llamar al toro, porque quitan la vista al ahijado, que es lo que allí importa tanto. Y no se permite andar atravesando delante de él, sino sólo estar a los lados traseros un poco, para socorrer al tiempo necesario.

Una cosa he visto practicar que no la tengo por

buena, y es que cuando el caballero entra al efeto mete consigo dos o tres de a pie, arrimados a los estribos, y en dando la lanzada embisten en desjarretar al toro, y le matan; y muchas veces sale de la lanza libre y sin herida, y le hacen pedazos, y si se acierta no se goza de la lanzada, ni del que la da, y es gran gusto el que recibe toda la plaza ver ir cayendo al toro, la lanza atravesada, que aunque estén lexos gustan ver si se la dió en buena o mala parte, que a esto van y no a verle matar a cuchilladas; lo que parecerá bien si el caballero la hubiese errado, cargo concedio a los caballeros padrinos. Y para excusar todos [los] inconvenientes, será bien que no entre con el caballero más del lacayo que metiere la lanza, y si otros quisieren acompañarle ha de ser con condición que no lleguen al toro si no fuere en caso apretado y de riesgo, y que no se pueda excusar; y así se verá y gozará del toro y de lo que el caballero hiciere; y considerando bien el gran número de jueces, que aquel día el caballero sobre sí tiene, importará mucho procurar en no llevar falta en cosa ni de hacerla, porque desde que ven la lanza no quitan los ojos della.

Muchas opiniones hay de que se ha de aguardar al toro como salga del toril para que acometa con aquella furia, y la mía es contraria, y también lo es de muchos hombres de a caballo; y yo lo tengo bien experimentado, que es mejor que el toro haya dado un par de vueltas a la plaza, y que le piquen con cuidado de no dexarle desalentar, porque también tiene inconveniente, porque si lo está, con el coraje que tiene, se mete despacio por la lanza y no la siente hasta topar con el caballo y matarlo, lo que no hace no estando muy herido ni desalentado, porque entra con furia y recibida la lanzada se sale della sin tocar al caballo en un pelo. Y también tiene inconveniente al salir del toril antes que le piquen correr tan desatinado que hace el golpe huyendo, con que descompone al caballero y no da la lanzada a su gusto, ni ajusta la suerte, porque en sintiendo la lanza se sale sin que se haga efeto; y esto no lo tengo por bueno, sino que entre bien y el caballero muestre su destreza, bizarría y fuerza.

Algunos dicen se hace sin ella, y esto es falso, porque si no la hubiese no sucedería, como se ha visto muchas veces, atravesar al toro de parte a parte por los encuentros[1] y salirse por el ombligo, hincando la lanza en tierra, pues si esto es así, y no se pusiera fuerza, mal se pudiera romper cuero, carne, huesos y ternillas; verdad es que la maña importa mucho; que es una de las partes que ha de tener el que se pusiere a hacerlo, y así para esto como para tomar la lanza con aire y gallardía ha de ser el caballero desenvuelto y mañoso; y para conocer los tiempos del caballo importa esto mucho, como todo lo demás, y advierta a que cuando esperare al toro o le fuere buscando que no ha de recibirle frente a frente con su caballo, sino tanto cuanto atravesado, para que haga el golpe, parte en la espalda derecha y parte en el pecho, huyendo de no darle franqueado el codillo del caballo, ni el estribo, sino que tome parte del pecho y de la espalda como se refiere, porque con este perfil hallará el toro al caballo más fuerte y el caballero se hallará en potencia para darla bien dada. Y para obrallo bien ha de abrigar el brazo al cuerpo y la mano arrimada al pecho, y el caballo tenga el rostro torcido sobre el lado izquierdo, y para que salga bien del peligro tendrá recogida la rienda de aquella parte algo más que la derecha; para que salga adelante, como también si el toro entrare a chocar con el caballo, no reciba el golpe en el freno porque es muy dañoso, que suelen,

---

[1] Agujas o rubios actualmente.

por muy chico que sea [el golpe], levantarse y caer de espaldas.

Y después que tenga el caballero puesto el caballo en este perfil, tendrá cuenta con las orejas del toro, y verá que las tiene inquietas, levantando la una y tendiendo la otra, y cuando viere que juntas las levanta a un tiempo y las echa hacia fuera dando una sobarbada, es cierto que acomete, y desto no hay duda; y así, cuando el caballero viere lo referido afírmese en los estribos y arrimando el codo al cuerpo y la mano al pecho hará su puntería, tendiendo la lanza en derecho del oído del caballo de la parte derecha, poniendo la vista en el hierro, porque ha de responder en medio de los cuernos; y como vaya entrando el toro irá baxando la lanza, tomando el punto para ponerla en buena parte, que poniendo la puntería en medio de los dos cuernos se encamina al cerveguillo, parte izquierda del caballo y derecha del toro, que es donde se dan las mejores lanzadas, porque si de allí escapase para en los encuentros, y si dellos escapa, será lanzada perdida, y de mucho riesgo, como lo es en el rejón que saliendo de la nuca, o acogotadero por otro nombre, será bueno el rejonazo que parare en el cerveguillo, pero si pasa adelante es malo y de riesgo; y así es menester guardar esta cuenta, porque la lanzada es buena en el cerveguillo, poniendo allí el cuidado, porque si escapare no pase de los encuentros, y siendo la puntería encaminada entre los cuernos ellos mismos la guían para que no salga reteniendo el cuerno a cuya parte se arrimara, y estando el caballero en sí reportado y guardando esta orden, con el favor divino, tendrá en su favor el hecho; aunque es verdad que el suceso, bueno o malo, está en ventura o buena suerte, así el caballero de su parte hace lo que está obligado, y aunque le suceda mal no se debe culpar entre los discretos y científicos en esta profesión.

Y volviendo a mi intento, digo que el caballero, en dando su lanzada, si quedase sin caer, habiéndoles sucedido bien se irá a la parte donde estuviere el Rey o Príncipe, o sus Consejos, y les quitará su gorra, y luego a las damas que en la plaza estuvieren. Y si le sucediere mal, se salga derecho della, porque no se entretengan con él, que con el ausencia se olvida, como así sucede en los demás acaecimientos.

Y en esta lanzada se guardarán los preceptos y avisos dados en el rejón. Considerando bien lo que un caballero aventura en darla y lo poco que gana de haberla dado con buen suceso; el Rey, Príncipe o Consejo, pues por su respeto se pone el caballero a tanto riesgo, deberíanse mostrar muy agradecidos dello.

CUARTA PARTE

DE LA TEÓRICA Y EXERCICIO DE LA JINETA, A DO SE REFIEREN ENTRADAS DE JUEGO DE CAÑAS CON NUEVO MODO Y UNA ESCARAMUZA PARTIDA

El juego de cañas es el exercicio más regocijado de la jineta, que convida a verse alegrando las Repúblicas, y donde más se exercitan los hombres a caballo para ser buenos, y así en este exercicio el que es bueno se muestra y se señala, y si es malo también se descubre más que en otro alguno; para ello, es necesario saber elegir los caballos para las entradas, y [hacer lo mismo] para las varas o cañas, y los que mejor emparejaren, así en cuerpos como en carreras, porque si no se guarda proporción se hacen muchas faltas que parecen mal, y para que no se hagan procúrese que sean todos hombres de a caballo los que entraren en ellas, y cuando esto no pudiere ser, a lo menos en cada pareja haya uno que lo sea, porque si son ambos malos es muy cierto se desbaratarán, y desbaratados se sigue desbaratarse la cuadrilla, y podría ser tras ella el puesto, y tras el puesto todo el juego; y para que así no suceda se deben señalar por cuadrilleros a los más diestros, para que sepan prevenir y obrar sin respetar gravedades, porque son las que descomponen las más veces los regocijos y buen orden, por no lo entender, ni saber hacer. Cuando esto no pueda ser por algunos buenos respetos que yo no alcance, a lo menos el cuadrillero tenga en cuenta que el compañero que escogiere sea buen hombre de a caballo, al que le vaya advirtiendo a todo lo que se debiere prevenir y se fuere ofreciendo en toda la fiesta, con que será bien ordenada; y el cuadrillero se irá instruyendo para cuando se halle solo en otro regocijo.

Y porque el juego sea muy concertado, a mi parecer convendría que las cuadrillas fuesen cuatro de cada puesto y de a cada cuatro caballeros, y si fuere más el número, repártanse por los cuadrilleros, porque de mi voto no deben de ser más de los referidos, pues lo trae el propio nombre consigo; y en las entradas, como adelante diremos, se acomodan mejor, y estas cuadrillas cada una corra diferente lanza; siendo las parejas de dos caballeros solos, es excusado en las entradas y juego de cañas, voces y rumor, porque parece mal; aunque algunos son de opinión que las entren dando y haciendo ruido, diciendo: afuera, afuera; aparta, aparta, y yo no sé de qué esencia sean, pues está el cargo de hacerlo a los atabales, a las trompetas, a los cascabeles y, sobre todo, a los muchachos, que no se descuidan, y el darlas los caballeros trae inconvenientes. Lo primero, que desautoriza mucho. Y lo segundo, que si conviene advertir al compañero de algo en la misma carrera y pareja, para la buena orden y compostura, ni el uno lo puede hacer ni el otro percibir aunque oiga la voz; y es menester que vayan muy en sí y con atención a lo que van obrando, para que salga bien la pareja y lanzas, que es lo que más importa; que divertidos en las voces, hacen mil yerros, dignos de gran culpa; y las lanzas que se corrieren han de ser tomadas a propósito de las posturas generales de la escaramuza, o como adelante diremos.

Tras esto se ha de considerar para hacer la entrada la disposición de la plaza, si es o no cuadrada, también las entradas de las calles, porque conforme a la disposición ansí se debe elegir, porque pueda haberla tal que a un tiempo vayan corriendo y entrando cuatro cuadrillas, y tal que vayan entrando entrambos puestos, cada uno por su parte, y tal puede ser que convenga entrar los dos puestos juntos por una parte. La plaza cuadrada es la mejor disposición, porque en ella pueden hacer la entrada más perfecta, y que a un mismo tiempo correrán todas cuatro cuadradas, tomando las paredes de esquina a esquina, y parece muy bien, que siendo sobre las adargas hace obra y es muy graciosa y agradable a la vista; y porque esta entrada la saben todos no trato della, pero pondré una bizarra en esta plaza cuadrada; los dos puestos entrarán atravesándola de esquina a esquina el un puesto y el otro en contrario, haciendo cruz en medio della en esta manera; que se señalen dos esquinas y calles de las cuatro que entraren en la plaza, si así fuere su disposición que cojan cuadra en medio, y que venga a coger por frente la cuadra y pared donde estuviere el Rey, Príncipe o sus Consejos, para que no le cojan por el lado de las entradas, porque no serán tan buenas; y advertido que sea esto, comenzará primero el puesto que estuviere al lado derecho, porque están sobre las adargas; esta entrada parecerá muy bien si la hicieran con adargas y todos con lanzas; porque si hay alguna que represente las veras es ella, y metiéndolas se hermoseará la entrada y dará más gusto en general por la propiedad que con adarga se tiene.

Muchas opiniones hay que sean las entradas sin adargas, y está más recibida, porque campeen más las libreas, y téngolo por yerro y no pequeño que por su respeto se quite la propiedad del adarga y que tan anexa es a la lanza. En esto cada uno hará su gusto, como en todo lo demás; porque si algunos no errasen no parecería tan bien lo que otros aciertan. Tornando al propósito, digo que así como hayan salido dos caballeros en pareja del puesto de la mano derecha, al punto que lleguen al medio de la plaza partan otros dos del puesto contrario, y tras ellos salgan del puesto derecho con esta cuenta, y así vayan prosiguiendo con advertencia que los que hubieren partido del puesto derecho, así como paren, tomen de paseo la cuadra sobre mano izquierda, y los que hubieren partido del contrario puesto tomen el paseo sobre la cuadra y parte derecha, porque en esta manera se representa una gallarda entrada y especie de escaramuza; y si se hiciese con alguna destreza este juego, antes que el contrario tomase el medio de la plaza, partiendo sobre él, parecería admirablemente y andarían más trabadas las entradas, y, de cualquiera manera, se continuaran hasta que todos hayan pasado y el paseo en el modo que se dice, unos tras otros, hasta que llegue cada uno a la entrada del puesto contrario; de donde, así como acaben de pasar los postreros contrarios, comiencen ellos a entrar, que como haya esta cuenta, se vienen a trocar puestos, y pueden hacer por esta orden las entradas que quisieren.

Y adviértase que así como se hayan parado y tomen el paseo, levanten las lanzas al cielo y el cuento puesto en el estribo, porque campeen los gallardetes, que llenan la plaza, de paseo unos y de carreras otros, parecerá un jardín porque a tal tiempo no hay cosa desocupada en ella. Esta entrada es muy bizarra y agradable a la vista, si la saben hacer y el sitio de la plaza se les acomoda, advirtiendo, como se ha referido, se tomen las dos esquinas fronteras a la cuadra donde estuviere el Rey, o quien le representare.

Cuando sean hechas las entradas que les pareciere que bastan, se quedará cada uno en su puesto, si hubieren metido adargas, y si no, sálganse a tomarlas donde las tuvieren apercibidas y a mudar caballos, que será a la puerta por donde entraron, tornando a entrar a media rienda en círculo, hasta tomar cada puesto el suyo; y para no hacer este vacío es bien, como se ha referido, entren con sus lanzas y adargas, porque sin salir de la plaza, como van en el paseo, se van poniendo en batalla y mudando caballos, que a este tiempo irán entrando.

Y para que todo ande concertado, se dará el cargo a dos caballeros, hombres de a caballo, de los que no entraren en el juego, para que gobiernen los puestos, y si fueren cuatro, dos en cada uno, será mejor.

Los puestos se han de poner fronteros, de tal manera que no tome más campo el uno que el otro, y de los cuatro cuadrilleros de cada puesto ha de quedar uno dellos en cada esquina; puestos todos los caballeros de una parte y otra en hilera, los rostros unos a otros, dexando en medio campo bien ancho, y de manera que queden a los dos lados del Príncipe.

Agora se debe considerar cómo se ha de trabar el juego, porque hay tres modos para ello. El primero, rostro a rostro. El segundo, a ancas vueltas. Y el tercero, de rodeo. El modo que hubiere de ser se ha de elegir conforme a la copia de caballero y destreza que tuviere.

Que porque todos los entienden y saben, no quiero cansarlos, pero pondré aquí un modo de trabar el juego vistoso y muy concertado, que es lo que se debe procurar; y es, que puesto en sus dos hileras, como queda referido, salga el uno de los cuatro cuadrilleros con su cuadrilla, que de dos esquinas que están sobre las adargas, puede comenzar el que tuviera orden con todos los caballeros de su cuadrilla, a un tiempo parejos de remesón, para sus contrarios fronterizos, y llegados cerca, arrojen sus cañas por lo alto, porque de emplearlas [mal] se viene a enemistades y a revolverse el juego con cólera, de que suceden desgracias y descomposturas. Trabado el juego, se debe también advertir que, aunque se vea descubierto el contrario, no se haga tiro en él, antes se arroje por lo alto, que aunque algunos piensan que es bizarría el executar, no lo es, y lo será amagarle haciendo acometimiento, porque si es verdad que en las veras pudiendo uno herir y no lo hace es bizarría, y queda con nombre de bizarro y valiente, porque en los regocijos se ha executar con mala intención, y para estorbar esto nunca cojan al contrario atravesado, y si le cogieren, no le tiren ni rostro a rostro, si no fuere condición del juego. Y siempre para partir del puesto se aguarde que los contrarios vayan revueltos, siguiendo cada uno las pisadas del caballo del contrario que le cupiere. Así como la primera cuadrilla haya desembrazado sus cañas, el caballero que llevare el lado derecho volverá sobre él el rostro a su caballo, y tras él seguirán por su orden los demás, e irán corriendo uno tras otro a los contrarios las camas de los frenos de sus caballos, dándoles las adargas, y los contrarios estén quedos o haciendo sus amagamientos con las cañas, hasta que el delantero haya llegado al cuadrillero contrario que está al cabo, y llegado, revolverá huyendo a su puesto de carrera, adargándose, siguiéndole en ala y pareja los demás compañeros que a un mismo tiempo habrán revuelto, y el cuadrillero salga sobre él y los demás de su cuadrilla, cada uno sobre el que le cayere en suerte, siguiéndolos sobre la rienda, y al medio de la carrera tirarán sus cañas a las adargas sin parar, hasta que lleguen casi al puesto contrario, de donde revolverán

con la propia cuenta y orden como se comenzó a trabar
el juego, corriendo a los contrarios que hubieren quedado en el puesto, y hallaren en él hasta revolver; y las
cuadrillas que fueren quedando se vayan recobrando
a tomar el sitio de donde van partiendo, así para salir
sobre el contrario, como para desembarazar lugar donde
se hubiere de recoger el amigo y cuadrilla que viniere
huyendo, que siendo cuatro cuadrillas de cada puesto,
como así es razón que sean, andará el juego alegre y
bien trabado; y los caballeros que gobernaren, cuando
pareciere que es tiempo, salgan a meterlos en paz y
los que vinieren en el alcance se retiren al punto, y los
del puesto contrario no salgan, porque parecerá mal,
y será fuerza descomponer el buen orden con que el
juego anduviere.

La misma orden se puede tener saliendo de dos en
dos y de uno en uno, según el número de caballeros;
y adviértese que para que ande la plaza llena, y se
juegue por todas cuatro cuadras, que al tiempo que
saliere la cuadrilla o la pareja, o el caballero solo o acompañado de otro de la esquina y parte izquierda de su
puesto, salga de la contraria otra pareja del mismo
número en tal manera que a un mismo punto se han
de correr los unos a los otros las camas de los frenos
de los caballos; y cuando los unos van corriendo, sus
contrarios por la una cuadra, los otros [van] por la otra,
que correspondiéndose en la igualdad y concierto parece gallardamente este juego de cañas, y la plaza está
siempre llena, aunque no sean más de doce caballeros;
y [aun] que no salgan más que de uno en uno andan
siempre cuatro, dos por cada cuadra uno en alcance
de otro, desde el punto que se comienza hasta que se
acaba; y si son veinte y cuatro, de dos en dos, andarán
ocho, cuatro por cada lado; y si cuarenta y ocho, serán
ocho de cada parte, de ambas diez y seis; esta elección

se ha de hacer según el número como se ha referido, y el que no se atreviere a concertar este modo de cañas, remítase a uno de los tres modos ordinarios.

FAICIÓN DEL ADARGA

El adarga más a propósito para cañas ha de ser grande, y de medio arriba tiesa, y de medio abajo blanda, porque se pueda doblar sobre el anca del caballo, la manejadura al medio della y de tres manijas, dos grandes donde se meta el brazo y una chica para la mano; y aunque son de opinión algunos que no es conveniente, lo es mucho, porque en el juego, si la adarga no tuviese esta manija andará danzando en el brazo, y por momentos se caerá sobre la mano, y para su remedio importará mucho tenerla para las entradas, y para la escaramuza si se hubiere de hacer después del juego; porque con ella se cubre mejor el caballero en el enristre y abriga más la lanza en esta forma, y el caballero va más cerrado, y así para las veras como para el juego y regocijos es más provechosa y bizarra; y es bien que el caballero eche en ella fiador al hombro en la forma que se dixo en la escaramuza de lanza y adarga, porque trayéndola así, la traerá con más descanso del cuerpo y brazo, y andará más alentado y presto en todo acontecimiento.

Para adargarse bien el caballero ha de volver el cuerpo sobre el anca del caballo lo más que pudiere, con tal que no descomponga las piernas, por ser cosa muy peligrosa volver la pierna izquierda con el cuerpo, como algunos novatos hacen, así por ir sujetos a caer y desbarrigar el caballo metiéndole la espuela tanto que se ha visto morir de la herida. Los moros hacen bien esto de volver cuerpo y piernas, porque cabalgan tan largo, que con las espuelas abrazan al caballo por debaxo de la barriga [?] sin hacerle mal alguno, si no es cuando lo han menester; aunque algunos en esto son muy carniceros, pero sin riesgo, porque así como nosotros herimos superficialmente al caballo por el lado y costado, por ir cerrados con los pies, le hieren ellos en los ijares, y por la mayor parte por lo baxo de la barriga; y como los cristianos usamos cabalgar corto, así por gala como por otros respetos justos, conviene al jinete traer cerrados los pies a todo tiempo, pues con poco que vuelva el cuerpo es bastante para volver el rostro a ver el contrario por la mira del adarga, que cuando se huye ha de andar doblada la mitad de abaxo sobre las ancas del caballo; y advierta el caballero que en adargándose ha de poner la vista en los contrarios por la mira, y no meterá la cabeza hasta que desembrace el que viniere sobre él, o que vea venir otra caña atravesada, cosa que será mal hecha se tire, y metida la cabeza una vez no la saque hasta haber tomado el puesto, y los contrarios vayan pasando por los suyos, como hemos advertido.

Del modo de llevar la espada ancha, o espada de cinta, o alfanje, toca, manga, marlota y capellar no trato, porque en esto se permite la variedad y comodidad que cada uno tuviere, procurando ir bien puesto y aderezado, pues la bizarría y gala a tal tiempo es agradable a todos, y adviértase que para que el juego sea bueno y concertado convendría mucho se ensayase primero una o dos veces en el campo, teniendo los dos caballeros o los cuatro presentes que han de gobernar el juego, para que los concierte y encamine.

MODOS DE LANZAS PARA LAS ENTRADAS
DEL JUEGO DE CAÑAS

Las entradas son la mayor parte del juego, y si no será la más agradable y de más regocijo; y así se ha de procurar hacer en perfección imitando las veras, y para ello convendrá mucho que todas las cuadrillas entren con lanzas y no con cañas, porque no parecen bien, y las lanzas con gallardetes, guarnecidas de sus cordones y borlas; y para que mejor parezca esta entrada, cada cuadrilla correrá su modo de lanza diferente, porque parece bien; y cuando esto no se acomodare por varios gustos, cada pareja lo haga, por ver que así como han de llevar en la carrera pareja en los caballos, lo sea en las lanzas; y para que escojan pondré aquí algunas dellas.

Para todo exercicio de la lanza nos habemos de aprovechar de las cuatro posturas generales dellas; y así, para estas entradas será bien nos guíen con que en lugar de la una, que es atravesada y que sale por la mira del adarga, metamos y nos aprovechemos de la que diximos era para dar lanzada, porque la atravesada con la junta que el compañero hace en la pareja no se puede correr, si no fuere siendo muy particularmente diestros los dos de la pareja; pero puédese correr entre dos que fueren tan bizarros y diestros que salven todo inconveniente. También esta carrera de la lanza se ha de repartir en tres tercios, así para que parezca bien en la obra, como para que el caballero se muestre tener conocimiento en todo lo que obrare con la lanza, así en las veras como en los regocijos, y sin esta cuenta es imposible.

Lanzas de entrada de juego de cañas en la primer apareja.

La primera postura de lanza será terciada, y sobre los muslos los puños, uñas arriba, y los hierros adelante, que respondan por encima de los oídos izquierdos de los caballos; y en partiendo y asegurando los trancos en el primer tercio, irán levantando sus lanzas muy despacio y sesgas, hasta poner los puños enfrente de los oídos, y allí harán parada y señal de primer tercio; y de allí irán baxando poco a poco hasta meterlas en el ristre, donde señalarán el segundo tercio; llevándolas allí paradas algún espacio, y luego las sacarán sobre los puños, donde las llevarán el postrer tercio, blandiéndolas de adentro afuera con distancia muy corta, los hierros baxos y los cuentos levantados; y a los postreros trancos levantarán los hierros y baxarán los cuentos de atrás respeto de los que estuvieren delante, huyendo del daño que se podría causar no levantándolos, y también a los caballeros que detrás vinieren; y desta postura, observándola en los tercios cada pareja, pueden glosarla a su buen juicio y arbitrio.

Lanzas de entrada de juego de cañas en la segunda pareja.

La segunda postura de lanzas será terciándolas y arrimando los puños por la parte de afuera en los muslos, y que respondan atravesados por cima de las ancas de los caballos los hierros y banderetas, y para que campeen, levantadas y los cuentos baxos, que respondan a nivel de los estribos derechos como dos palmos más delanteros; y en partiendo los caballos y asegurados los trancos, volverán los cuerpos y rostros atrás sobre las lanzas, tendiendo los brazos para cogerlas sobre los puños, aprovechándose de los dedos para hacerlo con facilidad; y cobradas desta manera, enderecen los cuerpos, volviendo los rostros a la carrera, llevando levantados los brazos y volviendo las lanzas, los hierros delante, con cuenta que al levantarlas y voltearlas no se impidan a la pareja con los caballos; y vueltos los hierros adelante, se señalará el tercio con los puños puestos enfrente de los oídos, las uñas de las manos afuera; y de allí las llevarán al ristre, como en la primera, donde señalarán segundo tercio; de allí las sacarán sobre los brazos y manos, acometiendo con heridas todo el tercio; y a los postreros trancos levantarán los hierros, dexando caer los cuentos atrás por encima de los brazos. Estas lanzas son dificultosas, pero bizarras, y observándolas con sus tercios pueden adbitrar y glosar los caballeros como mejor les pareciere, que como obren parejos y observen los tercios, parecerá bien.

Lanzas de juego de cañas en la tercera pareja.

La tercera postura de lanzas será poniéndolas en los hombros, los hierros atrás, algo más altos, de donde, en partiendo los caballos y asegurando los trancos, los irán levantando y volviendo adelante, hasta poner los puños enfrente de los oídos, con tanto espacio que se gaste el [primer] tercio de la carrera; y habiendo hecho la señal referida atrás, en el antecedente capítulo, gastarán el segundo tercio en el enristre; y el tercero sobre el puño; y en esta postura, observando los tercios, se puede adbitrar y glosar como cada uno quisiere, como se guarde proporción en la obra.

Lanzas de juego de cañas en la cuarta pareja.

La cuarta postura de lanzas será terciadas en los hombros, y los puños uñas abaxo, y los hierros adelante, de donde, en partiendo los caballeros y asegurados los trancos, sacarán los puños hasta ponellos enfrente de los oídos; los hierros levantados que casi miren al cielo, y los cuentos caídos al suelo, y en esta postura pasen el primer tercio; y el segundo emparejen las lanzas en igual altura, y váyanlas levantando sobre los hombros, y derribándolas hasta la cintura, y desta manera las suban y baxen, durante el segundo tercio, blandiéndolas lo más que pudieren; y al postrer tercio pongan los puños enfrente de los oídos y los hierros baxos, que casi miren al suelo, y los cuentos atrás altos, y vayan, cuando entren parando, haciendo sus acometimientos de heridas, y en parando; levanten los hierros al cielo, derribando las lanzas sobre el codo; que observando estas posturas y tercios, puede glosar cada cual como quisiere, que como sea con propiedad, lo pueden hacer muy bien debaxo de las cuatro posturas generales [en] que al caballero se ha praticado.

ESCARAMUZA PARTIDA

Acabado el juego de las cañas, habiéndolo despartido los caballeros que estuvieren a la mira para su efeto, parecerá bien una escaramuza partida con lanzas y adargas, con que se adornará la fiesta, y se podrá trabar, saliendo el cabo de cada puesto que para ello estarán señalados, campeando la plaza sobre la rienda y las lanzas en los puños y seguido de uno en uno, los cabos se irán buscando hasta juntarse en pareja; y desta manera lo irán haciendo los que siguieren, con cuenta y cuidado de no desbaratarse; y los cabos que tomaren la mano juntos darán una vuelta a la plaza y campo; y ya se irán hablando a qué tiempo se dividirán y a qué tiempo han de hacer los acometimientos hasta volverse a juntar para que parezca bien, que siendo bien ordenada es cosa de grande gusto y contento, y si desordenada de grande enfado y disgusto. Y así, dada que sea la vuelta a la plaza, se dividirán, revolviendo los caballos cada uno sobre su mano, tomando la vuelta larga y en círculo, buscándose el uno al otro sobre el encuentro y adargas; tornando a coger campo ancho y volviéndose a buscar sobre las lanzas; y como hayan pasado unos por otros, se volverán a buscar tercera vez; y cuando vayan ya sobre el encuentro, irán revolviendo de tal manera que se tornen a emparejar para dar otra vuelta a la plaza, y dividiéndose, se buscarán con esta vuelta sobre las adargas, cerrándose en círculo corto el de la parte de adentro y el de fuera con uno largo hasta hacer caracol; volviendo a deshacerle el de la parte de afuera, y en abriendo, salga el de la parte de adentro, cogiendo la vuelta grande, encerrando al contrario, y el contrario váyase recogiendo hasta que el de afuera cierre el caracol, y encerrando lo vuelva a deshacerle, y dando cada uno su vuelta, se buscarán para juntarse y juntos se irán saliendo en círculo a tomar la carrera larga, como si entraran de principio, tomando frente al Rey, Príncipe o sus Consejos, o la persona que le representare, con que rematarán la fiesta, baxando al parar cada pareja las cabezas en señal de salva, reverencia y cortesía; y luego se irán dividiendo por la plaza, de uno en uno y de dos en dos, buscando cada uno su compañero parejero, para echar lances y tirar cada uno, a la parte que más le conviniere, los bohordos con la invención que mejor se les acomodare.

Pudiera poner aquí algunas suertes de tirar bohordos, y sobre todas una que los indios moscas usan, con un palo que llaman quique, con que le vuelan en grande manera y se pierden por el aire de vista; pero hallo dificultosa la declaración dél, y lo será mucho para lo entender y ponerse en execución el que lo quisiere hacer no habiéndola visto; y así me ha parecido mejor no tratar de ninguna invención, de las unas, porque todos lo saben, y de la referida, por su dificultad, y porque cada uno los tire a su mejor modo, pues con poco cuidado, estudio y exercicio que en ello ponga alcanzará, así esta parte, como las demás destos exercicios, si hay afición, porque con ella todo se alcanza.

QUINTA PARTE

DONDE SE TRATA LA IMPORTANCIA DE SABER HERRAR BIEN LOS CABALLOS, CON LA CURACIÓN DE LAS MÁS ORDINARIAS ENFERMEDADES QUE PADECEN

Para los caballeros que campean, así en la guerra como en la paz, es cosa muy conveniente el conocimiento para herrar y curar sus caballos, en todo caso que acontezca faltando herrador y albéitar; y aun cuando le haya, es bien que el caballero sepa hacer cosa tan loable cuanto provechosa a cualquier príncipe o señor, y en particular al caballero soldado que más campeare; remitiendo al albéitar, como remito, lo que más le toca saber científicamente acerca de su oficio, que es curar las bestias dolientes y heridas y conocer sus enfermedades y la virtud de la medicina, y saberla aplicar reconociendo todo miembro y humor, saber juntar lo separado y separar lo junto, aumentar, disminuir, encarnar, ligar y desligar, cauterizar, enfriar, escalentar y sangrar a tiempo.

Y volviendo al caballero, digo que si es cuidadoso de la conservación de su caballo, ha de advertir que la parte en que más ha de reparar es en traerle bien herra-

do a toda hora y tiempo, y si para ello le faltare conocimiento será fuerza faltarle también el buen herrar, de
cuya causa le viene a faltar muchas veces su servicio,
y por su falta hemos visto a muchos caballeros y soldados perder las vidas en ocasiones de guerra.

Y advirtiendo a lo referido, diré que el casco es una
extremidad que naturaleza hizo, sobre que sustenta el
animal su cuerpo, así el caballo, como las demás [bes-
tias]. Casco es nombre positivo, aplicado a extremidad,
donde se halla la virtud creciente, según la parte que
della recibirse puede. Estas extremidades o cascos, que
son cuatro en el caballo de que tratamos, como en los
demás animales cuadrúpedos, contienen en sí una de las
partes de hermosura que más agrada a la vista, y otras
de fortaleza, que más provecho adquiere por los grandes
bienes que della resultan a su dueño y señor; bases de
las cuatro columnas sobre que se sustenta la fábrica
del cuerpo, tienen diferencia de colores, cuanto difie-
ren y son dispuestos los cuatro humores de que está
organizada la compostura de los demás miembros. Estos
cuatro cascos, a cada uno pretende cuatro partes, que
son: tapa, saúco, palma, ranilla.

A esta ranilla se aplica el humor de la flema, que
es húmeda y fría; y a la palma el humor de la cólera,
que es caliente y seca; y a el saúco el humor de la sangre,
que es caliente y húmeda; y a la tapa el humor de la
melancolía, que es fría y seca. Pues cuál sea destos
cuatro humores lo propio o apropiado, digo: Que de la
tapa, lo propio es la sequedad y lo apropiado la frialdad; del saúco, lo propio es la humedad y lo apropiado
lo cálido, y de la palma, lo propio es lo cálido y lo apropiado la sequedad, y de la ranilla, lo propio es la humedad y lo apropiado la frialdad.

De que se conozca este casco en calidad, es por las
cuatro complexiones que toma a cada una la parte que

más le señorea, por cuya razón se dice: hasta el pelo todo casco; y conócese ser frío y seco por su calidad y en cantidad por tres disposiciones, que son aumento, estado, disminución; y en esto mismo se conoce la calidad. Lo que se aumentó diré que es por dos causas: la una permitiva y la otra accidental. La permitiva es, cuando un caballo de su naturaleza tiene mucho casco, más de la debida proporción, ora en la caballeriza, ora en la dehesa, sin trabajarle el dueño; y accidental es, cuando aplicándole remedios; le hacen crecer demasiadamente. Estado es una igualdad y proporción conveniente, que ni le falta, ni demasía le impide al caballo la natural soltura y ligereza. Disminución es cuando el caballo es pobre de casco, de su naturaleza, o accidentalmente por habérsele gastado, por andar desherrado, o al herrar, o desherrar, romperle o desportillarle un mal oficial el casco; y destas tres cosas, el estado causa sanidad y el aumento y disminución enfermedad.

Y cuáles enfermedades sean diré que el aumento causa hormiguilla y escalentamiento en la ranilla, cuartos, razas, desortijamientos; y la disminución [causa] empedradura, cuartos, razas y pelos, y otras más y menos enfermedades que nacen de ser el casco pobre, vidrioso y seco, o demasiado húmedo y tierno; y es muy necesario el conocimiento para acudir al reparo, según la pasión, y después de aplicar el medicamento importa mucho el arte del herrar para que se acierte bien, y es necesaria cosa para esto que el oficial sea científico y de buena vista, de que resultará beneficio al caballo, contento al dueño y fama para sí propio.

CONOCIMIENTO DE LAS HERRADURAS PARA BIEN HERRAR
CADA UNO SU CABALLO CON NECESIDAD O SIN ELLA

Si se hubiere conocido la naturaleza de los cascos del caballo seguírsele han muchos provechos, pues es cosa cierta que con el arte se suple el defecto que tuvieren, y cuando no le tengan, el arte será bueno para conservallo; presupuesto que sabemos ya qué cosa es tapa, saúco, palma y ranilla, se debe advertir que la tapa de los cascos en las manos [del caballo], del medio adelante es lo más grueso, y del medio atrás lo más delgado, corriendo con la misma cuenta el saúco y la palma; y en los cascos de los pies es al contrario, porque de medio atrás es lo más grueso y de medio adelante lo más delgado, a cuya causa suelen hender los cascos de los pies en la parte delantera, y a estas hendeduras o grietas llaman razas; y en los cascos de las manos suelen asimismo hender a la parte más delgada generalmente, que es en los lados donde comienza la flaqueza y disminución de lo grueso, a que llaman cuartos.

Débese advertir primero que se trate de herrar, el modo de las herraduras, si se echarán a la italiana o a la española, porque la una trae descanso en el paseo y riesgo en la carrera, y la otra trae trabajo en el paseo, pero seguridad en la carrera. Muchos son aficionados al herraje italiano, por el descanso del caballo, como realmente lo tiene en su huello; pero no se puede negar, si se alcanza en la carrera, al revolver, partir o parar, el daño que los cascos reciben, y si sucede en la misma carrera, el riesgo de matarse caballo y caballero; y cuando no suceda, por ser fácil el arrancarse la herradura, quedará el caballo tan lastimado que en un mes no sea de provecho, como suele suceder en los paseos muchas veces, y no es bastante prevención echar corta la herradura, porque hay caballos que se alcanzan de manera que [el remedio] no basta.

La herradura a la española, que es callo con lumbre, de mi voto, se debería usar como generalmente se acostumbra en todas las Indias; pero en esto cada uno seguirá su gusto; y confieso que para el paseo usaría yo, y aun lo acostumbro donde hay comodidad, el herraje italiano, que es de ramplón, esto se entiende cuando el caballo no fuese bien entalonado de cascos; y el que curiosamente lo quiere enmendar, por no dexar de seguir el herraje castellano, con cuidado procura y debe hacerlo, ir poco a poco al herrar, entalonándole los cascos, que llamamos enchapinar, con que puesto en su punto el casco y enchapinado es cosa cierta andar seguro y descansado el caballo. Soy de opinión que será más galán a la vista y provechoso en la obra, aunque algunos son de contraria, en que quieren destalonado el casco y dan razones, pero no concluyentes para mí. El destalonar los pies yo lo apruebo y tengo por bueno, porque es ayuda para el parar, derribando el anca el caballo, metiendo y deslizando los pies hacia adelante, como se ve por experiencia, y más cuando los clavos que echaren en los pies fueren de ala de mosca, por ser las cabezas llanas, lo que al contrario han de ser en las manos de cabeza de dado, porque agarran mejor, y hacen presa en la tierra y corre con mayor pujanza.

Para herrar bien es necesario y conveniente cosa que se deshierre con primor y paciencia, sin desportillar ni trabajar [1] los cascos, y como se vaya despalmando, se irá sentando en el suelo la mano del caballo, para ver en la forma que se le dexa, advirtiendo ha que se ha de

---

[1] Rebajar.

ahocar el casco y abrir los candados, porque será de gran descanso para el caballo, y alijará brazo y pechos, porque por aquella parte expelen humores, con que se impiden algunos males y particularmente vejigas.

En las claveras de las herraduras, se debe advertir, que las de las manos se vayan arrimando a la lumbre, por la razón atrás referida de la tapa, de manera que haya por la parte trasera menos claveras que de medio adelante, advirtiendo asimismo que no sean más ni menos de diez en cada herradura, cinco de cada parte; éstas, cuanto más raras será mejor, porque estará así más fuerte el casco y si las espesaren estará más sujeto a romper; estas claveras han de ser prolongadas y no cuadradas, los clavos delgados y bien tableados y sin hojas, y medidos en las claveras antes de echarlos, porque si entrasen premiosos, los golpes grandes del martillo atormentan los cascos, y mucho más si padecen algún mal. En las [claveras] de los pies se ha de guardar el orden al contrario de las manos, echando las más claveras de medio atrás, por la misma razón ya dicha de la tapa, y que sea la herradura más chica que grande y el hierro della sea lo más grueso adelante, y lo más delgado atrás como en las manos lo más grueso atrás y lo más delgado adelante, y, sobre todo, siempre se han de observar los huellos conforme demandaren.

Para mejor acertar estos huellos, se han de considerar en esta manera: que si el caballo huella de talón, la herradura ha de ser callialta, y no muy pesada, que, como dicen, más vale onza de casco que libra de hierro, y al que hollare de punta las herraduras serán hechizas, y no cargadas, y más hierro en las puntas que en los talones, echándole su ceja en las lumbres, porque si fueren sin esta consideración, será sacar al caballo de su natural huello, con que recibe dolor y tormento.

Y juntamente como se ha dicho, se han de considerar los clavos para todo género de herraje ajustados, las astas bien sacadas y tableadas delgadas, y que no lleven hojas y dadas bien las vueltas a las puntas junto con el tableado, porque si son cuadradas dan dolor y rompen el casco, y es contra la intención del arte, porque quiere que se conserve siempre el casco; y el hierro de los clavos ha de ser blando y suave, porque no quiebren y levanten hojas, y se apliquen bien al casco, sin arrimarse, ni que sean causa de enclavarle; y así, para ello se ha de considerar primero los clavos y luego las traspuntaduras de las claveras, si están claras y bien hechas o si están acostadas, porque si no están bien abiertas y limpias, no excusarán el daño, y si la clavera fuese angosta y el clavo entrase violentamente tuerce con los golpes con que se suele enclavar, y aun cuando desto escape es causa de un dolor tan intenso, que es tenido muchas veces por enclavadura. También es causa otras veces de enclavar el caballo el oficial sin arte, la malicia del caballo, propio en no tener obediencia, y el mozo que le tiene no tener fuerza y sufrimiento, por cuyas razones se debe advertir todo para excluir el mal suceso.

Y en suma, quien quisiere herrar bien después de todos estos advertimientos, pague bien al oficial para que tenga paciencia en el trabajo del herrar para no errar, y dar gusto al caballero, según y como pudiere y ha menester el caballo, que para que obre bien es necesario pagar bien.

ENFERMEDADES

Las más ordinarias enfermedades de los caballos, con la aplicación y más breves remedios que el autor por experiencia ha hallado, para que a falta de albéitar el caballero pueda remediar su caballo, son las doce que se siguen:

1. El muermo es la enfermedad más ordinaria en los caballos de todas; éste se cría en el tiempo más enjuto, a causa del polvo que se levanta en el paseo o camino, y lo más ordinario es en las comidas donde se recoge no teniendo mucho cuidado en sacudir y limpiarlas, de ordinario padecerán deste mal los caballos; y porque en este tiempo más enjuto, todas las bestias tienen mayor sed, se condensa con mayor fuerza y hace adolecer el cuerpo, dañando los humores; y si acierta a ser tiempo de verde, al comerle le hace madurar y purgar por las partes altas y bajas, y deste muermo ninguno se escapa, pero unos le crían más que otros. Esta enfermedad le causa al caballo dolores en la cabeza, y le hace toser y perder el gusto de comer, y le hincha los ojos, y estila[1] por ellos lágrimas; es causado este muermo muchas veces, o por meterle caliente al pesebre de algún exercicio que haya tenido, o por paralle con el mismo calor en parte donde da algún viento fresco; pero lo más ordinario es el polvo que recoge por las narices en tiempo enjuto en los caminos, o cuando come que viene envuelto en la comida; y por este respeto, cuando dan a comer salvados a un caballo le suele sobrevenir.

Para desechar este muermo y que purgue por la orina con brevedad, se tomará un poco de azafrán y una onza de alhovas, y un puñado de cominos rústicos, y otro de espliego, y cuézase en una olla nueva, hasta que mengüe el tercio; y este brebaje, algo tibio, se le dará a beber al caballo; acostumbrando hacerle en la boca con ella un lavatorio de vinagre, miel y sal, poniéndole por las mañanas arrendado un rato con el bocado después del lavatorio; y si estuviere metido en carnes, sángrenle de la bragada, y si no hiciere por

---

[1] Destila.

brebajes, echarán a cocer una gallina gorda, con un almud de centeno, y a falta dél, de habas secas, y de que esté deshecho y machacado todo a modo de emplasto, y caliente, se lo atarán en la cabeza, dexándole defuera los ojos; con este calor y baño lanzará por las narices, de tal manera que si fuere de vida, será libre con brevedad, y si fuere de muerte también abreviará, y adviértase a que si rompiere alguna vena, y echare sangre por las narices se tenga por buena señal. Si estuviere este muermo rebelde, tomará unto de puerco, y manteca de vacas, y la flor de las alhovas, y simiente de rábanos, y de zanahorias, y de anís, y de azafrán romi, harina de trigo, y todo junto se cocerá en vino, hasta que mengüe la mitad, y este caldo se le dará a beber por las mañanas, habiéndole sangrado primeramente. También se usará de juncadas con manteca de puerco o de vacas, y esto tengo por bueno. También de sahumerios de azúcar y aceite, con que despedirá muy apriesa el mal; y unas pelotillas hechas de unto sin sal, majadas y metidas en los oídos del caballos hacen maravilloso efecto; el tabaco en polvo, con un cañuto echado por las narices, es gran beneficio, y la experiencia de las cosas dirá lo mejor y más acertado.

2. El torozón[1] es un mal peligroso, y que aflige en demasía al caballo, como a las demás bestias, porque les restriñe y tapa las vías de evacuación de orina y estiércol a un tiempo junto con grandes dolores, con que metido en congoja le trasuda y eriza el pelo, se encoge, se echa y revuelca, tornándose a levantar, todo en breve tiempo; y si este mal se conoce a su principio es remediable, y si no, de ninguna manera se puede remediar; y muestra naturaleza a todo animal, y más al caballo que a otro, a buscar su remedio, de tal ma-

---

[1] Cólico.

nera que si anda suelto en el campo, y allá le toma este mal, se viene a lo poblado a buscar gente, en cuya presencia muestra su congoja y dolor, que a tal tiempo no le faltan demostraciones naturales, y si acierta a manifestarse delante de hombre que le sepa acudir se remedia, y si no, acaba la vida; pero si [el observador] es de razonable discurso, aunque no sea suyo el caballo, se duele y da orden comó lo remedien y ayuda de su parte si conviene.

Este mal les viene a todo género de bestias, y principalmente a los caballos, siendo preservadas las yeguas; viéneles este torozón por dos causas, o por frialdad demasiado o por ahito, que llaman acebadado, por demasiado comer del grano de cebada. En las partes de Indias, cuando ha comido maíz, y después le dan de beber, les da este mal, por ser un grano y semilla que hincha demasiado, de donde le procede, como también sucede con el trigo en España, y así conviene que los dos granos se den con moderada medida, dándoles primero de beber; lo que no tiene el grano de la cebada, que aunque se les dé después no hace daño. Opiniones hay que viene también este torozón de pujamiento de sangre y apostemas, y son falsas, aunque sean las de los mayores albéitares, porque no será entonces torozón, sino otra enfermedad, y dénle el nombre que quisieren, pues caminando con la mía, digo que por entrambas partes hay dolor de vientre y falta de calor, y para disponer la evacuación, es necesario acudir con remedios que calienten y ablanden, que en aplicando estas dos cosas, estará la bestia libre del mal que padeciere; y aplicando, digo que ayudas son buenas echadas con jeringas y que sean ordinarias, añadiéndola una parte de vino y otra de miel de abejas y del aceite más de lo ordinario, y calientes, estas ayudas harán grande efeto y a tal tiempo se puede hacer este remedio, que no haya necesidad de otro; bueno será hacerle pasear y andar muy apriesa, trayéndole de las riendas o cabestro, o que ande un mozo encima, para que se meta en calor, y si le llevaren a algún corral de cabras o de ovejas, donde hay estiércol será bueno, porque su olor y calor le provoca a entrambas evacuaciones; también es bueno sobarle la barriga con un palo rollizo entre dos personas, y si fuere vara de azubeche preserva más que otra cosa; para este mal también es bueno darle bebedizos de vino caliente con especias. También es bueno metelle en el caño de la verga un diente de ajos, algo cortado, para que el calor penetre y con el escozor le haga orinar, que con que evacue por esta parte y expela algo del mal, se vaya cobrando mejoría. También es bueno en la punta del mástil de la cola darle con una navaja o cuchillo dos cuchilladas en cruz, y en la aber tura ponerle una pelotilla hecha masa de sebo de velas y de polvos de solimán, y es cosa aprobada y maravillosa; y será buena señal de que hará efeto si cuando le dieren las navajadas en cruz, por la parte baxa apuntare sangre.

También es bueno que un mozo, untada la mano en aceite, la meta por el sieso del caballo, que teniendo echadas sueltas con seguridad lo podrá hacer, demás de que el mismo caballo consiente, porque reconoce el beneficio, y váyase sacando todo el estiércol que alcanzare a coger la mano, con que amainará el mal.

Y con todos estos remedios se suele el caballo morir, y para aseguralle que no muera diré uno con que se le quitará y no volverá más el tal mal, de que se tiene larga experiencia, y pocos son los albéitares que lo saben; tomen un ladrillo y échenle en la lumbre, y cobrado que haya el calor, de manera que le puedan tomar con la mano, le rociarán bien con vino de un lado y de otro, y revuelto en un paño se le pondrá al caballo

en el vientre, y doblándole la manta encima le cincharán
bien, de forma que no se le caiga, y le dexarán estar
tres horas con él, y si fuere de parte de noche hasta la
mañana. Si este ladrillo se acertare a poner templado
del calor, quitará el torozón en este tiempo, y si se
pusiere demasiado caliente, también le quitará, pero le
alzará una hinchazón en el vientre, y a los nueve días
habrá hecho llaga, y cuando esto suceda se irá curando
con miel y cardenillo molido, todo revuelto, empapadas
unas estopas en ello, puestas encima de la llaga, con
que acabará de purgar, teniendo cuidado de remuda-
llas, lavándole con agua fría las materias primero, y
en encarnándole ir untando con aceite y corcho quemado todo revuelto a menudo, con que encorará y pele-
chará; con este remedio y secreto se asegura sin ninguna
duda el caballo deste mal, así de presente como para
adelante.

3. El pasmo[1] es un mal que toma todas las coyun-
turas y envara los miembros, y si va en crecimiento
no para corriendo por todas las partes y vías del cuerpo hasta envarar pescuezo, cabeza y boca, de manera
que no la pueda abrir, ni baxar el pescuezo, y en llegando este mal al corazón, no hay remedio; y así, conviene acudir con diligencia, porque si ésta falta, pere-
cerá el caballo a quien tocare. Y así será bien foguealle
la nuca y quixadas, y para que no las cierre con el
pasmo se le pondrá un mueso de palo en la boca para
recibir bien los bebedizos que se le aplicaren, fogueán-
dole juntamente los lomos y vientre; y encima la trementina que más a mano se hallare, que cuanto más
de calidad fuere caliente será mejor; y ésta se le echará
templada al fuego, más que tibia, poniéndole encima
para abrigo algunos pellejos de carnero, y a falta, lana

---

[1] Tétanos.

sucia y desotra escarmenada; y no habiendo resina, se caldeará con aceite ordinario, echándole encima polvos de pez griega, y a falta, otra pez cualquiera que sea; también es buena de botas viejas de vino caliente, y la brea es buena. Y para hacer toda esta obra, se ha de haber derribado el caballo en la caballeriza sobre estiércol, y luego que se haya beneficiado en la manera referida se le echará por la boca, con un cuerno, media azumbre de vino revuelto con un canuto de azufre molido, advirtiendo que la caballeriza ha de estar abrigada y obscura; y hecho todo esto y levantado el caballo, y sosegado como media hora, se le dará una sangría en la vena capital, y en adelante, cada día se le dará un paseo, para que haga movimiento y se meta en calor, y si fuera tierra fría, y le hiciere mucho, no le saquen de la caballeriza ni se le dé la sangría, y cuando se le dé de beber, désele su brebaje de harina con aceite y algún vino para que le meta en calor y le dé sustento, porque no podrá comer, y según vieren el efeto de la mejoría, así le irán quitando y poniendo el mueso en la boca, y reforzando o menguando las bebidas y brebajes, y añadiendo la comida.

4. El aguadura[1] no es otra cosa que un resfriado que le viene al caballo después de haber hecho exercicio, con que se mete en calor y sudor, y el dueño se descuida parándole al viento, y si es colado y sutil, le penetra las venas y huesos, cuya ventosidad le manca y estaca los miembros; también se causa en un camino, después de sudado hartalle en los ríos de agua, y es poca consideración del que va encima. Conócese esta enfermedad en el envaramiento de los brazos, y en la tristeza y descaecimiento de los ojos, y en perder la gana del comer, a que se debe acudir brevemente, pues

---

[1] Infosura.

es cosa cierta que no hay enfermedad que acudiéndola a su principio con el remedio, no se repare.

Para este resfriado son buenos brebajes calientes, y cernadas en los lomos, pechos, brazos, despalmándole [el casco] para que vaya expeliendo; pero el mejor remedio y más seguro es cargarle, si es caballo de valor, porque asegura y abrevia, aunque es de más trabajo y cuidado esta carga, y para el que no la supiere hacer, será en esta manera: Sangrarse ha de la tabla del pescuezo y cogérsele ha la sangre en un dornajo, lebrillo o bacía, y en ella se echarán dos onzas de boloarménico molido y dos puños de sal molida, y seis de ceniza cernida, y otros seis de harina, y media docena de huevos, y un cuartillo de vinagre, y todo deshecho y batido con la sangre, le irán untando contrapelo apretadamente brazos, pechos y los lomos hasta las caderas, poniéndole en caballeriza abrigada; y si fuere fría, se enmantará y pondrá unos pellejos de carnero, y si es tierra caliente no hay necesidad de más abrigo que la caballeriza.

La cernada llevará ceniza cernida, riestras de ajos picados, sal, vinagre y harina, todo ello cocido en agua y muy caliente y algo espeso, con un pedazo de pellejo de carnero le embarrarán contrapelo los pechos, brazos y lomos, y después enmantalle y ponerle en abrigo.

5. Los albarazos [1] es una enfermedad muy fea en un caballo, y pierde de su valor mucho por ella; viene por la mayor parte de casta y también es pegadiza, y pégase en la comida y bebida; es enfermedad sanguínea y cría gran comenzón en la parte que toca; es género de empeines, y a su semejanza, cuando algunas personas los tienen muy arraigados y grandes, los llaman empeines caballares y con mucha propiedad; estos albarazos se conocen en la diferencia y color de la carne,

---

[1] Durina (?).

cuanto toma el circuito dellos, mostrándose overa aquella parte; críanse en los ojos, en el hocico, en los compañones, en la verga y sieso, por ser partes más tiernas y delicadas, y donde concurren remates de venas; los remedios más breves y más experimentados y fáciles que yo he hallado, es tomar vinagre rosado y batirlo con ungüente rosado; que sean partes iguales, y írselos untando con ello a menudo, y ha de ser tres días arreo, y si mostraren que se van amortiguando, ir siguiendo este remedio hasta que haya hecho el efeto, y no lo haciendo en parte ni en él todo se tomará la hierba de la romaza[1], y se cocerá con sus cogollos y raíces, y con esta agua tibia se los lavarán, y tener cogollos de la misma hierba, que sacados hacen una babaza como jabón y se los irán untando con ellos, y siguiendo esto otros tres días, lavando primero con el agua referida tres veces cada día, y si mostrare que va haciendo algún efeto seguir este remedio hasta que de todo punto le haga, y en caso que falte, se le han de raer o rascar estos albarazos con una tusa de maíz, que es el corazón della quemada al fuego, y en falta, sea corcho medio quemado; y habiéndolo hecho, se tomará un poco de vinagre muy fuerte y se echará en el suelo en parte seca, y dexar levantar de la tierra una espuma que hace y con ella, polvoreada con solimán molido muy sutilmente y poco, irle untando las partes rascadas y raídas tres veces al día, con que habiendo corrido los remedios referidos, se puede esperar deste el efeto que se pretende, como no sea alrededor de los ojos.

6. Las nubes y mal de ojos todo viene a ser una cosa, porque de lo uno viene lo otro, reducido y condensado el humor, y una parte pequeña que impide la vista, a que llaman nubes, a exemplo de las que se ante-

---

[1] Romaza medicinal. *(Rumex pratensis*, M. y K. *R. acutus*, L.)

ponen a la claridad del sol o luna; vienen los caballos, mediante ellas, a perder la vista; y estas nubes son causadas o por abundancia de flemas, o de cólera, o por herida o golpe en la cabeza o niña de los ojos; y si a su principio le acudiesen con el remedio, se atajaría el mal y daño tan grande que por descuido del dueño viene a suceder, y no se descargará de semejante culpa y descuido y otros tales el caballero, diciendo se fió de sus criados, pues dellos no se debe confiar en el todo, pues le consta que sólo sirven con obstentantación y cumplimiento, y el que quisiere ser bien servido, cuide de todo, y lo será y hará buenos criados, y aun albéitares. Y es muy verdadero aquel refrán que dice: el ojo del amo engorda el caballo.

Pues visto el mal de los ojos, si fuere con inflamación, se sangrará con mucha brevedad de la vena de la tabla del pescuezo, como si fuese pujamiento de sangre, pues lo es en parte; y si no fuere inflamación, no le sangren: lavársele han los ojos con agua fría, y de ahí a un rato se tomará un cañuto hecho de cañón de escribir, y puestos dentro polvos de tabaco molido, abriéndole el párpado del ojo, le soplarán dentro los polvos, y esto se continuará, si se viere que va haciendo efeto; y en caso que no le haga, se le echarán hechos de atutia preparada, bien molidos y cernidos; y no reconociendo el efeto breve, si ser pudiere, serán buenos de estiércol de caimánes, donde los hubiere; y habiéndolos se le echarán con el cañuto referido; y a falta, revolverán polvos de tabaco y de la atutia preparada, y continúese este remedio, que, sin duda, hará efeto.

7. La calambre[1] es un envaramiento de las piernas con gran dolor, que es donde suele dar, en la una y en ambas, de manera que las arrastra por el suelo, como

---

[1] Calambre o rampa. Luxación de la rótula.

si las tuviera el caballo quebradas. A esto se acudirá
en esta manera: tomaráse vinagre, sal y ceniza, y sebo
de vacas, y un poco de aceite, todo deshecho al fuego,
revuelto y líquido, y tan caliente que se pueda sufrir,
a modo de cernada, y para ello se le frotarán las piernas hacia arriba contrapelo y en las palmas de los
pies; si hallaren miel de alquitrán y a falta la resina
o aceite que más a mano estuvieren, que sea caliente
en calidad, que esto el tiempo y sitio donde fuere y la
buena consideración lo enseñará; y muy caliente, se le
pondrá empapado en estopas o lana escarmenada y
puestos sus paños atados para que no se caigan; y este
remedio se continúe, que a los dos o tres días hará
efeto.

El aceite de lombrices caliente es bastante unción
para quitar la calambre y otro cualquier dolor en los
brazos, por muy atormentados y dolorosos que tenga
los nervios, dándole la unción de parte de noche, y abri-
gándole con paños, que a pocas noches será libre del
dolor con efeto maravilloso.

8.   El dolor de lomos y riñones casi es todo un mal,
porque del uno deriva el otro, y así se ha de ir con
el pensamiento de ambos. Es causado el dolor de lomos
de hacer la caballería sobre ellos inadvertidamente, y
hacerle asentadura que llaman, de que viene a hinchar-
se y a refriarse, que por la mayor parte son estos dolores de resfriados, que es por donde se viene a tullir.

También sobreviene de un muermo corriente, que
suele acudir a los compañones, hinchándose, y si este
humor repara en los lomos es de dolor y aun enfadoso
de curar; de allí vienen a doler los riñones; en tal caso
conviene sangrar al caballo de las venas de las braga-
das, sacándole la sangre respectivamente a la edad; tras
esta sangría le echará una bizma en los lomos, hecha
en esta manera: Cocerán salvia, y yedra, y tomillo, y

plumas de perdices, y salvados, con vino tinto y deshecho todo, y que lo pueda sufrir caliente, se le pondrá sobre los lomos, y encima una manta; y si destas hojas y yerbas faltare alguna, no importará, y esto se hará cada día dos veces, continuándolo nueve días; y si con esto no tuviere buen efeto, tomarse ha una onza de incienso y otra de pez griega, y otra de trementina, de almáciga, y otra de goma arábiga, y alguna sangre de drago[1]; y si fuere tierra fría, al tiempo que le haga dos onzas de gorbión[2], y un poco de sebo de carnero, y una poca de cera, deshecho en vino, habiendo molido lo que fuere de moler y derritiendo lo que se hubiere de derretir; y todo junto, mezclado al fuego, cuando esté algo caliente, con un hisopo se irán untando los lomos contrapelo, y de que esté bien hecho, se le pondrán estopas encima, y para que no se eche el caballo y haga el efeto que se pretende, se le ha de poner por debaxo de la barriga unas cinchas con palos hincados a los lados, donde se hagan fixas, y sustenten el caballo que no se pueda echar, porque no trabajen los lomos al echar y levantar, y estará así por espacio de quince días para que suelden bien.

9. Las vejigas[3] son unos humores que se levantan y hinchen de viento y mal humor en los brazos y piernas del caballo, por cima de los primeros ñudos de los cascos, entre las canillas y nervios[4], que luego al punto, si el caballo las tiene, se representan a la vista y se manifiestan mejor pasándole la mano por la caña abaxo, y al punto siente el caballo dolor, y levanta la mano o pie, enfermedad que le manca y entorpece, y por furioso que sea, le vuelve una oveja de manso. Estas

---

[1] Resina de los frutos de una palma: *Daemonorosp draco*.
[2] Gurbión. Goma de euforbio.
[3] Hidrartrosis.
[4] Nervios; en este caso, tendones y ligamentos.

vejigas son causadas de hacer el caballo demasiado exercicio de correlle por empedrados, y por ser domados antes de tiempo en tierna edad, y por meterle sudando en la caballeriza sin le pasear y limpiarle, y de caminar con él alguna jornada y descuidarse la persona a cuyo cargo va, y lo más ordinario es de trabajallos demasiado, siendo potros. El remedio que se debe hacer en brazos y piernas es desgobernallos, aunque más ordinario es el labrallos[1], y éste tengo por buen remedio, si quie nlos labrare fuere diestro y lo hiciere con sutileza, porque si se les cargare la mano, acabarán de mancarse y quedarán feos, con pérdida de su valor; pero como sea con sutileza y arte, no lo perderá, ni se echará de ver, quedando salvo dellas, y sobre sano se suele hacer esta obra, como sea bien hecha. Y este labrado se ha de untar nueve días con aceite, y al cabo se ha de meter el caballo en raudales de ríos, donde el agua corre recio, y que ajuste con lo labrado; y sacado, tómese vinagre y hollín de la chimenea, o corcho quemado y revuelto, y que quede líquido: se untarán las quemaduras, y se continuará hasta que cubra el pelo.

10.   Los cuartos y razas[2] no es otra cosa que tener los cascos de pies y manos hendidos al hilo, de arriba para abaxo o atravesados. Los cuartos serán las hendeduras en los cascos de las manos, en cualquiera parte dellas, y de medio atrás son más ordinarios, por ser la tapa más delgada en esta parte.

Las razas son las hendeduras que muestra el caballo en los cascos de los pies, al hilo, de alto abaxo, y de medio a delante son más ordinarias, por ser en esta parte lo más delgado de la tapa.

El remedio de que se ha de usar serán unciones de ungüento hecho de zumo de cebolla, como adelante

---

[1]   Aplicación del fuego en rayas.
[2]   Fisuras en la tapa del casco.

se dirá, para que vayan despidiendo; que herrando a menudo, y no descuidándose con la unción, saldrán [los cascos] sin falta ninguna a corto tiempo. Pero hase de advertir que por la mañana se le ha de dar la unción del ungüento, y de noche [se untará] con miel de abejas virgen, caliente que lo esté más que tibia.

El ungüento se hará desta manera: que se tomará una cebolla y se picará, y con todo su zumo se echará en una cazuela, donde ha de haber manteca de puerco hirviendo la que bastare a freírla; y cuando lo esté, se le echará dentro otra tanta cantidad de cera, y deshecha y bien mezclada, se sacará de la lumbre para que se hiele; y con este ungüento se dará la unción a las razas y cuartos, y estas unciones son buenas para hacer correosos los cascos que no lo son. También será buen remedio para los cuartos y razas, darles alrededor unos botones de fuego sutiles, alegrándole por de dentro el casco, hasta que haga sangre, y con bálsamo hirviendo se le quemará, con que bajará cada mes más de una pulgada hasta echarle fuera, advirtiendo que pasados los nueve días del fuego, se aplique la unción del ungüento referido.

11. Si al caballo se le cortare la clin o cola, por horquilla u otra causa que sea, tomará una yerba que llaman romanza, y con raíz, por ser estíptica se cocerá una grande olla, y todas las mañanas se la lavarán y descasparán con ella, que continuándolo algunos días, se le quitará la comezón y poblará, tomando el cabello correa, y se le quitará con este lavatorio la sarna a cualquier caballo que la tenga.

Adviértase a que muchas veces sucede cortársele la cola al caballo, no porque tenga horquilla, sino por tener mal mozo, que sin reparar en el daño, cuando le lavador las mañanas la coge entre las dos manos doblada, fregándola, y por donde hiciere cualquier doblez, es cierto que quiebra y cae, y así conviene mucho vérsela lavar, y advertírselo, para que la lave al hilo de arriba por baxo, refregándola con suavidad entre las dos manos, sin doblar cerda ninguna.

12. Si en la guerra o en otra parte el caballo recibiere alguna herida por donde se desangre, sin poderla estancar, se le quemará con trementina, sebo o aceite muy bien; y luego se le meterá en la herida una masa de trigo de las Indias, que llaman maíz, habiéndolo tostado, y después lo han de moler, y juntando con esta harina, pólvora y ceniza, y se hará la masa con orines, dos partes de la harina y una de la pólvora y otra de la ceniza, y se verá una cosa milagrosa; y en caso que falte el trigo de las Indias, hágase con harina ordinaria, aunque no aseguro el buen suceso, tanto como con la otra, por tener hecha la experiencia, de tal manera que no sólo estancará, pero no será necesario hacer otro remedio. También recogiendo el moho que nace sobre piedras en partes húmedas, aplicándosele restriñirá. Este remedio ha de ser en falta del primero, y faltando la comodidad del primero y segundo, remítanse al mismo estiércol del caballo.

Si el caballo se resfriare o abriere de los pechos o se deslomare, tómese ceniza cernida, ristras de ajos y unas cebollas, lo uno y otro muy picado, sal, vinagre, orines y alumbre, lo que pareciere que bastará, y muy hervido deslíase, y con un pellejo de carnero le frotarán contrapelo por todas partes, hasta acabar la cernada,. y asentándoselo, le abrigarán con mantas, y le manearán para que, juntas las manos, tenga lugar de hacer la cernada suelda, y esto será bien hacerlo todas las veces que el caballo hubiere llevado algún demasiado trabajo; porque con esta prevención se sustenta mucho en sanidad, cuya cernada se le habrá caído dentro de tres días.

[DE LAS SANGRÍAS]

Porque sucede ir de camino un caballero y llevar su caballo, y faltándole, en ocasión de sangrarle, albéitar, o porque quiere ser curioso en hacer la sangría por sus manos. Advierta que si se le encendiere la sangre, cuyo pujamiento arroja unas habas por todo el cuerpo,

Sangria de la tabla.

Sangria del pecho.

Sangria de la bragada.

Sangria de los tercios.

Demostración de las cuatro venas principales del caballo, para que el caballero, en falta de albéitar, le pueda sangrar a necesidad, en el modo y con el instrumento que adelante trataremos.

convendrá sangrarle luego, porque no le importará menos que la vida; y para que se haga a tiempo, supuesto que le falta albéitar, pondrále el freno y le echará el dogal al pescuezo, arrimado al pecho y muy apretado, y donde pulsare la vena, se la trasquilará con tijeras, y levantándole el cuero le cortará con ellas en línea transversal a la vena, y suelto, abre boca, y descubre la vena cuan gorda es, y con una lanceta de barbero de abrir apostemas, por ser ancha, se la picará, abriendo al hilo lo que abre una ballestilla; y a falta de lanceta, sirve la punta de un cuchillo bien afilado; y habiendo hecho la sangría, levantándole el rostro para ello, le quitará el dogal o cordel, y póngasele una mordaza que junte el pellejo cortado, y lo mejor es darle dos puntos con una cerda y aguja, y la sangría quedará hecha, y el caballo remediado, así en campaña como en pueblo. Desta lanceta puede usar en todas cuatro venas principales, que se muestran en el caballo, con la misma cuenta referida, en toda inflamación de sangre, asentadura o golpe que hinchare, haciendo la sangría en la vena más cercana al mal que padeciere el caballo, observando los corrimientos para las venas del pecho y tercios.

SEXTA PARTE

DE ADVERTENCIAS QUE SE HACEN AL CABALLERO PARA SU PROVECHO Y BENEFICIO DEL CABALLO

Supuesto que a la jineta no se puede llevar vara para castigar el caballo, porque parece mal, debe advertir el caballero de llevar las riendas tan largas, que puestas en la mano izquierda casi arrastren en el suelo, porque a más de parecer bien y ser gala, se castiga al caballo con ellas, y si el caballero no saliere en el paseo con espuela de acicate, tengo por acertado salga con espuela secreta, porque de no traer unas u otras sucede una fealdad, y tomar el caballo un resabio, como espantarse, y no querer acudir donde el caballero quiere, y arrimarse sobre otro caballo en el paseo, y descuidarse en él, y no traer viveza: cosas que dan disgusto, como cada uno considerará, si ya no fuere el caballo tan vivo y leal que su bondad lo excuse; y advierta que si esta espuela se la truxese siempre arrimada, que será de daño, porque le hará colear; [llevarla] de forma que no la ha de sentir, si no fuere en la ocasión.

Todas las veces que se picare el caballo, se le acudirá con sofrenada, para divertirle de fealdades, coleando, o acometiendo a tirar coces, o torciendo el cuerpo, cuya prevención lo excusará, y lo contrario será falta por no entender el tiempo de espuela y rienda.

Si el caballo hiciere tijera o tascare el freno o despapare el rostro, se le apriete la muserola lo más que ser pudiere, porque ayuda mucho a suplir la falta del bocado y encubrir el vicio del caballo.

El caballero, desde el punto que subiere en el caballo, ponga el pensamiento en la mano de la rienda, porque si se descuidare della y el caballo no fuere muy leal, sin duda hará fealdades o intentará malicias, como es coger el freno, despapar el rostro, dar cabezadas; y cualquiera destas tres cosas que hiciere será culpa del caballero, que con poco cuidado está remediado; y si fuere falta del caballo con el tiempo de la rienda también lo estará, que si quisiere coger el freno, con jugarle la rienda y recogerle el rostro le divertirá dello; y no tendrá lugar de despapar, que para hacerlo baxa primero el pico, y si al principio del movimiento se le metiere la mano no lo hará, ni dará cabezadas, porque con este mismo tiempo se ataja mayormente ajustando la rienda en el punto que atrás hemos referido.

Ajustar el botón de la rienda en la mano, como algunos hacen, es causa de desgracias en todo caballo, y en particular si fuere boquimuelle, porque si tiende el rostro, cogiendo descuidado el caballero, con el tope repentino que hace en él, y con el dolor de la boca, se enarbola y da de espaldas o temor dello.

Si hubiere necesidad de que el caballo se vuelva en estrecho, se le llamará con la rienda y al mismo tiempo herille con la espuela del propio lado sobre que hubiere de volver, y sin dilación se le acudirá con el gavilán del estribo al codillo, con que volverá al punto el rostro, sacando el anca para facilitar la vuelta; deste mismo tiempo se podrá usar en la carrera y su remate, si se torciere en ella, embebiendo algún tanto la rienda de su parte, y aseguro que enderezará con presteza, sabiendo usar deste medio el caballero.

Si el caballo se espantare, trabaje el caballero con caricias, envuelto algún castigo, que llegue a reconocer la causa, y aunque rehuse, no se canse en la porfía, que con ella, sin ninguna duda, le rendirá, con que quedará continuándolo fuera de tal resabio.

Si se saliere al tiempo de parar el caballo por mal freno y escalentada la boca, el caballero le llamará a menudo y la mano blanda, y no siendo de efeto le llamará de golpe, con mano áspera, y no haciendo por ella, échele la rienda fuera de la cabeza a la parte izquierda, y por ella le llamará con dos manos reciamente, con que parará, y volviéndosela a su lugar, le paseará, trayéndole la mano por las clines y pescuezo, sin volverle a correr, baxándole un punto el freno para que se aquiete, y en apeándose, trate luego de su remedio.

Débese excusar de que no suban los lacayos en los caballos, porque los lastiman las bocas, y dello toman mil resabios, que llevándolos con almártaga, se excusará el daño que reciben.

El caballero hará mal a sus caballos a menudo, porque no se hagan hobachones, y se manquen en la caballeriza; y dice bien el adagio: el caballo seguido y mantenido para que obre bien.

Si se corriere el caballo arrimado a barranca de río, foso, petril de puente o tapia baxa, advierta a no herir el caballero de aquella parte con rigor, porque si le diere alguna espolada descompuesta, se abalanzará sin reconocer el peligro en que se mete. Y yo he visto por su respeto desgracias notables, y a su exemplo diré una que sucedió en Santa Fe, cabeza del nuevo reino de Granada; y fué que un regidor della, llamado Luis Gutiérrez, tenía un caballo de gallarda carrera, y estándole haciendo mal un mulato, hombre de a caballo, en presencia de su amo, y llegando yo tarde, le rogué le volviesen a correr, y así se hizo; y paseándole arrimado a una tapia que llevaba sobre mano derecha, y volviendo sobre ella, el caballo partió con tan gran velocidad y pujanza que me obligó a decir: «Dios te guarde.» Y no sería bien a la mitad de la carrera, cuando, torciendo el rostro, se abalanzó por cima de la tapia y dió tan gran golpe de la otra parte con el vuelo de la carrera, que fué rodando caballo y mulato razonable distancia. El dueño, viendo tal suceso, volviéndose a mí, me dixo: «Esto, ojo ha sido de vuesa merced.» A quien respondí: «No ha sido, sino espolada del mulato.» Y fué así, porque se halló en el caballo una fuerte espolada de parte de la tapia y del otro lado ninguna señal. El caballo se quebró una pierna, de que murió, y el mulato, a quien levantaron sin habla, con mucha lástima se llevó a su casa, donde se curó dél, y fué milagro quedar vivo. Sirva este exemplar para que se conozca el riesgo de una mala espolada en parte peligrosa.

Cuando el caballero corriere lanza, advierta que la carrera sea ancha, y si hubiere gente de un lado y otro, se arrime lo más que pudiere sobre el lado izquierdo, en manera que no le estorbe la gente del derecho, porque no suceda una desgracia semejante a la que sucedió en Cartagena de las Indias, que corriendo un día un caballero, llamado Josef de Barros, lanza y adarga, en los floreos que metió asió con la punta del hierro a un capitán que le estaba mirando en la frente, y por poco que le cogió le derribó y mató. Causó este suceso gran dolor a toda la ciudad, cuyo caso obliga a que el caballero abra los ojos para remediar cualquier daño, y antes dexar de obrar con su lanza que matar inadvertidamente a nadie.

Cuando el caballero anduviere en la plaza echando lances después de los toros, advierta a que si hubiere quedado alguno rendido en ella, andar con cuidado de que hay toro en la plaza, que de no hacer caso dello han sucedido desgracias; y por exemplar traeré a propósito una que sucedió en Santa Fe de las Indias, día de toros, que habiéndose quedado uno debaxo de unos portales rendido y en el suelo, donde se estuvo toda la tarde, en cuanto se jugaron las cañas; y andando los caballeros corriendo por diferentes partes, un caballero llamado Juan de Olmos, corriendo por delante del toro, se levantó y le acometió tan a tiempo, que metió los cuernos al caballo hasta los pelos; y con la fuerza que el toro puso y pujanza del caballo en la carrera con líneas transversales, el toro cayó muerto de repente, desnucada la cabeza, y dando el caballo un gran salto y relincho, también cayó y murió; y el caballero, a quien arrojó de sí como si fuera una pelota, lo llevaron sin habla por muerto a su casa, y aunque al cabo de muchos días se levantó de la cama, fué quedando en adelante malsano; caso para abrir los ojos, excusando desgracias no pensadas.

Cuando, después del juego de cañas u otras fiestas, se quedaren los caballeros corriendo en la plaza, adviertan a no partir con sus caballos sin haber asegurado primero la carrera con la vista de que no hayan partido otros en contra, porque se correrá gran riesgo; y si no la pudiere descubrir por polvareda que haya, no corra, porque han sucedido grandes desgracias, estrellándose caballos y caballeros, como sucedió en Valladold en un choque, donde murieron don Alonso Niño y don Miguel de Ayala, y los caballos; caso bien lastimoso.

El modo de espuelas que hemos tratado se debe advertir que sólo sirve al científico que sabe cerrarse de los pies, y cuando se forjen para el tal hombre de a caballo, es necesario ordenar al oficial que desmienta el asta a la parte de adentro tanto cuanto del medio de la caja, con que por mucho que se cierre, herirá el caballo; y no use deste advertimiento el que no se supiere cerrar bien, porque sin duda ninguna abotonará la espuela en el caballo.

Para enfrenar de repente, en caso necesario, un caballo, donde no se hallare freno a propósito, tómese cualquiera que estuviere a mano, y échenselo al revés, quitándole las cadenillas de la barbada para que dé la vuelta, advirtiendo a quitarle también el telarejo, si le tuviere, y en su lugar echarle uno de cordel, como se refiere en la página 135, para que no trabuque y quede enfrenado en la presente ocasión.

Para que tome carnes el caballo en verano, tómese trigo de las Indias, que por su nombre se llama maíz, y bien molido y hecho masa se dexe acedar por dos días, hasta que se haga vinagre; y en el agua que se le diere a beber, se le deslía lo que importare una libra della, y désele en el rigor de la siesta, echándole dentro un puño de sal; y esto se continuará quince o veinte días, con que tomará sin falta ninguna en breve tiempo carnes, no faltándole su ración ordinaria.

Para que engorde el caballo en invierno, tomarse ha paja de trigo en una caldera, con el agua que baste, y un cuartillo de vino y medio celemín de salvado, y un puño de sal, y cueza todo junto a la lumbre, y bien abahada[1] y fría esta pajada se le dará a comer, y continúese algunos días, a más de su ración ordinaria, y quedará en breve tiempo metido en carnes.

Si el caballo tuviere vicio de relinchar, se atará una esponja mediana en el telarejo, que cuelgue poco, en lugar de salivera, y póngasele el freno con ella para pasearle o correr; secreto maravilloso con que a pocas veces que se continúe se le quitará tal costumbre, como

---

[1] Abajada (?).

se verá por el efeto, advirtiendo a que, en quitándole el freno, se lave y exprima la esponja, y después de seca volvérsela a poner, porque si se le pusiese mojada y empapada en la espuma del caballo, no lo aseguro, ni surtirá efeto.

Si desenvainare el caballo por demasiado vicio y rijo que tenga, se advierta, que si no se acude a su remedio luego que se le reconozca, no bastará cuanto regalo se le hiciere para sustentarle en carnes, porque se desaínan los que toman costumbre dello; y así convendrá poner cuidado en que el mozo que le curare o la persona que se hallare presente a tal tiempo, darle tres o cuatro palmadas fuertemente con la mano sobre los lomos para que recoja, que al punto lo hará; y con vinagre aguado se le mojen bien los lomos, que para el efeto estará prevenido, que a pocas veces que se haga se le quitará el calor de los riñones, y quitado, olvidará la costumbre.

Si el caballo se desortijare[1], será cierto le entrará frío y hinchará el nudo[2], de que padecerá dolor y cojeará sin poderse sustener sobre el pie; y así, convendrá acudirle brevemente, tomando sebo de macho [cabrío] majado con cominos rústicos, se le pondrá cubriéndole toda la hinchazón, con que antes que se le ponga se levante el pie sano, para que cargue el cuerpo sobre el desortijado, y por la parte de adelante se le dará una patada fuertemente sobre la coyuntura, para que vuelva a su encaje y lugar, y apretado con un paño, le tendrá puesto espacio de veinte y cuatro horas, y pasadas, se calentará media escudilla de miel de abejas y con ella se le untará a aquella parte, y se cubrirá bien con polvos de pez y mostaza, partes iguales, y encima se le pondrá un copo de algodón, y en falta estopas, cosiéndole encima fuertemente un paño y no se le quite

---

[1] Distorsión o relajación de la articulación del menudillo.
[2] Menudillo. Articulación metacarpofalangiana.

en nueve días, y al cabo dellos, con agua caliente se le despegará; y para mayor efeto y que afirme el pie con más brevedad, se le atará en el contrario un cordel delgado, que apriete bien y con firmeza, con que se afijará; y si no se le hinchare esta ligadura, se podrá dexar hasta en tanto que se le caiga la bizma; y si hinchare, se le quitará a las veinte y cuatro horas, con seguro que si así se hace, sanará y quedará libre.

Y presupuesta la importancia destas partes de albeitería y advertencias que se dirigen tan solamente al caballero, para que remedie su caballo en falta de albéitar, y se valga de la doctrina que le damos y de los demás secretos y avisos, se le encarga la especulación con experiencias de cosas más aventajadas y a propósito de la jineta y beneficio del caballo, que con el entendimiento y estudio todo se alcanza, observando siempre aquel tan célebre epíteto que dice: Plus ultra.

Í N D I C E

✠

FUÉ IMPRESO ESTE TOMO, «TRES LIBROS DE JINETA DE
LOS SIGLOS XVI Y XVII», VOLUMEN XXVI DE LA
SEGUNDA ÉPOCA DE LA SOCIEDAD DE BIBLIÓFILOS
ESPAÑOLES, A COSTA DE LA MISMA, EN LA
VILLA Y CORTE DE MADRID, EN LA OFICINA
TIPOGRÁFICA ALDUS, S. A., SIENDO
REGENTE DON ILDEFONSO JIMÉNEZ,
Y SE TERMINÓ SU IMPRESIÓN
EL DÍA XXVIII DE JUNIO
DEL AÑO MCMLI.

LAUS DEO